서울대····· ····과를 졸업하고 같은 대학 서양사학과에서 로마사 연구로 박사 학위를 받았다. 지금은 군산대학교 사학과 교수로 학생들을 가르친다.

"역사학이란 의미 있는 삶을 살려는 데 도움을 주는 학문"이라는 말이 백번 지당하다고 생각하지만, 실은 '역사는 재미난 옛날이야기'라고 생각하여 새로운 역사가들을 만날 때마다 재미난 이야기를 해달라고 조르곤 한다.

하지만 정작 그가 주목하는 것은 '그 이야기가 재미있는 이유'다. 그것은 이를테면 허무맹랑하고 비상식적으로 보이는 당시 사람들의 행동이, 사실은 어떤 사회문화적 배경과 맥락에서 이루어졌는지 앎으로써 느끼는 지적 통찰의 재미다. 그렇게 혼자만 알기 아까운 이야기와 그 뒷이야기를 하나둘 써서 모아, '역사는 재미난 이야기'라고 믿는 사람들을 위해 이 책을 내놓게 되었다.

지은 책으로 《역사를 재미난 이야기로 만든 사람들에 대한 역사책》, 《역사학자 정기문의 식사食史》, 《한국인을 위한 서양사》, 《내 딸들을 위한 여성사》, 《로마는 어떻게 강대국이 되었는가?》, 《왜 로마 제국은 기독교를 박해했을까?》, 《그리스도교의 탄생》 등이 있고, 옮긴 책으로 《성인숭배》, 《청소년의 역사 1》, 《지식의 재발견》, 《고대 로마인의 생각과 힘》, 《인문정신의 역사》, 《아우구스티누스》 등이 있다.

* 표지 속 이미지의 원본은 로드 던세이니Lord Dunsany의 《경이의 책The book of wonder》 초판(1912) 표지 도판이다.

역사는 재미난 이야기라고

믿는 사람들을 위한 역사책

역사는 재미난 이야기라고
믿는 사람들을 위한 역사책

정기문
지음

책과함께

차례

<u>3부 편견과 억압의 역사</u>

'재미난 이야기'로서의 역사를 꿈꾸며

역사란 무엇일까? 진리나 지식에 가치를 부여하는 사람들, 진지하게 삶의 의미를 추구하는 사람들, 작은 것도 소중히 여기는 사람들은 역사를 귀하게 여긴다. 어떤 사람들은 역사가 추상적이고 논리적인 사고를 키워줄 수 있다고 말한다. 역사가 공동체의 정체성을 확립해준다고 말하는 이들도 있다. 또 어떤 사람들은 역사가 삶의 교훈이고, 진리의 증언이며, 미래의 예언이라고 말한다. 이런 생각을 하다 보면 내가 마치 철학자가 된 것 같다.

그렇지만 나는 지적 능력이 뛰어나거나 진지한 사람이 결코 아니다. 젊은 시절 역사가로 먹고살려면 '역사란 무엇인가'라는 질문에 답할 수 있어야 한다는 강박관념에 사로잡혀 역사 이론서를 많이 읽었다. 사학 개론 수업을 맡았으니 더더욱 어쩔 수 없는 노릇이었는데, 역사 이론서는 대부분 머리를 아프게 할 뿐 어떤 감동도 영감도 재미도 주지 않았다.

간혹 '역사란 무엇인가'에 대한 통찰이 돋보이는 글이 있다. 나의 스승 주경철 교수의 글도 그중 하나다. 선생님께서는 "역사를 모르면 사람도 아니여"라고 말하고, "역사학은 우리들이 이 세상에서 의미 있는 삶을 살려는 데 도움을 주는 학문이다"라고 설명하셨다.[1] 역사학자로서의 자부심이 느껴지는, 참으로 진지한 말씀이다.

나는 선생님의 말씀이 백번 지당하다고 생각하지만, 그리 진지한 사람이 못 되어서인지 '역사는 재미난 옛날이야기다'라는 주장을 더 좋아한다. 지금도 '역사란 무엇인가'를 설명할 때면 이 주장을 펼친 이론서에 나와 있는 이야기 한 토막을 거론하곤 한다.

17세기 프랑스 사람 피에르에 따르면 "왕은 의사도 포기할 만큼 병이 중해서 약만 축내고 있었는데, 로마 역사 1회분을 복용하고 기분이 유쾌해져 곧 병이 나았다". 이 이야기에서 역사란 긴장된 신경의 이완제이며 최고급 오락거리다.

역사는 재미를 주는 것, 그 이상도 이하도 아니다.

　이런 생각을 가진 나는 때때로 훌륭한 사람이 되기 위해서가 아니라 재미난 이야기를 찾기 위해 책을 읽는다. 그러다가 발견한 재미난 이야기가 있다. 인류의 사촌인 피그미 침팬지의 수컷은 고기와 과일을 암컷에게 주고 그 대가로 사랑을 허락받는다고 한다.[2] 책에서 이 문장을 읽는 순간 인간은 어떨까 궁금해졌다.

　청춘 남녀가 연애할 때 치르곤 하는 통과 의례가 여럿 있다. 우선 사랑을 고백해야 한다. 남자는 사랑하는 여인을 분위기 좋은 레스토랑으로 데려가 비싼 고기를 대접한다. 사랑에 빠진 남자가 여자에게 고기를 대접하는 이 관습은 아주 오래된 것이다. 먼 옛날 오스트랄로피테쿠스가 탄생한 이래 신석기 혁명이 일어날 때까지 남자는 사냥을 했고 여자는 채집을 하면서 살았다. 남자는 잡아 온 고기를 여자에게 대접했고 여자는 고기를 받고 나서야 사랑을 허락했다. 지금도 여러 원시 부족 사회에서 성년이 된 남자는 별도의 거주지, 즉 남자의 집men's house에 모여 살면서 사냥에만 전념한다. 그들은 사냥에 성공하면 여인에게 고기를 대접하고 사랑을 허락받는다.

왜 사랑을 구할 때 남성은 여성에게 고기를 대접할까? 단순히 고기가 맛있어서는 아니다. 여성에게 고기가, 아니 정확하게 말하면 고기에 들어 있는 '철'이 꼭 필요하기 때문이다. 철은 우리 몸이 적혈구를 생산하고 산소를 유통시키는 데 결정적인 역할을 한다. 철을 흡수하지 못하면 빈혈에 걸리고 신체의 산소 운반 능력이 떨어져 두통이 생기고 심장 기능이 저하된다. 그런데 여성은 생리와 출산, 육아를 통해 다량의 철을 빼앗긴다. 이때 빼앗기는 철의 양은 정말 많다. 여성이 생리로 방출하는 피가 일생 40리터나 된다는 사실이 이를 단적으로 입증한다. 여성은 그렇게 빼앗긴 철을 새로 보충해야 건강을 유지할 수 있다. 따라서 여성은 남성보다 고기를 더 많이 먹어야 한다.[3]

육식에 반대하는 사람들은 식물성 음식을 통해서도 철을 섭취할 수 있다고 말하겠지만, 불행하게도 인간의 소화기는 식물성 철을 제대로 흡수하지 못한다. 최소한 성장기 아이들과 임신·육아 중인 여성은 고기를 충분히 먹어야 한다. 먼 옛날 과학이 발달하지 않았던 시절에도 인류는 경험을 통해 이 사실을 알고 있었고, 그 때문에 여성에게 고기를 주는 것을 남성의 주요 의무로 여겼다.[4]

피그미침팬지의 구애 이야기는 인간과 동물이 같은 습속

을 갖고 있다는 사실, 인간 특히 여성이 고기를 통해 철을 흡수해야 한다는 사실, 고기가 남성과 여성이 연애할 때 중요한 요소라는 사실이 결합하여 재미를 느끼게 한다.

재미난 이야기에 대한 탐닉은 스스로 찾는 데 그치지 않는다. 역사 공부를 직업으로 삼다 보니 늘 역사가들을 만나게 된다. 새로운 역사가를 만날 때마다 나는 상당히 억지스럽게, 재미난 이야기 하나 해달라고 조르곤 한다. 대개의 사람들은 당황한 눈으로 한참 망설이다가 이야기보따리를 하나씩 풀어놓는다.

그중 몇몇 이야기는 예능 프로그램보다 훨씬 재미있다. 이야기를 듣고 박장대소하다 보면 스트레스가 확 날아가고 엔도르핀이 마구마구 도는 것 같다. 혼자만 알고 있기에는 아까운 이야기 몇 가지를 소개한다.

18세기 독일에 화석을 잘 발굴하기로 유명한 아담 베링거 교수가 있었다. 베링거 교수는 땅을 파서 별로 신통치 않은 것을 발견한 후 그것이 아주 오래된 화석이라고 주장하곤 했다. 그에게는 새 모양, 나비 모양, 물고기 모양 등 어떤 모양새를 갖춘 돌이라면 모두 화석이었다. 어느 날 제자들이 선생을 골려먹기로 작정하고, 돌로 여러 가지 모양의 화석을 조각한 다음 한 돌 밑에 조그맣게 선생 이름을 몰래 새겼다. 그러고는 그 돌들을 선생이 발굴하는 곳에 숨겨놓았다. 예상대로 베링거 교수는 그 돌들을 발견한 후 대단한 화석을 발견했다고 선전했고, 연구 성과를 책으로 내기까지 했다. 베링거 교수는 나중에 그 화석들을 면밀히 관찰하다가 한 화석에 자기 이름이 새겨져 있다는 사실을 알고 크게 낙담했다. 그는 책을 모두 회수한 후 굴욕감 속에서 살다가 죽었다.

이 이야기는 왜 재미있을까? 우선 18세기 과학자들이 화석의 개념을 제대로 몰랐다는 사실이 이야기 속에 숨겨져 있다. 당시 과학자들은 화석이 어떻게 만들어졌는가에 대해 여러 가지 의견을 갖고 있었는데, 베링거는 화석은 생물이 썩어서 만들어진 게 아니라 하느님이 만든 것이라고 주장했다. 그에 따르면 하느님이 천지를 창조할 때 흙이나 돌로 여러 생물의 형태를 만든 후 생명을 불어넣었다. 이때 잘못 만들거나 마음에 안 드는 것은 생명을 불어넣지 않고 버렸는데, 화석은 바로 이런 것들이다.[5]

어떻게 과학자이자 대학 교수라는 사람이 그렇게 엉터리 생각을 갖고 있었을까? 17세기까지 서양 사람들은 태양이 지구 주위를 돈다고 믿었고, 19세기까지도 썩은 치즈 같은 데서 각종 벌레, 심지어 쥐까지 생겨난다고 믿었다. 이것을 자연발생설이라고 한다. 아담 베링거의 이야기는 서양의 과학 지식이 18세기까지도 별것 아니었다는 사실을 보여주기에 재미있다.

이 이야기가 재미난 또 다른 이유는 제자가 선생을 골려 먹었다는 데 있다. 엉터리 지식을 끊임없이 가르친 선생이 잘못일까, 아니면 그런 선생을 골탕 먹인 제자들이 나쁜 놈들일까? 그런데 이 학생들은 순수(?)한 의도로 선생을 골려 먹은 게 아니었다. 당시 아담 베링거의 견해에 반대하는 사람들이 있었다. 베링거의 동료였던 로데릭과 대학 사서였던 에카르트가 그들이었는데, 학생들을 사주하여 '가짜 화석'을 만들어 숨겨놓게 한 것이다. 이들과 학생들의 장난이 좀 심했던 게 아닐까?

또 한번은 '이야기꾼'으로 이름난 교수님이 고대 중국과 흉노의 대립 이야기를 들려주었다. 흉노족은 말을 잘 다루고 전투술이 발달해서 고대 중국인들은 계속 흉노족의 침입에 시달렸다. 오죽하면 중국인들이 가을을 싫어한다는 이야기까지 생겨났겠는가. 가을이 되면 흉노족이 겨울 식량을 마련하러 남쪽으로 쳐들어오곤 했던 것이다.

중국의 지배자들은 만리장성을 쌓고, 훌륭한 장수를 보내어 흉노족을 제어하기 위해 노력했다. 한나라를 세운 고조 유방은 총애하는 신하 한왕 신을 보냈다. 하지만 흉노족에게 패배한 한왕 신은 오히려 흉노족 편에 가담해버렸다. 이에 분노한 유방은 직접 군대를 끌고 나가서 싸웠다.

유방에 맞선 흉노의 왕은 묵특이었다. 그는 명적鳴鏑, 즉 '소리 내며 날아가는 화살'이라는 고사성어의 주인공으로, 흉노를 유목 제국으로 성장시킨 명장이었다. 그는 자신의 권력을 강화하고, '명적'을 만든 후 병사들에게 자신이 활을 쏘는 대상을 향해 다 같이 쏘라고 명령했다. 묵특은 여러 목표를 향해 계속 활을 쏘았다. 처음에 동물이나 적군을 향해 쏠 때는 병사들은 당연히 따라 쏘았다. 그렇지만 묵특이 자신의 애마와 같은 대상을 향해 활을 쏠 때는 명령을 듣지 않았다. 그때마다 묵특은 명령을 어긴 병사들을 가차 없이 처형했다. 병사들은 묵특의 명령을 기계적으로 수행하게 되었고, 묵특이 그의 아버지이자 선왕인 두만을 향해 활을 쏠 때도 주저 없이 따라 했다. 그리하여 묵특은 아버지를 죽이고 선우(흉노족의 왕)가 되었다.

기원전 200년 유방은 30만 대군을 이끌고 흉노 정벌에 나섰는데, 묵특은 정면 승부를 피하고 계속 후퇴했다. 기세가 오른 유방은 선두에 서서 흉노군을 정벌하면서 마침내 평성 下城에 도달했다. 그러나 이는 묵특의 간계였다. 묵특은 일부러 패하는 척 후퇴하다가 유방이 평성에 도달하자 반격을 가하여 유방과 그의 군대를 백등산 자락에서 포위했다. 유방은 어쩔 수 없이 흉노의 선우를 형으로 삼는 굴욕적인 조약을 맺고 후퇴했다. 그 조약에 따르면 중국은 왕실의 공주를 흉노족 지배자에게 시집보내고, 해마다 비단과 곡식을 보내야 했다. 이후 반세기 동안 한나라는 사실상 흉노의 속국으로 지내야 했다.[6] 한나라의 명군이었던 무제가 일시적으로 흉노족에 대한 우위를 확보하기는 했지만, 그 후에도 흉노족의 위협은 계속되었다.

이런 배경 속에서 왕소군이 등장한다. 왕소군은 중국 4대 미녀 가운데 한 명이라고 한다. 날아가던 새들이 그녀의 얼굴을 보고는 날갯짓하는 것을 잊어버려 떨어져 죽었다고 할 만큼 그녀는 아름다웠다. 왕소군은 한나라 때 장안에 살았는데, 우여곡절 끝에 후궁이 되었다. 당시 궁전에는 후궁이 너무 많아서 황제는 궁중 화가로 하여금 후궁들의 초상화를 그리게 했다. 초상화를 보며 예쁜 여자를 골라 잠자리에 들기 위해서였다. 재력이 있는 후궁들은 화공에게 돈을 주고 초상화를 최대한 예쁘게 그려달라고 부탁하곤 했다.

하지만 왕소군은 가난해서 모연수라는 화공에게 돈을 주지
못했고, 화공은 그녀를 실물보다 못생기게 그렸다. 그 때문
에 그녀는 왕의 주목을 받지 못했다.

왕소군이 궁녀 생활을 하고 있을 때 흉노의 선우가 한나
라의 수도 장안에 왔다. 선우는 원제(재위 기원전 49~기원전
33)에게 결혼 동맹을 맺자고 청했는데, 원제는 후궁 가운데
한 명을 보내기로 약속했다. 원제는 후궁들의 초상화를 가
져오게 했고, 그 가운데 가장 못생긴 왕소군을 선택했다. 그
리고 연회를 열어 선우에게 왕소군을 소개해주었다. 그 자
리에 참석한 왕소군은 천하일색이었다. 선우는 크게 기뻐
했지만, 원제는 화가 치밀어 참을 수 없었다. 원제는 약속을
번복할 수도 없고 더욱이 공주를 보내는 것보다는 낫다고
생각하여 왕소군을 흉노 땅으로 보냈다. 원제는 그런 미녀
를 품어보지 못한 화를 누그러뜨릴 수 없었기에 그녀를 못
생기게 그린 화공 모연수를 죽임으로써 분풀이를 했다.

이 이야기는 상당히 재미있었지만, 나는 화공이 그림을
잘못 그려서 일어난 에피소드를 여럿 알고 있었기에 평점
별 다섯 개를 주지는 않았다. 예컨대 영국의 최고 바람둥이
왕으로 유명한 헨리 8세는 한스 홀바인이 그린 안나 폰 클
레베의 초상화에 감명을 받아 그녀를 네 번째 부인으로 맞

았는데, 결혼한 후 실물을 보고는 실망하여 곧 이혼해버렸다. 밀라노 공작 갈레아초 마리아 스포르차도 사부아의 보나라는 여인의 초상화가 마음에 들어 1468년 그녀와 결혼했지만, 실물을 보고는 실망하여 다시는 초상화에 눈길도 주지 않았다.[7]

게다가 왕소군 이야기는 엄밀하게 말하면 역사적 사실이 아니다. 이 이야기는 정사인《한서》가 아니라 위·진·남북조 시대 동진에서 쓰인 야사《서경잡기》라는 책에 나온다.《한서》에는 "후궁인 왕소군을 흉노로 시집보냈고, 왕소군은 그곳에서 흉노족의 왕비로 두 왕을 섬겼고 자식 셋을 낳았다"고만 되어 있다. 따라서 왕소군의 초상화 사건은 후대에 각색된 것으로 판단된다.

왕소군 이야기는 훗날 더욱 극적으로, 한층 더 애절하게 각색되었다. 그중 하나가 흉노 땅으로 간 왕소군이 늘 고향 한나라를 그리워했다는 것이다. 시중에 회자되는 이야기에 따르면 왕소군은 애절한 마음을 여러 시로 남겼는데, 그의 시에 나오는 가장 유명한 구절이 '춘래불사춘 春來不似春'이다. 이 구절은 '봄이 왔지만 봄 같지 않다'는 의미로, 계절이 바뀌어 봄은 왔어도 여러 가지 사정으로 봄을 느끼지 못하는 사람의 안타까움을 표현하고 있다.

북녘 흉노족이 사는 땅은 끝없이 초원이 펼쳐진 곳으로 장안에서 보던 꽃과 나무가 없다. 흉노로 간 왕소군은 어린 시절에 보았던 화사한 봄의 모습을 결코 볼 수 없었다. 그녀는 흉노로 시집올 때 입었던 옷을 해지도록 만지면서 마음을 잡아보려 했지만 비애를 이길 수는 없었다. 향수병을 앓던 그녀는 끝내 고향 땅을 밟지 못하고 흉노 땅에서 죽었다. '봄이 왔건만 봄 같지 않다'는 시를 쓴 이유다.

왕소군이 정말 그렇게 훌륭한 시를 썼을까? 만약 왕소군이 절세 미녀에다 천하의 문장가로서 그런 불운을 겪었다면 안타까운 일이다. 하지만 그 시는 당나라의 시인 동방규가 쓴 것이다. 당나라 때 극적으로 각색된 왕소군 이야기가 유행하자, 유명한 시인 동방규가 그녀의 흉노 생활을 안타까워하며 시를 썼다. 그의 시에 '춘래불사춘'이라는 구절이 나온다. 중국인들은 흉노로 시집간 왕소군이 어떻게 살았는지에는 관심이 없었고, 그녀를 '애국지사'로 만드는 데만 열중했다. 중국을 사랑했던 여인으로 왕소군을 묘사함으로써 중국 문명의 우월성을 선전하고, 중국 여인들은 어디를 가든 중국인의 가치와 도덕을 지켰다는 이데올로기를 만들어내고자 했던 것이다.

나는 이 이야기에는 평점으로 별 다섯 개를 주지 않을 수 없다. 그녀의 이야기가 모티프가 되어 '춘래불사춘'이라는 절묘한 시구가 탄생했기 때문이다. 이 시구는 사람들에게 다양한 의미로 인생을 생각하게 한다. 나는 그 이야기를 듣고 한없는 설움을 느꼈다. 해마다 봄이 찾아오지만 나이가 들어서 맞는 봄에는 한숨, 설움, 그리움, 안타까움이 짙게 배어 있기 마련이다. 아무리 꽃이 화사하게 핀들 젊은 시절을 같이 보낸 사람이 없으니 어찌 그것을 봄이라 할 수 있겠는가? 그나마 봄을 몇 번이나 더 맞을 수 있을 것인가? 하염없이 흐르는 봄날은 애처롭게 느껴진다. 이토록 감성을 깊이 자극하는 이야기가 어찌 재미있지 않겠는가?

　이야기를 하나 더 소개해보겠다. 또 다른 이야기꾼 교수님은 프로이센의 프리드리히 2세 이야기를 들려주었다. 프리드리히 2세(재위 1740~1786)는 근대의 대표적인 계몽전제군주로 '왕은 국가 제1의 공복公僕(심부름꾼)'이라고 말했고, 상수시 궁전을 지은 것으로 유명하다. 우리나라에 잘 알려진 인물은 아니지만 오스트리아 왕위 계승 전쟁과 7년 전쟁에서 승리하며 프로이센을 유럽 강대국 반열에 올려놓은 명군이다.

그의 아버지 프리드리히 빌헬름 1세(재위 1713~1740)는 중부 유럽의 작은 나라인 프로이센이 살아남으려면 강한 군대를 육성해야 한다고 생각했다. 그는 평생 군복을 입고 살았으며 군대 육성에 힘써 8만 3000명의 정예병을 양성했다. 당시 프로이센보다 인구가 여덟 배 많은 프랑스의 군대가 16만 명이었다는 사실을 고려하면 프로이센의 군사력은 대단한 것이었다.

프리드리히 빌헬름 1세는 프로이센이 계속 발전하기 위해서는 아들을 강하고 뛰어난 군인 황제로 만들어야 한다고 생각했다. 당시 유럽 왕들은 왕자들을 군인처럼 교육시키는 것을 당연하게 여겼다. 에스파냐의 펠리페 4세는 일곱 살 때 모형으로 만든 군대로 군사 작전을 펼치는 법을 배웠고, 프랑스의 루이 13세는 여덟 살 때 장난감 무기로 연습하는 것을 마치고 실제 머스킷총으로 총검술을 익히기 시작했다.[8] 프리드리히 빌헬름 1세는 아들에게 다른 어떤 왕자들이 받는 것보다도 강한 훈련을 강제했다. 그는 아들을 여섯 살 때부터 군사 훈련에 참가시켰다. 그는 날마다 아침 6시면 기상나팔을 불게 했는데, 왕자는 특별한 방식으로 깨워야 한다며 대포를 쏘도록 했다. 프리드리히 2세는 매일 벼락같은 대포 소리를 듣고 자리에서 일어났다. 그런 아버지였으니 매시간 아들을 엄히 다루었을 것은 너무나 뻔하다. 그런 교육을 견뎌낼 아이가 몇 명이나 될까.

프리드리히 2세는 원래 내성적이고 부드러운 사람이었다. 그는 소설 읽기나 플루트 연주를 즐겼고, 군복보다는 화려한 옷을 입고 싶어 했다. 아버지와 아들의 성정이 물과 기름같이 달랐으니 둘 사이에 충돌이 일어날 수밖에 없었다. 아버지는 아들이 마음에 안 드는 행동을 할 때면, 계집애 같다며 호통치고 손찌검도 마다하지 않았다.

프리드리히 2세는 참다못해 아버지로부터 벗어날 계획을 세운다. 그의 첫 번째 반항은 '온건한' 것이었다. 그는 열다섯 살 때 베를린의 은행에서 4000탈러라는 거금을 빌려 시내에 집을 한 채 마련했다. 그리고 몰래 그 집에 가서는 아버지가 금지한 일을 하곤 했다. 금지된 일은 문학, 역사, 자연과학 등의 책을 읽는 것이었다. 그는 이중생활을 하면서 4000권의 책을 읽고 수준 높은 교양을 쌓았다.

그의 이중생활은 2년 만에 들통 나서 중단되었다. 아버지는 프리드리히를 호되게 꾸짖고, 왕자는 남자답게 커야 한다며 더욱 엄한 군사 교육을 강요했다. 프리드리히는 아버지를 영원히 떠나기로 결심한다. 열일곱 살이던 1730년 여름, 프리드리히는 친구인 카테의 도움을 받아 탈출을 시도

했다. 그들의 도주 사실은 곧 발각되었고, 두 사람은 군 재판소에 회부되어 사형 선고를 받았다. 프리드리히 빌헬름 1세는 아들의 사형 집행은 보류했지만, 카테는 그 자리에서 사형시켜 아들에게 본때를 보여주었다.[9]

이 이야기를 듣던 나는 가슴속에서 '별 다섯 개!'라는 탄성이 절로 나왔다. 이 이야기는 먼저 마크 트웨인의 소설 《왕자와 거지》를 생각나게 한다. 어린 시절 그 소설을 읽고 저 거지처럼 하루라도 왕자 노릇을 해보고 싶다고 느꼈던 설렘, 소설 속의 일들이 현실에서 일어날 수도 있구나 하는 생각 등이 머릿속에 맴돌면서 이야기에 저절로 빠져든다. 이 이야기에는 이렇게 감성을 자극하는 요소 외에 교훈도 담겨 있다. 프로이센이 강대국이 되었던 비결, 아버지와 아들의 미묘한 갈등, 프리드리히 2세가 청소년기에 겪은 성장통 등 인생의 면면이 이야기 속에 들어 있다. 이런 요소들이 이 이야기를 흥미롭게 만드는 것 같다.

프리드리히 2세에 대해서는 재미있는 이야기가 하나 더 전한다. 프리드리히 2세는 '왕은 국가 제1의 공복'이라는 신념을 실천하기 위해 노력했다. 그는 즉위하자마자 고문 제도를 철폐하고 형벌을 완화했다. 그리고 백성에게 자유를 주고자 약간의 제한을 두기는 했지만 출판의 자유를 허락했다. 심지어 기독교적 세계관이 매우 강했던 시절이었음에도 예수가 평범한 인간에 불과하다고 주장하는 철학자를 베를린에서 살 수 있도록 조치했다. 이렇게 자애롭고 현명한 통치를 했기 때문에 볼테르는 그를 '북방의 솔로몬'이라고 불렀다.

프리드리히 2세는 자신의 업적과 정책을 선전하는 데도 능력이 있었다. 그는 늘 자신이 종복으로서 백성을 섬긴다는 사실을 가시적으로 보여주기를 좋아했다. 그는 호화스러운 옷, 맛난 음식과 향기로운 술을 좋아했지만 병사, 농민을 비롯한 백성을 만날 때면 늘 낡은 외투를 걸치고 가발을 썼다. 그는 "백성의 행복 외에는 그 어떤 것도 생각하지 않는다"라고 말하곤 했다. 그를 만나본 사람들은 그가 교양 있고 덕스러울 뿐 아니라 진정으로 백성을 사랑하는 현군이라고 말하곤 했다. 그러나 이 모든 행동은 철저하게 계산된 것이었다. 프리드리히 2세는 조카에게 보낸 편지에 이렇게 적었다. "내가 입은 낡은 외투와 식탁 위에 놓인 소박한 요리를 보고, 마음 깊이 나를 동정한 사람이 셀 수 없이 많단다. 그렇지만 가난한 자들은 내가 외투 안에 좋은 옷을 입고 있다는 것을 생각하지도 못한단다."[10] 만약 마키아벨리가

그를 보았다면 뛰어난 통치자라고 입에 침이 마르도록 칭
찬했을 것이다.

　　그토록 영악하고 위선적인 사람이 위대한 통치자로 칭송
받은 것을 보면 괜히 서글퍼진다. 역사와 인간이 원래 그런
걸 어떡하겠는가? 맹수가 토끼 한 마리라도 잡으려면 발톱
을 숨기고 풀숲에 숨어야 하듯, 무언가 유리한 것을 얻어내
려면 누구나 위선자가 되어야 하는가 보다. 프리드리히 2세
는 그런 면에서 탁월했다. 그는 계몽전제군주를 자처하면
서 유럽 최고의 지식인들에게, 특히 프랑스의 지성인 볼테
르에게 참된 지식과 백성에 대한 사랑을 배우고 싶다고 늘
선전했다. 그는 볼테르에게 여러 번 편지를 써 온갖 좋은 말
을 늘어놓곤 했다. 볼테르에게 보낸 그의 저서 《반反마키아
벨리론》에서는 "전쟁은 죄악이며, 평화야말로 군주가 지켜
야 할 고귀한 의무"라고 썼다. 그의 책을 읽은 볼테르는 프
리드리히 2세가 평화를 고귀하게 여기는 데 감동해서 눈물
을 흘렸다. 그러나 볼테르와 주변 사람들은 완전히 그에게
속았다. 프리드리히 2세는 불과 몇 달 뒤에 슐레지아를 침
공해서 전쟁을 일으켰다.[11]

　　재미난 이야기의 기준은 무엇일까? 첫째, '모르는 이야

기'여서 지적 호기심을 자극해야 한다. 둘째, 의외성이 있어야 한다. 평범한 사람의 흔해빠진 이야기는 재미가 없다. 특별한 사람은 아니라도 일반적으로 기대하는 것과 다른 행동을 했을 때, 비로소 재미난 이야기의 소재가 될 수 있다. 셋째, 삶에 대해 조금이라도 생각해볼 수 있는 '영양가'가 있어야 한다. 이 외에 지금껏 알고 있던 사실이나 상식이 전혀 근거 없다는 것을 밝혀주는 이야기, 우리의 인식 구조에 자리 잡고 있는 허위의식을 밝혀주는 이야기가 재미있을 때가 많다.

물론 이런 기준은 내가 임의로 생각해본 것일 뿐이다. 책을 읽다 보면 논문 쓰는 데는 거의 도움이 안 되지만, 사람들에게 들려주면 재미있어하겠다 싶은 이야기들이 있다. 그런 이야기를 하나둘 써서 모았더니 어느새 제법 많은 분량이 되었다. 역사는 재미난 이야기라고 믿는 사람들을 위해 이 책을 내놓는다. 이 이야기들이 독자들의 가슴에서 '별 다섯 개'를 얻을 수 있을까?

은파 호수를 바라보며
정기문

1부

상식 밖의 역사 이야기

1
진짜와 가짜의 대결

누가 진짜 마르탱인가?

1560년 프랑스 남서쪽 툴루즈 고등법원에서 소설이나 영화보다도 극적인 사건이 발생했다. 가짜 마르탱이라고 고발당한 사람에 대한 재판이 막바지에 이르고 있었다. 근엄한 복장을 한 재판관들이 피고가 마르탱이 틀림없다고 선언하려는 순간, 진짜 마르탱이 절뚝거리며 나타나 자신이 진짜라고 주장했다. 이에 굴하지 않고 가짜 마르탱은 진짜 마르탱보다 뛰어난 언변과 기억으로 자신이 진짜라고 계속 주장했다. 재판관과 증인들이 모두 그의 언변에 속아 넘어갈 뻔했지만 가짜 마르탱은 마지막 순간에 치명적인 말실수를 하고 만다. 결국 가짜 마르탱은 교수형에 처해진다.

어떻게 해서 그가 마르탱 행세를 하게 되었으며, 재판을 받게 되었는지 사건의 전모를 살펴보자. 1525년 프랑스의 남쪽 끝 지방으로 에스파냐 국경과 인접한 앙데에서 마르탱 게르라는 남자가 태어났다. 그의 아버지 상시 다게르는 그가 태어난 지 2년 만에 앙데에서 좀 더 남쪽에 있던 아르티가로 이주했고 그곳에서 기와 공장을 운영하며 제법 부자가 되었다. 1538년 상시 다게르는 성공을 과시하고 재정을 더욱 튼튼히 하기 위해 아들 마르탱 게르를 인접한 마을의 부유한 롤스 집안의 딸 베르트랑드에게 장가보냈다.

신랑 마르탱은 열네 살, 신부 베르트랑드는 열두 살밖에 되지 않았다. 조혼이 성행했던 고대·중세의 기준으로 보면 이들의 결혼 연령이 터무니없이 낮은 것은 아니었다. 여자는 10대 후반, 남자는 20대에 결혼하는 것이 일반적이었지만, 신부가 열 살이 넘으면 합법적인 결혼으로 간주되었기 때문이다.[1]

너무 어린 나이에 결혼해서인지 마르탱은 아내에게 적응하지 못했고 성생활을 제대로 하지 못했다. 고대·중세에 결혼의 가장 큰 목적은 후손을 낳는 것이었다. 후손을 보지 못한 결혼은 비정상적인 것으로 인식되었으며 불법으로 규정되는 경우도 있었다. 동네 사람들은 마르탱의 집 앞에 괴상한 복장을 하고 떼로 몰려와 고함치고 포도주 통과 종을 두들기며 샤리바리[2]를 감행했다. 다혈질이었던 마르탱은 동네 사람들의 행태에 굴욕감을 느꼈지만 칼싸움이나 권투를 하면서 울분을 달랬다. 베르트랑드는 이혼하라는 부모의 요구를 물리치고 남편을 치료하기 위해 노력했다. 결혼 후 약 8년이 지났을 때 구원자가 나타났다. 마을의 한 여성 주술사가 마르탱의 성 불능을 치료해주었다. 그 후 마르탱과 베르트랑드는 상시라는 아들을 낳았다.

1548년 스물네 살이 된 마르탱은 아버지의 곡식을 훔쳤다. 아마 아버지의 허락 없이 곡식을 팔아 유흥비로 썼을 것이다. 아버지의 처벌이 두려웠던 마르탱은 아내와 자식을 버리고 집을 나갔고, 여기저기를 떠돌다가 에스파냐 펠리페 2세의 군대에 들어갔다.

남편이 집을 나갔을 때 스물두 살의 아름다운 여인이었던 베르트랑드는 그 후 정조를 지키면서 '현명한' 과부의 삶을 살았다. 남편이 갑자기 사라지자 마을 사람들의 눈총이 따가웠지만 베르트랑드는 개의치 않았다. 교회법과 관습에 따라 그녀는 남편이 죽지 않는 한 재혼할 수 없었다. 만약 불륜을 저지른다면 그녀는 평판과 지위에 치명적인 타격을 입을 것이다. 이를 잘 알고 있던 베르트랑드는 착한 며느리, 현명한 어머니로서의 본분에 맞게 정조를 지켰다. 남편이 집을 나간 후 몇 년 만에 마르탱의 아버지 상시 다게르가 죽었다. 그는 죽기 전에 아들을 용서했고 아들에게 재산을 남긴다는 유언을 남겼다. 그러나 베르트랑드는 남편 몫의 재산을 관리할 수 없었다. 남편이 재산을 완전히 상속한 것이 아니었고 그녀에게 남편을 대신할 권리가 없었기 때문이었다. 이 때문에 마르탱의 삼촌 피에르 게르가 후견인으로서 마르탱의 재산을 관리했다.

그런데 1556년 여름 아르노 뒤 틸이라는 '사기꾼'이 자신이 마르탱 게르라고 주장하면서 아르티가에 나타났다. 그는 아르티가에서 말을 타고 하루면 갈 수 있는 사자Sajas 출신으로 방탕하고 못된 짓을 일삼는 난봉꾼이었지만 말재주가 뛰어났다. 마르탱처럼 집을 나온 그는 여기저기 나쁜 짓을 하고 다니다가 프랑스의 앙리 2세가 이끄는 군대에 들어갔다. 1553년경 아르노는 테루완, 에댕 등에서 전투를 치르고 살라강 지역을 지나고 있었다. 이때 사라진 마르탱의 친구 도미니크 퓌졸과 피에르 기예가 그를 마르탱이라고 착각하고 아는 척했다. 아르노는 그 친구들로부터 마르탱의 신상에 관한 자세한 정보를 입수했다. 마르탱의 가족관계, 버릇부터 어릴 적의 사소한 일까지 죄다 들은 아르노는 마르탱에게 미모의 아내가 있으며 상당한 유산을 상속할 수 있다는 사실에 흥미를 느꼈다.

그 후 아르노는 아르티가 사람들에 관한 정보를 수집하며 새 마르탱이 되기 위한 준비를 했다. 그러고는 아르티가로 가서 자기가 마르탱이라고 주장했다. 가족과 친구들이 몰려들었고 모두들 8년 만에 나타난 마르탱을 반겨주었지만, 그가 진짜 마르탱인지 의심하는 사람도 많았다. 그러나 새 마르탱이 먼저 사람들의 이름을 부르면서 10~15년 전의 일을 거론하자 사람들의 의심은 봄볕 아래 눈처럼 녹아내렸다. 사진이 없던 시절이었고 마르탱의 초상화마저 없었다. 새 마르탱이 지난 일을 말하면서 친한 척하는데 속아 넘어가지 않을 사람은 거의 없었다.

그러나 베르트랑드를 속일 수는 없었을 것이다. 아무리 겉모습이 닮았다고 해도 침실에서 남편을 몰라보지는 않았을 테니 말이다. 그런데 어찌 된 일인지 베르트랑드는 새 마르탱을 '진짜' 남편으로 받아들였고, 새 마르탱이 잘 정착하도록 도왔다. 아마 베르트랑드는 남편 없이 지낸 세월의 서러움을 끝내고 싶었을 것이다. 더욱이 새 마르탱은 다정하고 착하며 성실했다. 원래 난봉꾼이었던 아르노는 마르탱 행세를 하기 위해 새 사람이 되었고 성실하게 살았다. 새 마르탱과 베르트랑드는 행복했고 재산도 불어났다.

마르탱 행세에 자신감을 얻은 아르노는 마르탱의 삼촌 피에르를 상대로 재산 분쟁을 일으켰다. 마르탱의 아버지 가 죽은 후 유산의 관리자가 된 피에르가 유산의 일부를 감 추었기 때문이다. 피고가 된 삼촌 피에르는 새 마르탱에 대 해 의심하기 시작했다. 마을 사람들 중에는 새 마르탱이 진 짜 마르탱이 아니라고 생각하는 사람들이 있었다. 구두장이 는 새 마르탱의 발이 진짜 마르탱보다 작은 점에 대해 의문 을 제기했다. 진짜 마르탱이 살아 있다는 소식을 전하는 사 람들도 있었다. 이에 삼촌 피에르는 폭넓게 조사하여 새 마 르탱이 가짜라는 증거를 확보했다. 새 마르탱이 아르티가로 오는 길에 푸이-드-투즈 여관에 들렀는데, 여관 주인이 그 가 마르탱이 아니라 아르노임을 알아보았다. 그러자 새 마 르탱은 진짜 마르탱은 죽었고 그가 재산을 자신에게 주었 다며 눈감아달라고 부탁했다.

증거를 확보한 피에르는 베르트랑드에게 압력을 넣어 그 녀의 이름으로 새 마르탱을 사기꾼으로 고발하도록 했다. 베르트랑드는 피에르와 어머니의 압력에 굴복했지만 여전히 새 마르탱에 대한 미련이 있었다. 베르트랑드는 삼촌의 사주를 받은 사람들이 새 마르탱을 죽이려고 했을 때 자신의 몸으로 새 마르탱을 보호했고, 감옥에서 일시적으로 풀려났을 때도 새 마르탱의 발을 씻어준 뒤 침대에서 그를 맞아들였다. 재판 과정에서도 새 마르탱에게 불리한 증언을 하지 않았다. 이러한 노력의 결과 새 마르탱은 1심에서 무죄 판결을 받았다.

삼촌 피에르는 고등법원에 항소했고 재판이 다시 진행되었다. 고등법원 판사들은 삼촌 피에르가 유산을 감췄고 가짜 마르탱을 죽이려고 했다는 데 주목했다. 다시 수많은 증인이 불려오고 증언이 엇갈렸지만, 재판관들은 가짜 마르탱이 진짜라고 판결 내리려고 했다. 바로 그때, 진짜 마르탱이 나타났다. 아마 가짜 마르탱에 대한 재판이 대단한 센세이션을 일으켜 널리 소문이 났을 것이다. 그 소문을 듣고 진짜 마르탱이 나타난 것이다. 재판관들은 진짜 마르탱과 가짜 마르탱을 놓고 누가 진짜인지를 심문하기 시작했다. 그런데 놀랍게도 가짜 마르탱이 진짜 마르탱보다 과거 일을 더 잘 기억하고 있었다. 가짜 마르탱은 20년도 전에 있었던 수많은 사건을 거침없이 말하면서 자신이 진짜라고 주장했다. 그러나 삼촌 피에르와 진짜 마르탱의 누이들이 진짜 마르

탱을 알아봄으로써 재판은 끝났다. 가짜 마르탱은 유죄 판결을 받고 교수형에 처해졌다.[3]

아르노가 저지른 희대의 사기극은 지금까지도 널리 회자되고 있다. 이는 당대에 세 명의 기록자가 이 사건의 희귀성과 중요성을 알아보고 기록으로 남긴 덕분이다. 가장 중요한 기록은 고등법원에서 재판을 담당한 코라스 판사가 재판 과정을 상세히 기록한 《잊을 수 없는 판결》이다. 1561년에 출판된 이 판결문은 100쪽이 넘는 분량이었는데, 당시 법조인들에게 필독서였고 독자가 많았기 때문에 여러 차례 중판되었다.[4] 《잊을 수 없는 판결》이 발표된 해에 기욤 르쉬에르는 《놀라운 이야기》를 발표했다. 그의 이야기에는 여러 가지 오류가 포함되어 있지만, 재판이 진행되던 시기에 그가 툴루즈에서 활동하고 있었기 때문에 그의 기록은 1차 사료라고 할 수 있다. 한편 프랑스의 유명한 인문주의자 몽테뉴는 1560년 보르도 고등법원의 판사로 재직했고, 방청객으로 재판에 참가할 정도로 많은 관심을 보였다. 그는 재판이 끝나고 28년이 지난 1588년에 발표한 《수상록》에서 이 사건을 비교적 자세하게 언급했다.[5]

이 이야기는 자세한 자료가 전해진 덕분에 〈마르탱 게르의 귀향〉이라는 제목으로 1982년에 다니엘 비뉴 감독의 영화로 만들어져 좋은 반응을 얻었고, 나중에 〈서머스 비〉라는 영화로 각색되기도 했다. 문화사학자로 유명한 나탈리 데이비스는 영화 제작에 참여했던 경험을 살려 같은 제목의 연구서를 발표했다. 이 작품은 인류학과 역사학을 접목하여 근대 초의 민중 문화와 종교적 심성을 심도 있게 다룬 수작으로 꼽힌다.[6]

가짜 인물이 판치던 시대

어린 시절에 마크 트웨인(1835~1910)의 소설 《왕자와 거지》를 읽고 그 거지처럼 하루라도 왕자가 되어봤으면 좋겠다고 생각한 사람들이 많을 것이다. 이 소설의 배경은 16세기 영국이다. 소설 속의 진짜 왕자 에드워드는 수장법을 통과시킨 헨리 8세의 아들로 훗날 에드워드 6세(재위 1547~1553)가 되었다.[7] 그런데 아무리 소설이라도 자라온 환경이 완전히 다른 두 사람이 어떻게 역할을 바꿔볼 생각을 할 수 있을까. 둘이 단지 옷을 갈아입었을 뿐인데 왕자를 모시던 신하들이 어떻게 몇 달씩이나 가짜 왕자를 진짜라고 믿었을까.

소설은 터무니없는 판타지나 환상이 아니라 현실 속의

가능한 이야기를 다루는 법이다. 정말 닮은 사람들은 실제로 있고, 닮은 사람이 다른 사람의 역할을 훌륭하게 수행하는 경우도 있었다. 가짜 마르탱 게르가 대표적인 인물이다. 그런데 주의 깊게 생각해봐야 할 것은 마르탱 게르 이야기와 비슷한 사건이 고대·중세에 많았다는 점이다.

몇 가지 사례를 들면 다음과 같다. 마르탱 게르와 비슷한 시대에 살았던 아우렐리오 치트라차는 리옹 지역에서 발리에 트로니를 사칭하면서 트로니의 재산을 차지하려고 했고, 앙트완 페를라즈와 장 퐁타넬은 각각 자신이 미셸 뮈르라고 주장하며 뮈르의 재산을 차지하려고 했다.[8]

이와 비슷한 로마 시대 이야기도 있다. 영화 〈글래디에이터〉를 보면 막시무스가 폭정을 일삼는 콤모두스 황제에 맞서 싸운다. 영화의 주인공과 이름이 같은 사람이 콤모두스 시절에 실재했는데, 그는 인품이 매우 뛰어나고 훌륭한 교육을 받은 사람으로 많은 이들의 존경과 사랑을 받았다. 의심병에 걸린 콤모두스는 반란의 소지가 있는 사람들을 닥치는 대로 죽였다. 콤모두스는 왕이 되려고 시도하거나 그럴 위험이 있는 자들을 많이 죽였는데, 막시무스도 덕망이 높았으므로 죽였다.

그런데 막시무스에게는 콘디아누스라는 아들이 있었다.

콤모두스는 이 아들마저 죽이려고 했다. 이 소식을 듣자 콘디아누스는 토끼를 잡아 그 피를 입에 가득 넣고 나서 말을 타고 가다가 일부러 넘어졌다. 그는 말에서 떨어진 후 피를 토하여 죽은 체하고, 죽었다는 소문이 나게 했다. 그러고는 부하들을 시켜 자기 몸 대신 양을 관에 넣어 장사 지내도록 했다. 장사가 끝난 후 콘디아누스는 변장하여 수시로 나타났다. 나중에 콤모두스가 이 사실을 알고 콘디아누스를 잡으려 했지만 끝내 잡지 못했고, 그와 닮았다고 생각되는 사람 여럿을 죽였다.

콤모두스가 죽은 후 어떤 자가 나타나 자신이 콘디아누스라고 주장하며 콘디아누스의 재산과 지위를 차지하려고 했다. 그의 외모가 콘디아누스와 매우 흡사했으므로, 그가 진짜 살아 있었다고 믿는 사람들이 많았다. 그러나 콘디아누스와 절친했던 친구가 그에게 은밀한 일들을 물어보았더니 그는 대답하지 못했다. 그 후 콘디아누스라고 칭하는 사람은 나타나지 않았다.

이렇게 다른 사람 행세를 하는 일은 1880년경까지도 빈번했다. 그때까지 사람의 신원을 정확하게 확인할 수 있는 골격 측정법이나 지문 인식법이 발달하지 않았고, 사람들을 체계적으로 관리하는 근대적인 호적법이 미비했기 때문이다.[9] 빅토르 위고의 소설 《레미제라블》을 읽어본 사람이라면 이를 쉽게 이해할 수 있을 것이다. 주인공 장발장은 19년간의 감옥살이 후 신분을 속이고 마들렌이라는 새로운 사람으로 살아가지 않았던가.

전근대에는 실종자나 사연 있는 사람의 생년월일과 출생지를 알아내어 그 사람 행세를 하는 경우가 허다했다. 이를 밝혀내는 일은 쉽지 않았다. 따라서 전근대인들은 신분을 위장하여 돈을 벌거나 복수하려는 '사기꾼'들에 대해 강렬한 공포심을 느꼈다.[10] 이런 공포심은 진짜 인물과 가짜 인물이 다투는 각종 설화에 반영되었는데, 이는 우리나라의 설화에서도 찾아볼 수 있다. 고소설 《옹고집전》도 이런 설화에 근거한 것이다.[11]

왜 전근대에는 남의 신분을 사칭하는 사건이 많이 일어났을까? 지문 인식, 필적 감정 등 신원을 확인할 수 있는 방법이 발달하지 않았고 사진기가 없었기 때문이라고 쉽게 대답해버릴 수 있을 것이다. 그러나 그 이상의 무엇인가가 있었다.

'시각적 후진성'을 갖고 있었던 전근대인들은 거울을 보는 데 두려움을 갖고 있었다. 사람들의 모습을 보존하기 위한 초상화나 영정도 개성보다는 신분에 따른 전형적인 형태로 그려지곤 했다. 12세기 말 어느 수녀원장이 남긴 수녀 60여 명의 초상화는 밑에 새겨진 이름을 보지 않고는 구별할 수 없을 정도로 얼굴과 표정이 똑같다.

전근대인들의 시각적 후진성

전근대인들은 '시각적 후진성'을 갖고 있었다.[12] 무엇보다 거울이나 사진같이 개인의 특징을 확인할 수 있는 수단의 부재가 전근대인들의 시각적 후진성을 조장했다.[13] 현대인, 특히 여성들은 매일 수십 번 거울을 보면서 매무새를 다듬지만, 거울이 보편화된 것은 근대의 일이다. 16세기에 작은 금속 거울이 모직 스웨터 한 벌 값이었으니, 이때는 거울이 그래도 제법 보편화되었다고 말할 수 있을 것이다. 물론 거울이 지금처럼 흔했던 것은 아니다. 17세기에도 거울은 재산 목록에 빠지지 않을 정도로 귀했다.

16세기까지 거울은 유리가 아니라 다른 재료로 만들어졌고, 크기가 작았으며, 대상을 정확하게 반사하지 못했다. 일찍이 로마 시대에 유리 거울이 만들어졌고 중세에 유리 거울을 만드는 기술이 많이 개량되었지만,[14] 주로 사용된 것은 금속 거울이었다. 그중에서도 청동 거울이 전근대에 가장 많이 사용되었다. 청동 거울은 우리나라에서도 고려나 조선 시대 무덤에서 많이 발굴되는데, 성능이 별로 좋지 않았다. 그래서 기독교의 창시자로 유명한 사도 바오로는 "우리가 지금은 거울로 보는 것같이 희미하나 그때에는 얼굴과 얼굴을 대하여 볼 것이요 지금은 내가 부분적으로 아나 그때에는 주께서 나를 아신 것같이 내가 온전히 알리라"[15] 하고 말했던 것이다.

이렇게 거울이 귀했으므로 중세 농촌에서 진짜 거울을 가진 사람은 이발사뿐이었다. 사람들이 거울을 보는 일은 아주 드물었고, 거울을 보는 데 대한 두려움이 사람들의 마음을 사로잡고 있었다. 예컨대 아이에게 거울을 보여주면 성장이 억제된다든가, 사람이 죽은 다음 날 거울이 펼쳐져 있으면 불행이 온다는 금기가 있었다.[16] 따라서 사람들은 자신의 외모를 세밀하게 살펴보지 않았고 다른 사람의 외모에 대해서도 마찬가지였다.

거울에 대한 금기에는 종교적인 요소도 들어 있었다. 교회는 거울로 자기 얼굴을 들여다보는 것을 자기만족에 빠지는 일로 규정하고 여자들에게 거울을 보지 말라고 권했다. 이 때문에 수녀원과 수녀원 부속학교들은 거울을 보는 것을 금지했다. 조금 다른 이야기가 될 수도 있겠는데 수녀원과 수녀원 부속학교에서는 목욕도 금지되어 있었다. 목욕하기 위해서는 옷을 벗어야 하고 그럴 경우 자기 몸을 보게 되기 때문이다. 그래서 20세기 전반기에도 몇몇 수녀원에서 수녀들은 꼭 필요한 경우에만 긴 가운을 걸치고 목욕을

했다.[17]

사진은 1839년에 발명되었고, 20세기 초반에 이르러서야 대중화되었다. 사진이 없던 시절에 살았던 전근대인들은 사람들의 모습을 보존하기 위해 초상화나 영정을 그렸다. 그러나 이는 귀족이나 부유층에 한정된 일이었고 그나마 초상화나 영정은 판에 박힌 틀을 따르는 경우가 많았다. 근대 초기인 16~17세기에도 화가는 원래 모습이 아니라 이야기를 들은 대로, 혹은 기억나는 대로 초상화를 그리곤 했다. 화가들은 이렇게 그리고는 '자연 그대로' 그렸다고 표시하곤 했다.[18] 그러니 전근대인들은 '시각적 후진성'을 가질 수밖에 없었다. 아르티가 사람들이 마르탱과 아르노를 제대로 구별하지 못했던 이유다.

당시 그려진 초상화나 조각상은 전근대인들의 시각적 후진성을 가시적으로 보여준다. 미술가들은 개인의 세세한 차이를 묘사하려고 하지 않았다. 그들은 어떤 사람이 다른 사람들과 구분되는 특징이 무엇인가에 관심이 없었고, 왕이나 귀족, 전사, 농민은 각각 전형적인 형태가 있다고 생각했다. 이 때문에 그들은 영웅을 그릴 때면 천편일률적으로 수염을 붙였고, 농민을 그릴 때는 태초의 아담을 모델 삼아 팬티만 입은 몸에 단순한 눈, 코, 입을 붙였다. 오늘날도 이런 인식이 완전히 없어진 것은 아니다. 지식인을 그릴 때 안경을 쓴 남성을 그리는 것이 대표적인 예다.

고대로 올라갈수록 이런 현상은 심해진다. 고대 이집트의 조각품을 보면 평범한 농민들은 얼굴에 개성이 없고 손발이 뭉뚱그려져 있는 경우가 많다. 그들은 사람의 모습을 있는 그대로 그리는 것조차 불경스럽다고 생각했다. 인간은 모두 똑같아야 하며 신의 지배를 받는 인간은 왜소한 존재에 불과하다고 여겼기 때문이다. 아름답고 균형 잡힌 몸매를 자랑하는 고전고대의 조각상들도 사실은 개인을 묘사한 것이 아니다. 그리스인들은 인간은 신들이 주재하는 운명에 따라야 하는 존재라고 생각했다. 그리스 문명이 최전성기에 다다랐던 기원전 5~4세기에 그리스의 지식인들은 한때 이런 한계를 벗어나기도 했다. "인간이 만물의 척도다"라는 프로타고라스의 말이 이 생각을 상징한다. 그들은 인간은 원하기만 하면 무엇이든 할 수 있다고 믿었다. 그러나 그들의 생각은 한시적이었으며 어디까지나 지식인들의 범위 안에서 이루어진 것이었다.

중세에도 이런 상황은 계속되었다. 중세인들은 수많은 영웅과 성인聖人들의 초상화를 그리고 인물 조각상을 만들었지만, 특정 인물의 개인적 특징을 담으려고 시도한 적은 거의 없었다.[19] 12세기 말의 수녀원장 헤라트 폰 란츠베르크의 사례에서 이 사실을 확인할 수 있다. 그녀는 자신을 비롯한 수녀 60여 명의 초상화를 남겼는데, 그 수녀들의 얼굴과 표정은 거의 똑같다. 초상화 밑에 새겨진 이름을 보지 않고는 수녀들을 구별할 수 없을 정도다.[20]

전근대인들의 시각적 후진성은 개성보다 공동체를 강조하는 심성에서 기인했다. 전근대인들은 가족과 친족을 행동과 판단의 중요한 준거로 생각했다. 중세 팔레스타인을 순례했던 한 기독교 신자가 있었다. 그는 예수가 공적인 활동을 시작하면서 행한 첫 기적, 즉 결혼 잔칫집에서 물을 포도주로 바꾸었던 기적이 이루어졌던 가나에 도착해서, 그 잔치가 열렸던 집의 의자에 앉아 이렇게 말했다. "혼자서는 보잘것없는 나는 거기에 내 친척들의 이름을 모두 적었다." 이 신자처럼 전근대인들은 친족 관계로 윤색된 색안경을 통해 세상을 바라보고 행동했다.[21]

물론 이는 전근대인들의 삶이 친족, 공동체를 중심으로 이루어졌기 때문이다. 근대인들은 각각의 분자처럼 아침에 일어나 공장에 가고, 공장에서는 기계의 한 부품처럼 자신이 맡은 일을 한다. 공장의 일에는 아버지의 지도나 감독도, 주위 친척들의 도움이나 간섭도 없다. 반면에 전근대인들은 집단으로 살았다. 아무리 잘난 사람이라도 혼자서는 자신의 땅을 갈 수 없었다. 다른 사람들에게 농기구를 빌려야 했고, 파종이나 수확을 할 때는 누군가의 도움을 받아야 했다. 마음대로 자기 땅에 아무 곡식이나 파종했을 경우 수확에 성공하기 힘들었다. 주위 사람들이 물대기와 여타 작업에서 협조해주지 않으면 그만이었기 때문이다. 전근대 사람들의 생활에서 친족과 공동체의 지도 및 협조는 필수적이었다. 이렇게 친족과 공동체가 개인의 삶을 통제해왔기에 개인들은 자신의 소유물이라고 해도 마음대로 처분할 수 없었다. 전근대의 가장 중요한 재산인 토지의 경우 많은 공동체가 세습 재산의 양도를 금지했으며, 부득이한 사유로 양도해야 할 경우 관련 친족들의 동의를 얻도록 했다.

지금까지 좇아온 논리를 거꾸로 되짚어보자. 전근대인들은 친족과 공동체의 일원으로서 살아야 했고, 그러면서 자기보다는 공동체를 우선시하는 사고관을 갖게 되었다. 친족관계라는 색안경을 끼고 세상을 바라보던 그들은 개인의 개성보다는 집단의 협동을 강조했다. 따라서 개인의식이나 개성 같은 것이 없지는 않았지만 현대와 비교하면 매우 낮았다.[22] 이런 사고방식은 인상학적인 면에서도 그대로 적용되었다. 전근대인들은 개인의 신체적 특징을 세세히 살피는

데 익숙하지 않았으며 개별적인 특징을 드러내는 것을 금기시하기도 했다.

진실을 왜곡할 수 있는 기억의 문제

시각적 후진성만으로 마르탱 게르 사건을 설명하기에는 무언가 부족하다. 아무리 가짜 마르탱 게르가 진짜 행세를 잘했다고 한들 어떻게 거의 모든 마을 사람들이 그를 진짜로 받아들일 수 있었단 말인가. 논리적으로 설명할 수 없는 어떤 요소가 사람들의 기억을 장악한 게 아닐까? 인간의 기억 속에 비논리적 요소가 얼마나 많은지 살펴보자.

사람들은 기억력이 비상하거나 머리가 좋지 않더라도 자신이 과거의 일을 엉터리로 기억하지는 않는다고 생각한다. 비록 수학 공식 같은 것을 잘 외우지 못하고 과거사를 곧잘 잊어버리기는 해도 말이다. 지난 일을 엉터리로 기억하는 것은 과거(역사)의 조작이고 그것은 일종의 사기라고 할 수 있다. 자신이 사기꾼이라고 생각하는 사람은 드물겠지만, 과거사를 조작하는 게 사기라면 인간은 정도의 차이는 있지만 모두 사기꾼이다. 인간은 지난 일을 자신에게 유리한 방식으로 해석하여 기억할 뿐 아니라 때때로 완전한 조

작을 통해 과거를 만들어내기 때문이다.[23]

　이를 입증하는 좋은 사례가 있다. 1986년 11월 22일 미국에서 큰 사건이 발생했다. 미국 정부가 야심 차게 발사한 우주 왕복선 챌린저호가 폭발해버린 것이다. 사고 직후 에머리 Emory 대학의 한 심리학자가 106명의 학생들로 하여금 챌린저호 폭발 사고를 어떻게 처음 알게 되었는지를 기록하게 했다. 3년 후 그 연구자는 에머리 대학에 그때까지 남아 있던 40명의 학생을 상대로 챌린저호 폭발 사고가 일어났을 때 무엇을 하고 있었는지 물었다. 불과 3년 전에 일어난 큰 사건이었지만 정확히 기억하는 학생은 드물었다. 상당수의 학생이 그 사건을 처음 들은 시간과 장소를 제대로 기억하지 못했고 1986년과는 전혀 다르게 대답했다. 한 학생은 1986년에는 종교학 수업을 받은 교실에서 폭발 사고를 들었다고 했지만, 1989년에는 기숙사에서 룸메이트와 텔레비전을 보고 있었는데 뉴스 속보가 나와서 알았으며, 너무나 당황하여 어쩔 줄을 모르다가 친구들과 부모님에게 전화했다고 말했다.[24]

　이렇게 사람들은 곧잘 과거를 왜곡해서 기억하거나 잘못 기억한다. 때때로 인간은 자신이 전혀 경험하지 않은 것을 경험한 것처럼 기억하거나 전혀 사실이 아닌 것을 사실로 기억하기도 하고, 영화에서 보거나 소설에서 읽은 것을 자신이 직접 경험한 것으로 믿기도 한다. 1940년대 영화 〈비행과 기도〉는 남태평양 상공에서 추락하는 폭격기의 승무원들이 서로를 격려하면서 영웅적으로 탈출하는 이야기를 그렸다. 그런데 1944년 잭 테트라는 기자가 영국 비행 기지에 비슷한 이야기가 전설처럼 전해오고 있다고 《뉴욕 헤럴드》에 실었고, 그해 이 이야기는 마치 사실인 것처럼 《리더스 다이제스트》지에 다시 실렸다. 이 기사를 읽은 미국의 레이건 대통령은 그 이야기가 완전한 사실이라고 믿고 이야기의 주인공들을 찾아 훈장을 주도록 조치했다. 그러나 그 이야기는 영화 속 이야기와 비슷한 전설일 뿐이었다.

그 후 넬슨이라는 기자가 2차 세계대전에서 훈장이 얼마나 정확하게 수여되었는지를 조사해보았다. 그는 434건의 사례를 조사했는데, 훈장 수여위원회의 조서 외에는 훈장을 받은 사람들의 영웅적인 행위를 입증할 자료가 전혀 없었다. 넬슨이 훈장 수여위원회에 가서 사건들의 정확성을 어떻게 파악할 수 있는지 묻자, 그 위원회의 위원장이 명언을 했다. "만약 당신이 같은 이야기를 다섯 번 듣는다면 그것은 진실이 됩니다."[25]

본래의 이야기로 돌아가 보자. 인간의 기억에 이렇게 결점이 많다는 점을 고려해야만 가짜 마르탱에게 마을 사람들이 속아 넘어갈 수밖에 없었던 이유를 이해할 수 있을 것이다. 역사라는 학문은 근본적으로 사람들이 기억해서 기록한 사료를 다룬다. 마르탱 게르의 사건, 그리고 기억의 문제에 대한 현대 의학·심리학의 연구를 고려하여 역사학의 기반을 좀 더 깊이 성찰할 필요가 있다. 역사가들은 그들 작업의 정체성을 확보하기 위해 이에 대해 진지하게 고민해봐야 할 것이다.

2
말똥 줍는 사람들

목숨 걸고 말똥을 줍던 사람들

자본주의 경제에서는 항상 적절한 실업자가 있어야 한다. 그래야만 자본가들이 싼값에 노동자를 고용할 수 있고, 직원들에게도 암묵적인 위협을 가할 수 있다.

실업자는 자본주의의 구조상 생겨날 수밖에 없다. 호황과 불황이 반복되기 때문이다. 자본가는 물건이 잘 팔리면 생산을 늘리고, 물건이 팔리지 않으면 생산을 줄인다. 소비자들이 인간이므로 소비량이 늘 일정할 수는 없다. 물건을 많이 소비하고 생산이 늘어나는 시기가 호황 국면이다. 소득이나 인구 감소, 혹은 물품에 대한 필요나 구매 욕구의 상실에 의해 소비가 줄어들고, 그로 인해 생산이 줄어드는 시기가 불황 국면이다. 호황과 불황은 주기적으로 반복되는데, 초기 자본주의 사회에서 그 주기는 10년이었다.

불황이 닥치면 상품의 처분 기간이 길어지고, 시장에서 자본을 회수하지 못한 소자본가들과 소상인들은 망한다. 대공장주들도 공장의 가동을 단축하거나 아예 공장 문을 닫아버린다. 자본가들도 힘겨운 이 시기에 노동자들은 그야말로 생존 투쟁을 벌여야 한다. 해고 위협이 상존하는 가운데 노동 시간이 단축되어 임금이 깎인다. 그러면 근근이 저축해놓았던 돈으로 생활하다가 결국 빈민이 되어버린다.

생계가 막연해지면 사람들은 온갖 일을 찾아 나선다. 18세기 전반기 영국에서 빈민들이 주저 없이 선택했던 일 중 하나가 말똥 수집이었다.

1770년 프랑스인 퀴뇨가 증기로 가는 자동차를 만들었다. 이 자동차는 앞바퀴 하나만을 구동하는 3륜차였는데, 육중한 무게에 비해 보일러의 용량이 작아서 15분마다 보일러의 물을 교체해야 했고, 속도는 시속 5킬로미터밖에 되지 않았다. 그 후 지속적으로 자동차가 개량되었다. 실용화된 자동차는 핸목이라는 사람이 최초로 만들었는데, 그는

1826~1836년에 증기자동차(버스) 열 대를 만들었다. 이 버스는 런던 시내와 첼트넘 사이를 정기 운행했고, 22인승에 평균 속도가 시속 16~23킬로미터였다.

이렇듯 자동차가 발명되고 성능이 개선되고 있었지만, 20세기 전반기까지도 주요 교통수단은 여전히 마차였다. 말이 주요 이동 수단이었다는 사실은 전쟁에서 분명히 확인된다. 전쟁에는 최첨단 기술이 동원되기 마련인데, 2차 세계대전 때까지도 기병을 주력 부대로 삼았던 나라가 여전히 많았다. 1939년 9월 1일 히틀러의 독일군이 폴란드를 침공했을 때, 독일의 탱크부대를 가로막고 나선 것도 폴란드가 정예 부대라고 자신했던 기병들이었다. 물론 전투 결과는 너무나 뻔했다. 1950년에 일어난 6·25 전쟁 때도 말을 탄 병사들이 제법 많았다.

18세기 내내 마차가 중요한 교통수단이었기 때문에, 산업혁명기에도 말들은 무거운 짐을 실은 마차를 끌고 거리를 오갔다. 영국의 경우 대도시로 들어가는 간선도로마다 마차들이 쉴 새 없이 오갔다. 말은 마차를 끌고 가면서 도로에 똥을 싸곤 했다. 길가에서 그 모습을 지켜보던 가난한 사람들은 부리나케 달려가 그 똥을 주웠다. 이 작업은 매우 위험했다. 마차들이 수없이 달리기 때문에 자칫하면 마차에

깔려 죽을 수 있었기 때문이다. 그들은 왜 목숨을 걸고 말똥을 주웠을까?

가축의 배설물, 역사를 바꾸다

19세기 초까지 유럽에서 말똥은 두 가지 면에서 크게 유용했다. 먼저 말똥은 최상의 비료였다. 사람들은 말똥을 농사꾼들에게 팔았다. 요즘 사람들은 우습게 여기겠지만, 동물의 배설물은 정말 귀했다. 중세 영주들은 농노에게 온갖 공납품을 요구했는데 거기에는 '한 통의 똥'이 포함되어 있었다. 농노는 한 통의 똥을 얻기 위해 들과 산을 헤매며 동물의 배설물을 모아야 했다. 때때로 영주들은 그렇게 모은 똥으로 일꾼의 봉급을 주었다. 12세기 독일의 한 장원에서는 영주가 장원을 관리하는 집사들에게 '암소의 똥과 그에 딸린 송아지 똥, 그리고 영주 집에서 나온 쓰레기'를 봉급으로 주었다는 기록이 전한다.[1]

똥이 이토록 귀했기 때문에 어떤 역사학자는 동양과 서양의 차이점, 특히 근대에 서양이 산업혁명을 통해 동양을 앞지를 수 있었던 원인을 똥에서 찾기도 한다.[2] 그의 설명에 따르면, 1400년까지만 해도 유럽은 그야말로 "황량한 서양"이었다. 다시 말해 황량한 숲이 우거진, 아직 문명이 발달하지 못한 곳이었다. 당시 최고의 문명은 중국과 이슬람이었고 유럽의 문명 수준은 형편없었다.

그런데 14~15세기 유럽에서 특이한 일이 발생했다. 가축 사육법이 개선되고 목초 재배 기술이 발달한 것이다. 소를 예로 들어보면 이 시기에 소의 평균 키가 20센티미터나 커졌다. 헝가리 지역의 소들이 도입되는 등, 품종 개량 사업이 있었기 때문이다. 돼지도 마찬가지였다. 원래 중세 유럽의 돼지는 몸통이 작고 다리가 길었다. 돼지는 신석기시대 이래 가축으로 사육되었지만[3] 중세까지 야생 멧돼지와 비슷했다. 14세기에 들어서면서 돼지의 모양새가 바뀐다. 몸통이 커지고 다리가 짧아진 것이다. 품종 개량이 활발히 이루어진 덕분이었다. 토끼를 사육할 수 있게 되는 등 다른 가축의 사육도 늘어났다.[4]

마침내 14~15세기 유럽에서 가축혁명이 일어났다. 이 가축혁명으로 인해 사람들이 더 많은 육류를 소비할 수 있게 되었고, 그 결과 더 많은 힘을 쓸 수 있게 되었다. 가축이 늘어나면서 그 배설물이 증가했고, 배설물은 농사에 유용한 거름으로 쓰였다. 이런 변화에 의해 이른바 농업혁명이 일어났던 것이다. 16세기에 농업혁명이 일어나고, 그로 인해 적은 수의 사람들이 농업에 종사하면서도 더 많은 식량을 얻을 수 있게 되었다. 영국을 예로 들자면 중세에는 밀 한 알을 뿌리면 두세 알을 수확할 수 있었는데, 1700년경에는 열 알을 수확할 수 있었다. 이렇게 토지 생산성이 크게 향상되자, 지주들이 많은 농민을 농토에서 쫓아냈고, 토지를 떠난 사람들은 도시로 이사하여 산업혁명의 예비 인력이 되었다. 이 과정이 없었다면 산업혁명은 불가능했을 것이다. 이렇게 생각한다면 앞에서 말한 역사가도 상당히 식견 있는 사람이다.

둘째, 말똥은 땔감으로 유용했다. 인류학자 마빈 해리스는 인도인이 소를 숭배하는 이유를 현실적으로 분석한 것으로 유명하다. 그가 관찰한 소의 유용성 가운데 하나는 소가 많은 똥을 누고, 인도인들이 그 똥을 진흙과 섞어 말린후 땔감으로 쓴다는 것이었다. 이렇게 똥을 땔감이나 연료로 사용하는 것은 인도에서만 관찰되는 특이한 현상이 아니다. 지금도 세계 여러 지역의 많은 사람들이 이 관습을 유지하고 있다. 유럽도 19세기까지는 그랬다.

소똥이나 말똥을 진흙과 섞은 후 건조시켜 연료로 사용하는 것을 이탄死炭이라고 하는데, 이탄 생산은 하나의 산업이었다. 이탄은 가볍고, 서서히 오래 타며, 연소율이 높아서 가정집에서는 조리용 연료로 썼고, 수공업자들은 산업용 연료로 사용했다. 영국, 프랑스 등 여러 나라에서 이탄 생산업자들이 활동했는데, 이들은 목초지를 돌며 소와 말의 배설물을 수집한 후 가공해서는 주변의 가정이나 수공업자들에게 팔았다. 석탄의 사용이 본격화되고 산업혁명이 본궤도에 오른 19세기 중반 이후에야 이탄의 생산이 줄어들었다.

이렇게 19세기까지도 말똥이 귀하게 쓰였다. 그런데 인간이 속한 영장류는 원래 똥에 무관심하다고 한다. 영장류는 대개 이동 습관이 있어서 아무 데나 똥을 누더라도 주거지가 지나치게 더러워지거나 악취가 날 우려가 거의 없다. 특별히 만든 침대에서 자는 유인원들조차 늘 새로운 자리에 침대를 만들기 때문에 위생 문제를 걱정하지 않아도 되었다. 그러나 자기 똥이 아니라 다른 놈의 똥에 오염될 가능성은 얼마든지 있었다. 아프리카의 한 지역에서 고릴라가 자고 떠난 보금자리를 조사해보았더니, 99퍼센트가 고릴라의 똥으로 더럽혀져 있었고, 73퍼센트의 보금자리에서는 고릴라가 똥 위에 누워 잠을 잔 흔적이 발견되었다.[5]

이렇듯 겉으로는 깨끗하고 위생적인 듯해도 실제로는 불결하기 짝이 없는 영장류의 습관이 인간에게도 남아 있는 것 같다. 인류의 전쟁사에서 적의 칼로 죽은 병사보다 전염병으로 죽은 병사들이 훨씬 많다는 사실이 이를 입증한다. 사실 전근대에는 사람들이 모이는 것 자체가 늘 위험했다. 농촌에서 흩어져 살던 사람들이 전쟁을 치르기 위해 모여들 경우 각자가 갖고 있는 온갖 병이 다른 사람에게 전염될 가능성이 매우 높아지기 때문이었다. 이렇게 본다면 모든 사람은 다른 사람에게 치명적인 병을 야기할 수 있다. 인간의 배설물과 관련된 이야기를 좀 더 해보자.

우아한 중세 성의 악취 나는 이면

유럽을 여행하는 사람들은 거대한 중세 성들을 보고 그 웅장함과 정교함에 감탄한다. 그리고 멋진 성에 살았을 성주에 대해 상상해본다. 성주는 대단한 권력을 가진 '대인'이었을 것이다. 큰 성을 가지고 있는 성주는 주변의 적들이나 산적들을 두려워하지 않았고 주변의 농민들로부터 각종 세금과 진상품을 받아 호화롭게 살았을 것이다. 수시로 인접 지역의 귀족들을 불러 모아 연회도 열었을 것이다. 누구나 대성주의 화려한 생활은 쉽게 상상해낼 수 있지만, 성주가 겪었을 불편함이나 걱정을 생각해보라고 하면 머리가 멈추고 만다.

우리가 중세로 돌아가 성을 방문한다면 가장 곤란하고 참기 어려운 일은 무엇일까? 성안에는 몇 달 심지어 몇 년을 버틸 수 있는 식량이 보관되어 있었고, 주변에서 신선한 채소가 늘 보급되었으므로 음식 걱정은 할 필요가 없을 것이다. 수시로 연회를 열 수 있고 장기도 둘 수 있고 연애도 할 수 있어서 심심함도 견뎌낼 수 있을 것이다. 사실 중세 귀족들은 온갖 핑계를 만들어 연회를 열고, 공연을 보고, 수수께끼 대회를 여는 등 소일거리로 시간을 보내곤 했다. 성 안에 우물이 있으므로 식수 역시 걱정하지 않아도 될 것이다. 먹을 것, 입을 것, 놀 것이 풍부한 귀족의 생활에 도대체 무엇이 불편하겠는가. 그러나 중세 성에는 현대인이라면 도저히 참을 수 없는 불편함과 역겨움이 있었다.

　유럽의 성은 9세기부터 급속히 발달했다. 카롤루스 대제 사후에 강력한 국가가 사라지고 중앙집권적인 왕권이 소멸한 상황에서 아랍인, 노르만인과 같은 외적들이 끊임없이 쳐들어왔기 때문이다. 높고 두꺼운 성을 쌓아 스스로를 보호하는 것만이 살 길이었다. 지방의 세력 있는 귀족들이 앞다투어 성을 쌓기 시작했다. 목숨을 부지하기 위한 성이니 튼튼하게 쌓아야 했다. 북동 프랑스에 있는 쿠시Coucy 성은 성벽 두께가 7.5미터나 되어, 17세기 중엽까지 어떤 대포로도 이 성벽을 부술 수 없었다. 성벽에는 방어와 공격에 유용한 갖가지 시설이 있다. 그러고도 모자라서 대개의 성에는 해자라는 것이 설치되어 있다. 해자는 성 주위에 큰 도랑을 파고 그곳에 물을 채워 넣은 것이다. 중세 성에 설치된 해자는 깊이가 3미터, 너비는 9미터나 되었다.[6] 이 정도 깊이면 사람이 빠져 죽을 수도 있다.

현대인들이 중세의 성을 방문하여 해자를 보면 예전에는 이곳에 물이 흘렀을 거라고 생각하기 쉽다. 현재 복원된 해자의 경우 대부분 아름답게 조경이 되어 있으니 그렇게 생각하는 게 당연하다. 그러나 대부분의 해자에는 물이 흐르는 게 아니라 똥이 썩고 있었다.

중세 성에도 화장실이 있었는데 그 화장실을 사실私室이라고 불렀다. 이 사실은 성벽 한구석 또는 탑이나 연회장 근처에 설치되었다. 성벽에 설치된 사실에서 용변을 보면 배설물이 바로 해자로 떨어졌다. 배설물이 바로 떨어지지 않게 되어 있는 경우에도 성 사람들은 배설물을 해자에 많이 버렸다. 세월이 흐르면서 해자에는 물이 아니라 똥이 가득하게 되었다.[7] 방어적인 측면에서 이는 매우 유익한 것이었다. 적군이 오물투성이 해자를 뚫고 성을 공격하는 게 쉽지 않았기 때문이다. 그러나 위생 면에서는 얼마나 불결했을 것인가. 더욱이 똥 썩는 냄새가 성안에 진동했을 텐데 중세인들은 그 냄새를 어떻게 참았을까.

중세인들이 인내력이 대단해서 그런 냄새쯤은 문제가 되지 않았을 수도 있다. 중세인들이 목욕을 제대로 하지 않았다는 것은 잘 알려진 사실이다. 그들은 오히려 전염병이 옮을까 봐 목욕을 하지 않았다. 손, 얼굴, 입에 가끔 물을 뿌리는 게 씻는 것의 전부였다. 그러면서 "18세기까지도 많은 사람들은 몸을 씻지 않아서 풍기는 악취를 (적어도 남성들 사이에서는) 남성다운 인격의 표지로 간주했다".[8]

사실 성의 해자뿐 아니라 중세 도시를 흐르는 강 자체가 똥으로 가득 차기도 했다. 런던에는 플리트강이 있었는데, 이 강 위에는 열한 개의 공중 화장실이 있었고 강으로 흘러드는 세 개의 하수도가 있었다. 너무나 많은 배설물이 흘러들어와 강의 흐름이 멈췄고 플리트강은 플리트 거리가 되어버렸다. 또 악취가 얼마나 심했던지 근처에 살던 수도사 가운데 몇 명이 악취에 시달리다가 죽었다.

이런 원초적인 배변 문화는 18세기까지 계속되었다. 수세식 변기는 고대 로마에서 사용된 적이 있지만, 로마 멸망 후 잊혔다. 근대 초 영국 엘리자베스 여왕 시대에 그녀의 대자代子였던 존 해링턴이 '수세식 화장실'을 만들었지만 널리

쓰이지는 않았고, 그로부터 200년이 지난 후에야 수세식 변기가 대중적으로 널리 쓰이기 시작했다.[9]

대포와 총의 시대가 열리다

아무리 역겨운 냄새가 나도 성안에 있으면 안전했으니 중세 성은 참 유용한 것이었다. 그러나 화약과 대포가 발명되면서 성의 시대는 막을 내렸다. 화약과 대포는 언제부터 쓰였을까? 화약은 흔히 르네상스 시대의 3대 발명품 중 하나로 꼽히지만, 실은 르네상스 이전부터 상당히 오랫동안 사용되었다.

비잔티움 사람들이 최초로 화약을 전투에 도입하여 큰 성과를 거두었다. 무함마드가 이슬람을 창건하고 팽창을 시작하던 초기의 일이다. 아랍인들은 672년에 크레타섬과 로도스섬을 공격했고 이듬해에 마르마라해로 진출했다. 674년부터 아랍인들은 비잔티움 제국의 수도 콘스탄티노폴리스를 포위공격했다. 이때 그리스인 칼리코스가 '그리스의 불'이라고 불리는 화약을 발명하여 아랍 함대에 큰 타격을 입혔다.[10] 당시 비잔티움 사람들뿐 아니라 중국인들과 서양인들도 화약을 알고 있었다.

화약은 중국에서 우연히 발명되었다. 위·진·남북조 시대에 도교가 크게 유행했는데 많은 지식인들은 수련을 하거나 수은, 유황 등을 섞은 신비한 약을 먹으면 신선이 될 수 있다고 믿었다. 이런 믿음은 오랫동안 지속되었는데 당나라의 유명한 시인 이태백도 수은으로 만든 '신비의 단약'을 먹고 수은 중독에 시달리다가 죽었다. 화약은 이런 신비의 약을 만드는 과정에서 생긴 부산물이다. 9세기부터 중국인들은 초석, 유황, 숯가루 등을 가지고 화약을 만들었다.[11] 당나라 이후 중국인들은 이렇게 만든 화약으로 온갖 연회나 축제 때 불꽃놀이를 즐기곤 했다. 서양에서는 로저 베이컨이 1260년에 저술한 책에서 초석과 목탄, 유황을 7:5:5로 섞어 화약을 만들 수 있다고 기록했다. 베이컨은 "당신이 그 비법을 안다면……그렇게 혼합해 환한 섬광과 천둥소리를 만들어낼 수 있을 것이다"라고 말했다.

화약의 위력을 실감한 사람들은 그것을 멀리 날려 보낼 방법을 찾기 시작했고, 그 결과 대포가 발명되었다. 영국인 월터 드 마일미트라는 1326년에 작성한 논문에서 대포의 구조에 대해 설명하고 있는데, 그의 설명을 보면 초기 대포는 몸통이 불룩하고 목이 가는 항아리처럼 생겼다.[12] 플랑드르에서는 1314년경, 프랑스 메츠에서는 1324년경에 대포가 사용되었다는 기록이 있기 때문에 월터가 최초의 대포 발명자는 아니다.

초기의 대포는 가볍고 짧았으며, 튼튼하지 못했다. 무게가 130킬로그램 정도밖에 되지 않았고, 나무 받침대(포대) 위에 대포를 올려놓고 쏘았다. 화통을 만드는 금속이 약해서 옮기다가 몸체가 깨지는 일도 다반사였다. 이 때문에 대포를 전쟁터로 옮기는 게 아니라 대포를 만드는 장인들이 전쟁터를 따라다녔다. 즉 전투가 벌어지면 장인들이 전장으로 가서 주변 지역의 종을 징발한 후 그것을 원료로 해서 대포를 만들었다. 전투가 끝나면 장인들은 대포를 녹여 다시 종을 만들어주었다.[13]

따라서 대포가 발명되자마자 전쟁의 양상을 결정적으로 바꿔놓은 것은 아니다. 그렇게 작고 옮기기도 어려운 대포로는 적의 성벽을 부수거나, 적군에 큰 타격을 가할 수 없었기 때문이다. 1415년경이 되어서야 대포가 전투에서 중요한 역할을 하기 시작했다. 이 무렵 대포는 소항아리 모양에서 원통형으로 개량되었고, 900킬로그램 이상의 포탄을 쏠 수 있을 만큼 커졌다.

당시 영국과 프랑스는 백년전쟁을 치르고 있었다. 영국왕 헨리 5세(재위 1413~1422)는 노르망디 지역을 탈환하기 위해 애쓰고 있었다. 1415년 헨리 5세는 아르플뢰르성을 포위공격하기 시작했다. 땅굴 파기 등 전통적인 방법으로 성을 함락하기 위해 노력해봤지만 허사였다. 헨리 5세는 10문의 대포를 준비하도록 했고, 포대의 수석 기술자인 자일즈가 한쪽 성문에 집중적인 포격을 가했다. 자일즈는 불에 잘 타는 나무 포탄을 27일간이나 계속 날려 보내도록 했다. 드디어 성문과 망루에 금이 가자, 영국군이 재빨리 성으로 들어가 성을 함락했다. 이렇게 해서 성의 시대가 저물어가기 시작했다.

그런데 나무 포탄을 쏘았다니, 무슨 말일까? 초기 대포들은 지금과 같은 화약 덩어리를 쏘지 않았다. 화약은 물체를 발사하는 데 사용되었고, 포가 쏘는 것은 대개 돌멩이였다. 따라서 이때 나무 포탄은 나무를 포에 넣어 쏘았다는 것을 의미한다. 1494년에야 쇠로 만든 탄환이 만들어졌고, 쇠로 만든 탄환은 성벽을 부수는 데 훨씬 효과적이었다.

대포로 성벽을 파괴하게 되면서부터 막강한 대포의 확보가 승패의 관건이 되기 시작했다. 백년전쟁에서 수세에 몰렸던 프랑스가 점차 우위를 확보하고 승리하게 된 것도 뛰어난 대포를 제작했기 때문이다.

당시 프랑스에는 장 뷔로Jean Bureau라는 뛰어난 포병이 있었다. 그는 1439년부터 60회의 포위공격을 성공적으로 펼쳤다. 특히 프랑스 야포의 십자포화가 영국군에게 큰 타격을 입혔다. 1450년 포르미니에서 벌어진 전투에서는 프랑스군이 발달된 대포를 사용한 반면, 영국군은 긴 활을 가진 궁수들이 주력부대였다고 한다. 프랑스의 샤를 8세는 1494년부터 이탈리아를 원정했는데, 당시 이탈리아인들은 프랑스의 대포를 보고 놀라 이렇게 말했다. "그것은 완전히 청동으로 주조되었고…… 말이 끌었고 군대의 행진 속도에 맞춰 이동할 수 있었다."

대포를 선박에 탑재하는 기술은 일찍부터 발달했다. 백년전쟁 중이던 1338년 영국인들이 네덜란드 앞바다에서 벌인 아흐네무이덴 전투에서 배에 대포를 탑재하여 싸웠다. 이후 서양인들은 함대에 대포를 장착하는 기술을 계속 발달시켰고, 그 덕분에 세계의 바다를 제패할 수 있었다.[14]

오늘날처럼 대포를 사용하여 대규모로 사람을 죽이는 기술은 언제 등장했을까? 1820년대 프랑스의 포병장교 페앙이 파열탄을 개발했다. 딱딱한 쇳덩어리를 대포로 그냥 쏘는 것이 아니라, 포탄의 속을 화약으로 채우고, 그 화약이 시간에 맞춰 터지게 한 것이다.[15] 목재 선박들은 파열탄의 공격으로 쉽게 파괴되었다. 그러자 사람들은 쇠로 배를 만들기 시작했고, 그 쇠를 격파하기 위해 대포는 더욱 개량되어야 했다.

대포 이야기가 나왔으니 포병에 대한 이야기를 해보자. 나폴레옹이 위대한 군인이었다는 것은 다들 알겠지만, 그가 포병이었다는 사실을 아는 사람은 드물 것이다. 대포가 처음 만들어졌을 때 포병은 정규 군대가 아니었다. 대포를 다루려면 상당한 기술과 수학적 재능이 있어야 했기 때문에, 전문적인 장인들이 대포를 다루었다. 당시 일반 병사들은 그런 재능을 갖추기 힘들었고, 귀족들은 장인이 하는 일이라 하여 기피했다. 대포를 가진 장인들은 일종의 조합을 만들어놓고 계약을 통해 활동했다. 즉 왕이나 사령관이 얼마를 지불할 테니 어디에 와서 포를 몇 방 쏘아달라고 하면 돈을 받고 전투에 참가했다.

포병이 정규 부대로 편입된 후에도 전통 귀족들은 포병에 입대하기를 싫어했다. 전통 귀족들이 모두 보병의 요직을 차지해버렸기 때문에, 나폴레옹 같은 변방 귀족들은 어쩔 수 없이 포병이 될 수밖에 없었다. 물론 나폴레옹은 내키지 않던 포병이 되었지만 불평하지 않고 오히려 전공을 세울 수 있는 기회로 이용했다. 그가 포병으로 성공할 수 있었던 것은 수학을 잘했기 때문이다. 그는 파리왕립군사학교에서 훈련을 받았는데 라틴어나 음악은 잘하지 못했지만 수학은 매우 잘했다. 그는 때때로 교사도 풀지 못하는 문제를 풀어내곤 했다.[16]

대포와 함께 무기의 혁신을 가져온 것이 총이다. 14세기에 총이 전투에 처음 사용되기 시작했지만, 16세기까지도 많은 사람들이 총보다는 활을 신뢰했다. 총의 사정거리가 짧고 정확도가 떨어졌기 때문이다. 잘 훈련된 궁수는 1분에 열 발의 화살을 쏘아 200미터 거리 밖의 물체를 맞추었다. 반면에 16세기 초까지도 화승총들은 재장전하는 데 몇 분씩 걸렸고, 사정거리도 10미터밖에 되지 않았다. 장군들은 여전히 궁수를 신뢰했고, 좋은 군대일수록 궁수를 많이 가지고 있었다. 예를 들어 1471년 부르군디의 공작 찰스의 군대에는 5000명의 궁수가 있었지만 화승총을 가진 병사는 1250명에 불과했다.

그러나 총에는 큰 장점이 있었다. 뛰어난 기사가 되려면 몇 년 이상의 오랜 훈련이 필요했다. 중세에 "사춘기의 소년은 기사로 키울 수 있다. 그보다 늦으면 불가능하다"라는 속담이 있었던 이유다.[17] 반면에 총을 쏘는 총사는 별다른 훈련을 받지 않아도 되었다. 총의 장점은 바로 여기에 있었다. 대규모로 일반인을 모아 일주일만 훈련시키면 훌륭한 병사로 만들 수 있었던 것이다. 따라서 대규모 징집이 가능한 근대 국가에서 가장 유리한 병기는 총이었다. 그 후 총의 성능이 점차 개량되면서 활의 시대는 종언을 고하고 비로소 총의 시대가 열렸다.

3
'황금 알을 낳는 거위'를
잡은 유럽인들

사라져버린 에스파냐의 영광

1492년 콜럼버스가 아메리카에 다녀온 후 그를 후원했던 에스파냐는 세계 최강의 국가가 되었다. 에스파냐가 남아메리카에서 어찌나 은을 많이 들여왔던지 16세기 유럽의 은 보유량이 일곱 배나 늘었다. 에스파냐는 다른 보석도 매우 많이 가져왔고, 신대륙과의 교역을 통해서도 막대한 부를 쌓았다. 노예, 후추와 신대륙의 신기한 동식물의 거래가 높은 이윤을 가져왔다.

에스파냐의 위력은 레판토 해전에서 유감없이 발휘되었

다. 1453년 비잔티움 제국을 무너뜨린 오스만 제국은 서쪽으로 세력을 더 확장하려 했다. 1486년에는 알바니아, 1499년에는 펠로폰네소스 반도, 1522년에는 로도스섬이 이슬람 세력의 수중에 들어갔다. 이후 오스만 제국은 베네치아를 위협하면서 이탈리아를 차지하려 했고 전 지중해가 그들의 손에 들어갈 판이었다. 기독교 세력은 신성동맹을 맺어 대항했고 양자의 운명은 1571년 레판토 해전에서 결정되었다. 이 전투에서 에스파냐 왕 펠리페 2세의 이복동생 돈 후안과 그가 이끄는 함선들이 큰 공을 세웠다. 돈 후안은 이 해전에서 승리했고 오스만 함대의 사령관 알리 파샤를 죽였다. 이에 고무된 펠리페 2세는 레판토 해전에 참가한 함선들을 중심으로 무적함대를 구축했다.

그러나 16세기에 서유럽 여러 나라가 자본주의라는 새로운 제도를 창출하면서 성장한 반면, 에스파냐는 근대적인 자본 축적을 이루지 못하고 쇠퇴하기 시작했다. 에스파냐는 공업 제품을 비싼 값에 수입하고 원재료를 싼값에 팔아야 하는 2류 국가로 전락해버렸다. 신대륙에서 가져온 막대한 부는 네덜란드, 영국, 프랑스로 흘러가 버렸다.

원래 에스파냐가 식민지 약탈만 의존했고 그 약탈이 한계에 부딪히면서 쇠퇴할 운명이었을까? 그렇지 않다. 중세

말 에스파냐의 농업과 상업은 유럽에서 가장 선진적이었다. 에스파냐는 이슬람의 선진적인 농업 기술을 받아들였고 대규모 목축업을 발달시켜 양질의 양모를 대량 생산했다. 좋은 자연환경 덕분에 고급 포도주도 생산했다. 무엇보다도 에스파냐는 유럽에서 가장 먼저 강력한 중앙집권국가를 이루었다. 이렇게 강력한 왕권과 튼튼한 경제가 있었기에 에스파냐가 아메리카를 발견할 수 있었던 것이다.

청교도 윤리와 자본주의 정신

이런 에스파냐에서 왜 근대 자본주의가 발달하지 못했을까? 막스 베버 이래 에스파냐가 구교 국가였다는 점이 강조되어왔다. 1904년 베버는 《프로테스탄티즘의 윤리와 자본주의 정신》에서 근검절약과 직업 세계에서 성공하기를 요구하는 청교도 정신이 합리적으로 이윤을 추구하는 자본주의 정신과 부합되며, 이것이 서구의 근대화에 결정적인 기여를 했다고 주장했다. 17세기 영국 목사 리처드 백스터가 한 말, "하느님께서 인간에게 주신 천직에 최선을 다하라. 자기 직업에서 성공한 사람은 곧 그가 선택받은 사람에 속한다는 증거다"가 베버의 주장을 대변한다.

그러나 오늘날 막스 베버의 주장을 그대로 믿는 사람은 거의 없다. 독일의 역사가 좀바르트는 청교도주의가 지독한 인색함을 낳았을 뿐이라고 말했다. 그는 경제에 대한 신교도들의 태도가 자본주의 정신과 일치하지 않는다고 주장한다. 영국의 역사가 토니는 다른 종교들의 윤리에서도 자본주의적 정신이 나올 수 있다고 주장하면서 베버를 공격했고, 자크 르 고프는 중세 가톨릭교회가 만들어낸 연옥이 고리대금업자의 구원을 허용함으로써 자본주의의 탄생에 기여했다고 주장했다.[1] 또한 구교 국가인 이탈리아가 이미 15세기에 막대한 자본을 축적하여 환전, 예금, 대출을 비롯한 금융 시스템을 발전시켰다는 연구가 이루어졌는데, 이런 연구는 베버의 테제로는 설명할 수 없다.[2]

　이들은 모두 신교의 정신과 자본주의 윤리가 일치하지 않는다면서 베버의 주장에 정면으로 도전했다. 최근에는 동양의 학자들을 중심으로 자본주의의 본원적 축적이 '폭력'에 의존했음을 강조하는 주장들이 제기되고 있다. 이들은 서구 문명의 폭력성을 강조하면서 자본주의가 폭력적인 팽창을 통해 성장했다는 것을 강조했다. 이렇게 베버의 주장은 많은 도전을 받아왔고, 초기 자본주의가 발전한 곳과 신교가 성행한 곳이 반드시 일치하지는 않는다는 실증적인

연구가 많이 나오면서 그 '권위'가 의심을 받고 있다.[3]

그러나 이탈리아에서 이미 근대적인 금융 시스템이 발전하고 있었다고 해도, 그런 시스템이 유럽의 여러 나라로 확산되었던 것은 아니다. 신교 국가들에서 근대적인 금융 시스템이 발전했던 것은 이탈리아 상인들의 영향이 아니라, 칼뱅의 영향 때문이었다. 이에 대해 앙리 오제는 "네덜란드나 제네바와 같은 나라에서 크레딧이 발전한 것은 칼뱅 덕분이었다. 칼뱅은 자신이 알지도 못하는 사이에 그런 것을 가능케 한 것이다"[4]라고 주장했다. 막스 베버의 테제를 살려내려는 앙리 오제의 주장이 얼마나 타당한지 판단하기는 힘들지만, 명확한 것은 칼뱅 시절까지 유럽 대부분의 나라에서 고리대금업을 정당한 것으로 인정하는 금융 시스템이 발전하지 않았다는 사실이다.

중세 교회는 시간을 담보로 하는 행위라고 비난하면서 이자를 받고 돈을 빌려주는 것을 부정한 것으로 규정했다. 〈레위기〉(25:25-38)와 〈신명기〉(23:19-31)에 이자를 받고 돈을 빌려주는 것이 죄악으로 규정되어 있었기 때문이다. 토마스 아퀴나스는 이자를 붙여 돈을 빌려주는 행위 자체가 성경에 어긋난다고 가르쳤으며, 중세에 고리대금 죄는 본당 신부가 아니라 주교의 사면을 얻어야 하는 중죄였다. 심지어 1311년 열린 빈 공의회는 고리대금업이 죄가 아니라고 주장하는 사람은 모두 이단이라고 규정했다. 이 때문에 기독교 신자들은 고리대금업에 종사할 수 없었다. 물론 이런 금기가 있다고 해서 모든 기독교 신자가 고리대금업을 하지 않았던 것은 아니다. 특히 수도원과 대교회가 그들 스스로 대부기관의 역할을 하기도 했다.[5]

하지만 기독교 신자들은 일반적으로 고리대금업에 종사하지 않았고, 그들이 하지 못하는 일을 유대인에게 맡겼다. 유대인들은 어차피 '지옥 불에 떨어질 존재'여서 고리대금이라는 또 하나의 죄를 보탠다고 해도 아무런 문제가 되지 않는다고 생각했기 때문이다.

중세 유럽 경제를 주름잡은 유대인

물물교환 수준을 넘어선 곳이라면 어디에든 시장이 있었고, 환전상과 대부업자 들이 있었다. 중세 유럽의 대부업은 유대인들이 장악했다. 고대 솔로몬의 왕국이 번성할 때부터 유대인들은 상업에 밝았다. 솔로몬의 영광은 그가 중개무역을 통해 거대한 부를 축적했기 때문에 가능했다. 인도와 아라비아의 향신료, 보석 등이 팔레스타인을 거쳐 이집트와 유럽으로 건너갔는데, 유대인들은 이 동방의 산물을 싣고 이집트와 유럽으로 진출했으며 유럽에서는 양모와 포도주를 싣고 돌아왔다.

66년과 132년 유대인들은 로마제국에 맞서 두 차례 대규모 반란을 일으켰다가 패배했다. 전쟁에서 승리한 로마가 예루살렘을 철저하게 파괴한 후 이교도의 도시로 만들었고, 그 이름조차 아일리아 카피톨리나_{Aelia Capitolina}로 바꾸고 유대인들을 그곳에서 쫓아냈다. 이때 주로 서유럽 지역으로 흩어진 유대인은 100만 명이 넘었을 것으로 추정된다. 그리스인 역사가 스트라보는 "모든 나라로 유대인이 스며들어 지상에 유대인이 없는 곳은 찾아볼 수 없다"고 말했다. 세계로 스며든 유대인들 중 많은 사람이 상업에 종사했다.

고대 말기 이후 유대인은 상인으로서의 지위를 더욱 확고히 굳혔다. 7세기 이후 이슬람 세력이 지중해를 장악하면서 기독교 유럽과 이슬람 중동의 직접 교역이 중단되었다. 양 진영은 노골적으로 적대감을 표했기에 기독교 신자는 이슬람 지역을, 이슬람 신자는 기독교 지역을 마음대로 다닐 수 없었다. 그런데 두 문화권 모두 유대인에 대해서는 온건하고 관용적인 태도를 취했다. 유대교가 두 종교의 모태 종교이기 때문이었다. 덕분에 유대인들은 양 지역을 비교적 자유롭게 오가면서 중개무역을 통해 막대한 이윤을 남겼고 큰 부자가 되었다. 그들은 중국, 아랍, 소아시아, 지중해, 유럽을 연결하는 거대한 상업망을 만들었다.[6] 특히 카롤루스 왕조는 제국의 상업을 발달시키기 위해 유대인에게 여러 혜택을 주었다.

유대인의 활동은 금융업에서도 두드러졌다. 기독교 교회는 《구약성경》의 가르침에 따라 신자들로 하여금 고리대업에 종사하지 못하게 했다. 이 조처 덕분에 유대인은 금융업에서 독점적인 지위를 더욱 굳힐 수 있었다. 셰익스피어의 작품 《베니스의 상인》에 등장하는 샤일록이 바로 고리대금업자였다. 셰익스피어는 샤일록을 잔혹한 수전노로 그렸지만 실제로 유대인들이 높은 이자를 받았던 것은 아니다. 유대인들의 생활지침서인 《탈무드》가 이자를 받고 돈을 빌려주는 일은 허락했지만 지나치게 높은 이자를 받는 것은 죄악으로 규정했기 때문이다. 고리대금이라는 말 자체를 정확하게 짚고 넘어가야 한다. 중세에는 아무리 싼 이자로 돈을 빌려주더라도 고리대금이었다.

그렇다고 중세 유대인들이 돈을 저금리로 채무자에게 빌려주었던 것은 아니다. 중세에는 돈을 빌려주는 일에 위험이 많이 수반되었기 때문에 이자율이 낮기 어려웠다. 특히 정치가나 귀족 들은 상황이 어려울 때 돈을 빌리고, 나중에 지위를 이용해서 돈을 갚지 않으려고 했다. 그들이 돈을 갚지 않기 위해 파산해버리는 일도 빈번했다. 이에 따라 유대인이 빌려주는 돈의 이자율은 50퍼센트 정도인 경우가 많았다. 기독교 신자들도 유대인 못지않게, 때로는 더 높은 이자를 받곤 했다.[7] 서유럽 각국에서 유대인들이 추방되면서 기독교인들이 고리대금업을 물려받았는데, 이때 기독교 금융업자들이 너무나 높은 이자를 받자 교황이 그들을 비난했고, 영국, 프랑스, 이탈리아 등에서 유대인들의 귀환을 허락해달라며 청원을 하기도 했다.

그런데 유럽에서 유대인의 지위를 결정적으로 바꿔놓는 사건이 11세기 말에 일어났다. 바로 십자군 전쟁이었다. 십자군 전쟁의 광기에 사로잡힌 기독교인들은 유대인들을 가혹하게 탄압하기 시작했다. 십자군 전쟁이 시작된 지 얼마 후에 클뤼니 수도원장 피에르는 다음과 같이 선언했다.

사라센보다 수천 배나 예수 그리스도에게 지은 죄가 많은 불신자들을 우리 곁에 놔둔 채, 사라센과 싸우기 위해 인명과 돈을 그렇게도 잃어가면서 세상 끝까지 가보았자 무슨 소용이 있단 말인가?[8]

성직자들의 이런 선동에 '감동'을 받은 기독교인들은 유대인들이 예수를 못 박아 죽인 사악한 종족이며 고리대금업과 상업을 통해 부자가 된 악마의 화신이라고 비난하고, 닥치는 대로 유대인들을 죽이고 약탈했다. 영국, 프랑스, 이탈리아에서 유대인 학살이 대량으로 자행되었다. 하느님이 시킨 성스러운 행동을 하고, 또 그 부산물로 유대인의 막대한 재산을 약탈할 수 있었으니 그보다 더 신나는 일이 어디 있었겠는가?

　중세 기독교 신자들이 유대인들을 얼마나 터무니없이 중상하고 죽였는가를 보여주는 예가 있다. 11세기부터 유대인들이 유월절(출애굽을 기념하는 축제) 행사를 위한 빵에 기독교도 남자아이를 죽여 피를 뿌린다는 소문이 돌았다. 1240년경 영국에서 이 소문이 돌자 왕은 모든 유대인의 이동을 제한하고 유대인 20명을 잡아다가 고문한 끝에 그들의 죄가 밝혀졌다고 선언한 후 처형했다. 그런데 얼마 후 유대인들이 죽였다던 소년의 시체가 발견되었는데 아무런 상처도 없었다. 그러자 기독교도들은 기적이 일어났다고 하면서 그 소년을 성인으로 모셨다.

　십자군 전쟁의 열풍이 수그러들자 학살의 광풍도 잦아들었지만, 유대인에 대한 차별과 억압은 갈수록 심해졌다.

1215년 4차 라테란 공의회는 모든 유대인으로 하여금 겉옷의 앞뒤에 노란 딱지를 달고 다니도록 했다. 그리고 서유럽의 여러 나라들은 유대인을 추방했다. 1290년 영국은 1만 6000명의 유대인을 추방했고, 1306년 프랑스 왕 필리프 4세는 자국 내 모든 유대인을 체포한 후 추방했다. 붙잡힌 유대인들은 1개월 내에 프랑스를 떠날 것을 명령받았고 재산을 모두 압수당했다.

중세 경제에서 유대인들이 얼마나 큰 역할을 했는지는 각국의 왕들이 그들을 수시로 재입국시켰다는 사실에서 잘 드러난다. 프랑스의 필리프 존엄왕(재위 1180~1233)은 1180년 왕국 내 모든 유대인을 체포했고, 석방의 대가로 은화 1만 5000마르크를 요구했다. 유대인들이 돈을 내고 풀려나자 1182년 그는 다시 유대인들을 추방하고 그들의 재산을 몰수했다. 그러나 1198년 필리프 존엄왕은 자신의 왕국에서 유대인들이 살 수 있도록 허락했다. 왕실 재정이 어려웠고 금융 시스템이 잘 돌아가지 않았기 때문이다. 영국과 독일의 여러 왕도 유대인의 추방과 재입국의 칙령을 거듭 발령하면서 유대인들을 괴롭혔다.

중세 이후 세계 주도권의 향방은 유대인의 거취와 무관하지 않다. 15세기 이전의 최강자 에스파냐가 유대인의 재산을 몰수하고 추방하자, 그 번영은 한 세기를 넘기지 못했다. 네덜란드가 17~18세기 세계 1등 국가가 되었던 것은 종교 면에서 가장 개방적인 태도를 취해 대거 유입된 유대인들 덕분에 무역과 국제금융의 중심지로 성장했기 때문이다. 이런 경향은 20세기의 2차 세계대전까지 이어졌다.

유대인의 진가를 몰라본 에스파냐

십자군 전쟁이 시작되기 전부터 기독교 신자들은 에스파냐의 재정복에 나섰다. 1085년 카스티야 왕국이 톨레도를 정복했고 아라곤 왕국이 1118년 사라고사를, 1137년에는 바르셀로나를 합병했다. 기독교 세력의 재정복 작업은 1492년 이슬람 최후의 거점인 그라나다가 함락될 때까지 계속되었다. 그런데 기독교 세력이 재정복한 에스파냐에는 많은 유대인이 살고 있었다. 이베리아 반도의 이슬람 신자들이 유대인들에게 우호적인 태도를 취했기 때문이다. 이곳에서 유대인들은 11세기까지 이슬람 신자와 거의 차별을 받지 않고 살 수 있었다.[9]

기독교 세력이 에스파냐를 재정복하는 과정의 초기에 기독교 지도자들은 유대인들의 재능과 자질을 알아보고 그들에게 관용을 베풀었다. 대표적인 사람이 카스티야의 왕, 알폰소 10세였다. 그는 1254년 살라망카에 에스파냐 최고의 대학을 세웠고, 유대인과 아랍인 지식인들을 초청했다. 초청받은 유대인 지식인들은 에스파냐 법전을 집필했고 당시 지식을 총망라하는 기록물을 만들었다. 그런데 유대인들은 당시 학문 세계의 공용어였던 라틴어가 아니라 에스파냐어를 사용했다. 그들은 라틴어가 기독교의 언어일 뿐이라고 주장하면서 에스파냐에 살고 있는 모든 사람 즉 기독교도, 유대인, 개종자 들이 다 알아볼 수 있는 에스파냐어를 사용했다. 그 후 200년 동안 유대인들은 에스파냐어로 성경을 읽고 주석을 달았으며 학문을 연구했다. 따라서 에스파냐에서 에스파냐어를 확립한 사람들은 유대인이었다.

경제 면에서도 유대인들은 큰 공헌을 했다. 유대인들은 상업적인 자질과 막대한 자금을 이용해 지중해 교역에서 큰 몫을 차지하고 있었고 이 때문에 에스파냐는 12~14세기에 번영을 누렸다.

1469년 카스티야의 이사벨 여왕과 아라곤의 페르난도 왕자가 결혼했다. 이로써 아랍인들을 몰아내는 과정에서 생긴 에스파냐의 여러 왕국이 통일되었다. 페르난도와 결혼하면서 이사벨은 에스파냐 내의 여러 왕국을 통합하고 지방의 봉건 세력을 제압하여 강력한 왕국을 건설할 수 있을 것이라고 확신했다. 그녀의 희망대로 새로 탄생한 에스파냐는 통일되었고 강력한 왕권에 근거한 튼튼한 나라가 되었다. 에스파냐를 통일한 이사벨과 페르난도는 그라나다에 남아 있던 이슬람 세력을 몰아냈고, 콜럼버스를 파견해 신대륙을 발견하는 위업을 달성했다.

그러나 콜럼버스를 아메리카로 파견했던 1492년 이사벨과 페르난도는 중요한 과오를 범했다. 두 왕은 자신들의 권력을 이용하여 교회 개혁에 착수했다. 교회의 부패를 청산하고 교회를 왕권에 종속시키는 것이 그 목적이었다. 그런데 교회 개혁을 단행하는 동안 대중 사이에서 반유대인 감정이 고조되었다.[10] 이런 상황은 가톨릭의 순수성에 집착하던 이사벨과 페르난도가 유대인을 박해할 수 있는 결정적인 기회가 되었다. 그 전부터 두 왕은 유대인의 재산에 대해 군침을 흘리고 있었다. 그들은 관료제와 군대를 유지하고 함대를 만들기 위해 막대한 자본이 필요했다. 유대인의 재산을 몰수하면 그 비용을 충당할 수 있었다.

　이단자나 반역자를 처벌하고 재산을 압수하는 것은 서양의 왕들이 즐겨 사용했던 오랜 돈벌이 수단이었다. 로마 황제들은 왕실의 돈이 떨어질 때마다 마음에 들지 않는 귀족들을 반란죄로 처형하고 그들의 재산을 빼앗았다. 중세의 왕들과 귀족들은 이단자나 유대인을 대상으로 삼았다. 중세에 수없이 난무했던 이단, 즉 알비파, 카타리파 등의 신자들이 가혹한 죽음을 면치 못했다. 그들의 죽음에는 분명 종교적인 명분이 있었지만 그 배후에는 그들의 재산을 차지하려는 왕과 귀족, 그리고 전사들의 욕망이 숨어 있었다.

페르난도와 이사벨이 유대인을 추방하던 시기에 유대인은 에스파냐 인구 700만 명 중 50만 명에 이르렀다. 유대인은 전 인구의 10퍼센트에 조금 미치지 못했지만, 경제력을 따지면 10퍼센트를 훨씬 능가했다. 유대인이 여느 에스파냐 사람들보다 잘살았기 때문이다. 그들은 은행가, 상인, 관리, 전문직 종사자였으며, 에스파냐에서 막 태동하고 있던 자본가 계급의 선봉장이었다. 도시 거주자의 3분의 1이 유대인들이었다. 에스파냐의 의사도 거의 모두 유대인이었다. 유대인이 추방된 지 1년이 지나지 않아 세비야의 집세는 반으로 떨어졌고 바르셀로나 시영은행들이 파산하고 말았다.[11]

이사벨과 페르난도는 유대인의 재산을 몰수하여 거대한 부를 차지했지만, 에스파냐의 발전에 꼭 필요한 자원을 상실하고 말았다. 즉 '황금 알을 낳는 거위'를 잡아버린 것이다. 에스파냐에서 추방당한 유대인들은 북쪽의 신교 국가들로 이주했고 그곳에서 그들의 재능을 다시 발휘했다. 유대인을 추방한 후에도 에스파냐는 신대륙에서 가져온 금·은 덕분에 번영할 수 있었지만 그 번영은 고작 100년을 넘지 못했다. 17세기에 세계 무역 주도권은 암스테르담과 런던으로 넘어갔고 그 후 에스파냐는 종이호랑이가 되어버렸다.

만약 페르난도와 이사벨이 유대인을 추방하지 않았다면 에
스파냐가 가장 먼저 자본주의와 산업혁명을 수행했을지도
모른다.

유대인, 세계 경제를 주도하다

십자군 전쟁 때 유대인들을 혹독하게 박해했던 서유럽인
들은 16세기에 박해의 강도를 낮추었다. 르네상스와 종교
개혁이 일어나면서 정신세계에 큰 변화가 일어났기 때문이
다. 에스파냐에서 추방당한 유대인들 가운데 암스테르담으
로 이주한 사람들이 많았다. 당시 네덜란드가 종교 면에서
가장 개방적인 태도를 취하고 있었기 때문이다. 17세기 초
유대인들은 암스테르담에 유대인 회당을 설립했고 공동묘
지로 쓸 토지를 구입하기도 했다. 네덜란드의 철학자 스피
노자(1632~1677)가 암스테르담의 유대인 공동체 출신이었
다는 사실은 당시 네덜란드에 많은 유대인이 살았음을 말
해준다.

전승에 따르면 네덜란드에 처음 이주한 유대인들은 몰
래 유대교의 의식을 행했다. 네덜란드는 일찍 신교를 받아
들인 후, 가톨릭을 일방적으로 밀어붙이던 에스파냐 정부

와 대립하고 있었다. 그런 상황에서 가톨릭과 비슷한 의식을 행하는 자들이 있다는 소문이 돌자, 네덜란드 정부는 '속죄의 날'에 기도하고 있던 유대인들을 급습했다. 이때 유대인들은 네덜란드에 살게 해준다면 에스파냐와 포르투갈에 살고 있는 유대인들을 불러 네덜란드가 에스파냐와 싸우는 것을 돕겠다고 약속했다. 네덜란드인들은 유대인들이 가톨릭교도가 아니라는 것을 알고 기독교도와 결혼하거나 국교를 비난하지 않는다는 조건으로 정착을 허락했다. 이후 포르투갈, 에스파냐, 독일에서 많은 유대인이 암스테르담으로 이주했고, 암스테르담은 '새 예루살렘' 혹은 '네덜란드의 예루살렘'이라고 불렸다. 암스테르담의 유대인들은 지중해 연안, 인도, 오스만 제국, 아메리카에 걸치는 거대한 상업망을 구축했고, 신용도가 높은 은행을 만들었다. 네덜란드가 만든 동인도회사의 중역이 된 사람도 있었다.

유대인이 이주한 후 불과 몇십 년 만에 네덜란드는 세계를 지배하는 국가가 되었다. 네덜란드는 당시 인구가 200만 명에 지나지 않았고, 영토는 남한의 3분의 1밖에 되지 않는다. 그런 나라가 세계를 지배했다는 사실이 믿기 어려울지도 모르지만, 적어도 17세기에 네덜란드는 세계의 패권 국가였다.

네덜란드가 세계 1등 국가가 된 데에는 여러 원인이 있었다. 가장 중요한 것은 네덜란드가 무역의 중심지였다는 점이다. 네덜란드는 중세에 플랑드르 지역에 속해 있었는데, 플랑드르는 영국, 스칸디나비아, 독일을 연결하는 국제무역의 중심지였을 뿐 아니라 모직물 공업이 매우 발달해 있었다. 특히 13세기 말 항해술이 발달하면서 중세 두 유럽의 무역권, 즉 북해 무역권과 지중해 무역권이 플랑드르 지역에서 만났다. 이후 플랑드르 지역의 도시들은 유럽에서 가장 선진적으로 발달했다.

　이 외에도 여러 요인을 생각할 수 있지만, 종교적인 요소도 중요한 역할을 했다. 네덜란드는 원래 에스파냐 영토의 일부였으나 칼뱅파의 신교가 현재의 네덜란드 지역에 성행하면서 가톨릭을 고수하고 있는 본토와 대립했다. 에스파냐 정부의 종교 탄압이 거세지자 네덜란드인들은 1581년 독립을 선언했고 그 후 몇십 년에 걸친 전쟁을 통해 독립국가가 되었다.

　독립 후 네덜란드의 국력은 하루가 다르게 커졌다. 1602년에는 동인도회사를, 1621년에는 서인도회사를 창설했고 에스파냐와 포르투갈이 주도하고 있던 세계무역을 장악해나갔다. 네덜란드의 함선들은 인도, 아메리카, 중국, 일본

등 세계 각지로 진출했으며 곳곳에 식민지를 건설했다. 근대 초 일본이 주로 네덜란드를 통해 서양의 문물을 받아들였고 우리나라에 하멜이 표류해 왔던 것을 생각해보면 이를 쉽게 알 수 있을 것이다. 하멜이 우리나라에 왔던 것이 1653년의 일이다.

이렇게 네덜란드의 상선이 세계로 진출했을 뿐 아니라 17~18세기 암스테르담은 국제금융의 중심지였다. 근대 초 영국과 프랑스를 비롯한 유럽의 강국들은 전쟁을 비롯한 많은 자금이 필요한 일이 생기면 즉시 암스테르담 금융시장에 사절을 파견해서 국채를 팔았다. 17~18세기 영국은 식민지를 더 많이 차지하기 위해 프랑스와 벌인 대결에서 승리했는데, 그 이유 중 하나가 암스테르담 은행가들이 영국의 국채를 대량 구입해주었기 때문이라는 주장도 있다. 암스테르담의 은행들은 영국의 국채를 신속하게 고가에 사들여 영국에 자본을 빌려준 반면, 프랑스 국채 매입은 꺼렸다. 여기에는 암스테르담의 은행들을 장악한 유대인들의 태도가 중요한 변수로 작용했다. 예컨대 1756년부터 진행된 7년 전쟁에서 윌리엄 피터가 유대인 금융업자들로 하여금 영국에 돈을 빌려주도록 했다. 그 공로로 피터는 유대인이었지만 기사 작위를 받았다.

17세기 영국은 유대인에게 관용을 베풀었지만 프랑스의 분위기는 달랐다. 프랑스는 성 바르톨로메오 대학살과 같은 극심한 종교 갈등을 겪은 후 1598년 낭트칙령을 발표했다. 그렇게 변화가 찾아오는 것 같았지만 프랑스의 종교적 관용은 오래가지 못했다. '짐이 곧 국가다'라는 유명한 말을 한 것으로 알려진 루이 14세는 절대왕권을 확립하는 과정에서 큰 실책을 범했다. 그는 1685년 낭트칙령을 폐지하고 종교의 자유를 다시 억압했다. 이때 40만 명에 달하는 위그노(프랑스의 개신교도)들이 영국, 네덜란드, 프로이센 등으로 망명한 결과 프랑스는 엄청난 경제적 타격을 입었다. 이렇게 정통 가톨릭 중심의 정책을 펼쳤던 프랑스는 유대교에 대해서도 부정적인 태도를 취했다. 이 때문에 암스테르담의 유대인들이 프랑스를 지지하지 않았다. 물론 이와 같은 설명은 하나의 원인을 침소봉대하여 거대한 사건을 설명하는 오류를 범할 우려가 있다. 암스테르담의 은행가들이 돈을 빌려줄 때 고려한 가장 중요한 요소는 종교가 아니라 이득이었기 때문이다.

　하여튼 17세기에 암스테르담이 국제금융 중심지가 되는 데는 유대인이 지대한 공헌을 했다. 유대인들은 일찍부터 신용 대부와 유통증권 제도를 발달시켰다. 수표, 어음, 할부,

융자 등 현대의 금융 기법을 발전시킨 사람들이 그들이다. 원래 로마법에서 채권자는 지불기일 전에 채용증서를 제3자에게 매도할 수 없었다. 로마법의 이 조항은 중세를 거쳐 근대의 독일과 영국에서도 유지되었다. 예컨대 영국에서는 1850년까지 채무에 대한 청구권을 제3자에게 양도할 수 없었다. 그런데 유대인들의 《탈무드》는 채권의 양도를 인정했다. 이렇듯 선진적인 금융 기법에 밝았던 유대인들은 1602년 암스테르담에 세계 최초의 증권거래소를 세웠다.

네덜란드에서 유대인들이 뛰어난 활약을 보이자 도저히 참을 수 없는 사람들이 있었다. 네덜란드와 경쟁하고 있던 영국인들이었다. 영국인들은 1290년 대규모로 유대인을 추방한 후 유대인을 계속 박해했다. 그런데 17세기 초반 이후 영국의 국력이 날로 커졌다. 특히 청교도로 대표되는 신흥 중산층이 자본주의적인 농업 경영과 상업을 통해 부를 축적했다. 이들은 1641년 청교도혁명을 일으켰고, 청교도혁명의 영웅인 크롬웰이 권력을 장악했다. 1651년 크롬웰은 네덜란드의 무역을 견제하기 위해 항해법을 발표했다.[12] 이 법은 유럽 이외 지방의 산물을 영국 및 그 식민지로 수입하는 경우, 영국이나 그 식민지 선박으로 수송할 것 등을 규정하여 네덜란드의 중개무역에 타격을 가하려고 했다.

국제 정세에 밝은 유대인들은 영국이 해상 무역의 새로운 강자로 떠오르고 있는 상황을 간파했다. 그래서 크롬웰에게 대표를 보내 유대인들의 재입국을 허락해줄 것을 요청했다. 크롬웰은 유대인들이 암스테르담에서 눈부신 활약을 하고 있다는 것을 잘 알고 있었다. 그는 유대인 대표 랍비 마나세 벤 이스라엘을 접견하고 1657년 유대인들의 입국을 허락했다.[13] 이렇게 다시 영국에서 살 수 있게 된 유대인은 영국 금융에 큰 변화를 가져왔다. 유대인은 고리대로 높은 이윤을 얻을 수 있었지만 그들의 도덕적인 우위를 확보하기 위해 저리로 자금을 빌려주었다. 이 때문에 영국의 은행 제도가 발전하고 이자율이 크게 떨어졌다. 영국이 가장 먼저 산업혁명에 성공할 수 있었던 원인 중에서 훌륭한 은행 제도와 낮은 이자율을 지적하는 사람들이 있다. 산업혁명 이전 상당 기간 영국의 이자율은 연 5퍼센트에 머물렀다.[14] 이렇게 영국의 이자율이 떨어졌던 것은 유대인 덕분이었다. 따라서 세계 역사를 바꾼 산업혁명에도 유대인들이 크게 기여했다고 볼 수 있다. 유대인의 재입국을 허락한 크롬웰의 공적도 높이 사야 할 것이다.

　영국에서 활동한 유대인 금융업자 가운데 가장 유명한 사람은 메이어 암셸 로스차일드Mayer Amschel Rothschild다. 로스차일드가의 창시자 격인 그는 원래 프랑크푸르트에서 태어나 그곳에서 은행을 처음 개설했지만, 1812년 런던, 파리, 빈, 나폴리 등에 지점을 둔 국제은행을 만들었다. 런던에 자리 잡은 로스차일드의 후손은 나폴레옹 전쟁 시 거액의 돈을 각국 정부에 빌려주었고, 수에즈 운하의 매입에도 개입했다. 현재 로스차일드가는 세계에서 손꼽히는 금융 가문이다. 로스차일드가의 은행은 유대인을 박해하는 정부에게는 금리가 아무리 높아도 돈을 대출해주지 않았고, 유대인에게 호의적인 정부에게는 낮은 금리로 많은 돈을 빌려주었다.[15] 이 가문의 후손이 훗날 이스라엘 건국의 시초가 된 밸푸어 선언을 이끌어냈다는 것은 잘 알려진 이야기다.

세계 경제를 장악한 미국과 유대인은 어떤 관계가 있을까? 독일의 히틀러가 유대인을 박해하기 전 동유럽에서 거대한 유대인 박해 물결이 일었다. 러시아의 알렉산드르 3세가 유대인 탄압령을 내린 후 학살과 약탈이 진행되자 많은 유대인이 미국으로 떠났다. 미국에 도착한 유대인들은 뉴욕 월가를 장악했다. 현재 뉴욕의 유대인은 100만 명에 이르며 금융과 학문, 언론에서 큰 영향력을 행사하고 있다. 이들 덕분에 미국이 세계 경제를 장악하고 있는 것은 아닐까.

1492년 에스파냐가 유대인을 추방한 후 세계 경제의 중

심지에는 유대인이 있었다. 이를 주목한 좀바르트는 1911
년 《유대인과 경제생활》이라는 저서에서 자본주의 정신과
유대교의 주요 교리가 일치하며 유대인이 자본주의를 만들
었다고 주장했다. 물론 유대인의 힘만 가지고 자본주의가
탄생할 수는 없었을 것이다. 유대인이 없었더라도 기독교
세계의 노동관은 이미 변하고 있었고, 유대인이 활동하지
않는 지역에서도 상업은 발달하고 있었다. 그러나 근대 초
이래 유대인이 세계 경제의 중심에 있었고, 유대인을 포용
한 나라들이 놀라운 발전을 이룬 것은 사실이다. 그런데 에
스파냐는 그 황금 알을 낳는 거위를 잡아먹어 버렸기 때문
에 자본주의를 발달시킬 수 없었고 유럽의 2류 국가가 되고
만 것이다.

독일, 원자폭탄 개발 기회를 놓치다

중세 서유럽에서 유대인 박해가 극심했을 때 많은 유대
인이 동유럽으로 이주했다. 폴란드, 프로이센과 같은 나라
들이 인구를 늘리고 경제를 발전시키기 위해 유대인들을
적극 수용했기 때문이다. 폴란드의 볼레슬라프 5세가 1264
년 유대인들의 자치를 허락하면서 유대인들의 이주를 독려

했고, 프로이센의 프리드리히 빌헬름(1620~1688)은 칙령을 발표하여 종교의 자유를 허락하면서 유대인과 프랑스의 위그노를 받아들였다. 이후 프로이센과 폴란드에 많은 유대인이 살게 되었다. 이는 근대의 유명한 독일인, 즉 마르크스, 프로이트, 아인슈타인 등이 유대인이었다는 사실에서 분명히 나타난다.

히틀러가 유대인 박해를 시작했던 1933년 독일 내 유대인은 약 50만~60만 명이었다. 이들은 수적으로 얼마 되지 않았지만 과학과 학문 세계를 주도했으며 기업과 은행에서도 큰 영향력을 가지고 있었다. 히틀러는 어리석게도 많은 유대인을 추방하거나 죽였다. 1939년까지 독일 정부는 유대인들에게 일정한 돈을 내면 독일을 떠나는 것을 허락했고 이때 30만 명의 유대인이 독일을 떠났다. 1939년 이후에 떠나는 유대인들은 모든 재산을 국가에 바쳐야 했다. 심지어 히틀러는 남아 있는 유대인들의 목숨을 담보로 세계의 유대인들에게 15억 마르크를 받아낼 계획을 짜기까지 했다. 유대인의 이탈로 독일이 경제적 손해를 얼마나 입었는지는 밝힐 수 없다. 유대인을 추방한 후 히틀러가 독일을 지배했던 기간이 10여 년밖에 되지 않기 때문이다.

유대인 추방이 히틀러의 결정적인 실수였음은 과학 분야

에서 명확히 드러났다. 그의 반유대인 정책에 따라 유능한 유대인들이 대거 독일을 떠났다. 아인슈타인이 독일을 떠난 것도 히틀러의 집권과 독일의 반유대주의 때문이었다. 원자 과학의 태두인 리제 마이트너와 노벨 물리학상 수상자인 프랑크 교수도 유대인 박해 때문에 독일을 떴다.

마이트너는 오스트리아 출신으로 1907년 독일에 온 이래 오토 한과 함께 원자물리학을 연구했다. 1920년 그녀는 카이저 빌헬름 연구소의 이론 물리학 부서를 이끌었으며 세계적인 물리학자로 인정받았다. 히틀러가 정권을 장악한 뒤 독일 정부는 베를린 대학에서 그녀를 해고했지만, 빌헬름 연구소는 독자 예산으로 그녀를 계속 고용하고 있었다. 그녀는 자연 발생적으로 생긴 원소 중 가장 무거운 우라늄 원자 속으로 들어가는 중성자의 흐름에 대해 연구하고 있었다. 이 연구에는 핵폭탄 제조의 가능성이 달려 있었다. 그러나 히틀러의 유대인 탄압이 거세지면서 마이트너를 제거하려는 사람들이 생겨났다. 신변에 위협을 느낀 마이트너는 스톡홀름으로 탈출했다. 탈출 후에도 그녀는 연구에 대해 계속 자문을 했으며 그녀의 자문을 받으면서 오토 한이 실험을 계속했고, 그들은 중성자가 우라늄의 핵 속으로 들어가 원자를 분열시킨다는 사실을 밝혀냈다. 그녀는 아인슈타인이 제기했던 특수상대성 이론, 즉 $E=MC^2$이라는 공식에 따라 실제로 질량이 에너지로 바뀐다는 사실을 확인했다.

마이트너의 연구가 발표되자 독일은 1937년 7월 하이젠베르크를 위원장으로 삼고 원자폭탄 제조에 착수했다. 하이젠베르크는 유대인과 친했다는 이유로 취조를 받기도 했지만 히틀러의 측근인 힘러가 도와준 덕분에 위기를 면할 수 있었다. 1942년 하이젠베르크는 원자폭탄 제조에 한 발 다가섰다. 그런데 마이트너의 후임자로 카이저 빌헬름 연구소의 물리학과 소장이 된 사람은 네덜란드인이었다. 이 사람도 역시 추방되어 미국으로 건너갔다. 그는 독일이 원자폭탄 제조를 감행하고 있다는 사실을 과학자들에게 알렸다.

아인슈타인을 비롯한 과학자들이 미국 정부에 위험을 강조했고 1941년 미국도 원자폭탄 제조에 들어갔다. 맨해튼 프로젝트로 알려진 이 계획에서 총책임자는 그로브스였지만 과학자들을 책임진 사람은 오펜하이머였다. 오펜하이머의 아버지는 독일에서 이주한 유대인이었다. 따라서 오펜하이머도 유대인이었으며, 그는 괴팅겐 대학에서 박사학위를 받았다.[16]

독일의 하이젠베르크가 이끄는 팀에는 유대인이 한 명도 남아 있지 않았다. 상대성이론을 만든 아인슈타인도, 우라늄의 핵분열을 처음 발견한 마이트너도 없었다. 그러나 미국의 맨해튼 프로젝트에는 독일에서 이주해 온 많은 유대인이 있었다. 이들은 유대인을 학살하고 박해한 독일을 이겨야 한다는 열정을 가지고 있었다. 결국 미국의 유대인들이 이겼다. 만약 히틀러가 유대인들을 박해하고 추방하지 않았다면 어떻게 되었을까. 히틀러가 먼저 원자폭탄을 만들어냈을 가능성이 높다. 그는 독일인 우월주의에 빠져 있었고 유대인들의 재산을 차지할 욕심에 눈이 멀어 있었다. 그러다가 황금 알을 낳는 거위를 잡아버렸던 셈이다.

4
구원과 죄악을 넘나든
가난에 대한 생각들

빈민에 대한 자선을 금지하다

역사 속에는 기괴한 일이 많다. 그러나 시대적 배경과 행위자들의 마음을 읽어내면 그 일은 '지극히 정상적인 것'이 된다. 이 과정을 수없이 반복하는 게 역사 학습이다. 이를 통해 우리는 과거 사람들과 대화하고 우리의 본성을 찾아낼 수 있다.

역사가들은 늘 이런 작업을 하기에 어지간히 이상한 일을 발견해도 별로 놀라지 않고 그 이유와 배경을 생각해본다. 그런데 《사생활의 역사》라는 책에는 너무나 이상한 일이 나온다. 그 대목은 다음과 같다.

> 그런데 분명한 사실은 1660~1680년 이후 국가(프랑스-
> 지은이)가 모든 빈민과 걸인을 구빈원에 집결시켰다는
> 점이다. 그들은 더 이상 예수 그리스도의 형상으로 간주
> 되지 않았으며 위험스러운 반사회적 존재로서 감금과
> 강제 노동의 대상이 되었다. 그와 동시에 그들에게 자선
> 을 베푸는 것도 금지되었다.[1]

가난한 사람은 마땅히 도와야 할진대 국가가 자선을 막
았다니 이게 무슨 소리인가. 한 나라의 국민이 모두 미쳐서
이상한 행동을 하지 말란 법은 없다. 히틀러의 유대인 학살
을 돕거나 최소한 방조했던 독일인들은 아마 집단 히스테
리에 걸려 있었을 것이다. 근대 초의 유럽인들도 집단 히스
테리에 걸려 있었다는 말인가. 만약 그랬다면 그 원인은 무
엇이었을까. 우선 서양인들이 자선을 어떻게 생각해왔고,
자선이 사회에 어떤 영향을 끼쳤는지를 살펴보자.

평등을 지향한 고대 사회

현존하는 원시 부족의 제도와 삶은 인간의 원초적인 모습을 복원하는 데 많은 도움을 준다. 선사시대부터 인간은 사회 내의 특정 인물이 과도한 부나 영향력을 쌓는 것을 막으려고 했다. 부시먼Bushman에 대한 다음 이야기는 이를 잘 보여준다.

토론토 대학교의 리처드 리 교수는 칼라하리 사막 주변에 살고 있는 부시먼과 함께 생활하면서 그들의 식생활을 관찰했다. 크리스마스가 다가오자 리 교수는 매우 크고 살진 수소를 부시먼에게 선물했다. 리 교수는 부시먼 친구들에게 거대한 수소를 사 놓았으니 잡아먹으라고 이야기했다. 그 소리를 들은 첫 번째 부시먼은 어떤 소를 어디서 샀냐고 묻고는 이렇게 말했다. "나는 당신이 산 소를 본 적이 있소. 뼈와 가죽밖에 남지 않은 소였소. 그런 쓸데없는 짐승을 사 두었다니 당신은 그때 술 취했던 것 아니오?" 리 교수는 이 친구가 상황을 제대로 이해하지 못한다고 생각하고 두 번째 친구에게 소 이야기를 다시 했다. 두 번째 친구도 "왜 그런 쓸데없는 짐승을 사두었소"라고 말했다. 다시 세 번째 친구에게 이야기하자 세 번째 친구는 "그 짐승은 변변치 않

107

을 거요. 그걸 잡아먹기는 하겠지만 배탈이나 나지 않을지 모르겠소"라고 대답했다.

살진 소를 선물하고도 이상한 소리만 들은 리 교수는 부시먼의 행동을 계속 관찰했다. 부시먼은 크리스마스에 그 소를 잡아 게걸스럽게 먹었고, 모든 사람이 먹고도 고기와 기름이 남았다. 리 교수가 이 정도면 살진 소가 아니냐고 부시먼에게 묻자 한 사람이 대답했다. "물론 우리는 이 수소가 굉장히 좋은 고기를 제공했다는 것을 알고 있소. 그러나 한 젊은이가 많은 사냥감을 잡게 될 때 자신을 마치 대인이나 추장같이 여기게 되고, 나머지 사람들을 마치 자기의 종처럼 생각하거나 자기보다 못한 사람들이라고 여기게 되지요. 우리는 이 점을 인정할 수 없었던 것이오. …… 우리는 자랑하고 다니는 놈들을 거부합니다. 그의 자만심이 언젠가 그로 하여금 누군가를 죽이게 하니까요. 그래서 우리는 항상 그가 잡아 온 고기가 쓸모없다고 해주지요. 그래야만 그의 심장이 식고 겸손해지니까요."[2]

리 교수의 선물에 대한 부시먼의 반응은 원시인들이 사회 내의 특정인이 부를 축적하거나 공을 세워 우월한 위치를 차지하는 것을 달갑지 않아했음을 보여준다. 이런 혐오를 보여주는 관습은 이 외에도 많다. 원시인들이 집단적으로 혹은 개인적으로 선물을 주거나 물물교환을 하는 관습은 특정한 종족이나 개인이 지나치게 부를 축적하는 것을 막기 위한 것과 관련된 경우가 많다.[3]

이런 노력에도 불구하고 신석기시대 이후 계급 분화는 엄연한 현실이 되었다. 계급 분화 과정은 초기 그리스, 즉 기원전 8세기 이전의 그리스 사회를 통해 짐작할 수 있다. 처음부터 귀족이 있었던 것은 아니다. 어떤 사람이 농사에 재주가 있거나 가축을 잘 키워 다른 사람들보다 많은 부를 축적한다. 그런 사람들은 친구나 전투 동료들(헤타이로이)을 모아 자신의 세력하에 두고, 이 세력을 이용해서 더욱 부를 늘린다. 어느 정도 세력을 모으면 그 사람은 '힘센 사람'이 되지만 바로 귀족으로 인정받지는 못한다.

'힘센 사람'들은 서로 경쟁을 벌이며, 자신의 지위를 굳히기 위해 '작은 사람들'과의 차이점을 과시해야 한다. 그 방법은 부를 과시하고 다른 집단과의 전투에서 공을 세우는 것이다. 일하지 않아도 먹고살 수 있으며 집단을 보호할 전투 능력이 있음이 입증되면 그는 귀족으로 인정받는다. 그러고 나서도 귀족은 항상 능력을 과시해야 한다. 귀족들은 부를 과시하기 위해 주연酒宴과 축제를 정기적으로 벌이고, 전투 능력을 보여주기 위해 운동경기에 참여한다. 만약 주연과 축제를 벌이지 않거나 운동경기에 진다면 귀족은 명예를 상실하고 귀족 대접을 받지 못한다.

귀족들의 이러한 노력이 제도화되어 공역公役, liturgy이 생겨났다. 공역은 부자들이 자기 돈으로 국가사업을 벌이거나 공공 행사를 주최하는 제도다. 아테네에서 공역은 두 가지 분야에서 활발했다. 첫째, 아테네를 지키기 위한 군함이 만들어졌다. 즉 국가가 거둔 세금이 아니라 부자들이 자발적으로 낸 기부금으로 군함이 건조되었다. 이는 '힘센 사람'들이 전투에서 능력을 인정받던 것의 유습이었을 것이다. 둘째, 귀족들은 국가나 공동체가 개최하는 각종 축제 비용을 댔다. 아테네에서 정기적으로 열리는 축제 때에는 합창대가 노래를 부르고 연극을 상연했다. 이 비용 역시 부자들이 자발적으로 낸 돈으로 충당되었다. 부자들로 지명된 사람들은 2년에 한 번씩 축제 비용을 부담하고 3년마다 군함 한 척의 건조 비용을 부담하는 것이 상례였다. 부자들이 비용을 지불하기 위해 경쟁했기 때문에 돈을 내는 사람이 없는 경우는 극히 드물었다.

이런 관습은 로마에도 있었다. 로마 귀족들은 자기 돈으로 도시의 건물을 짓거나 종교 행사 또는 사치스러운 축제를 후원함으로써 부를 과시했다. 전통적인 종교 행사를 후

원하는 것은 공동체의 일치단결을 상징하는 신에게 헌금을 바쳐 자신이 공동체의 일원임을 확인받는 절차였다. 대개 부자들은 수입의 10분의 1을 공공건물을 짓거나 축제를 열거나 가난한 시민들을 위해 썼고 이를 당연하게 여겼다.[4]

로마제국의 대명사가 된 검투 경기도 이런 식으로 개최되었다. 검투 경기는 비정기적으로 열렸으며 한 도시에서 한 달에 한 번 이상 열리는 경우는 드물었다. 국가나 공공단체가 아니라 개인들이 검투 경기의 개최 경비를 댔기 때문이다. 검투 경기는 원래 죽은 사람을 추도하는 의식에서 출발했다. 기원전 264년 유니우스 브루투스가 죽었는데, 그의 아들들이 아버지를 기념하고자 보아리움 광장(팔라티누스 언덕과 티베르강 사이)에서 처음으로 검투 시합을 열었다. 이들은 아버지가 남긴 유산으로 검투 경기를 열어 시민들을 즐겁게 해줌으로써 시민들이 죽은 아버지를 칭찬하고, 나아가 자신들을 칭찬해주기를 바랐다.[5]

그리스·로마의 부자들은 이렇게 공공 행사나 건축, 시민들을 위한 축제에 돈을 기부함으로써 자신들이 평범한 시민과 다른 존재임을 확인시켰고, 이를 통해 신분을 유지했다. 이는 동료 시민들의 질시를 막는 방법이기도 했다. 고대 국가에서는 국가의 공권력이 확고하지 않았기 때문에 가난한 시민들의 미움을 샀다가는 언제 어떻게 해를 당할지 모르는 일이었다. 로마 시민들은 평상시에는 온순했지만 기근이 들거나 전염병이 돌거나 다른 지연재해가 발생하면 폭도로 변하곤 했다. 그들은 떼 지어 다니면서 귀족들의 집을 약탈하거나 불을 질렀다. 평소 시민들에게 미움을 산 부자들은 그런 경우 여지없이 약탈당했다. 따라서 부자들은 평상시에 기부를 많이 하여 시민들에게 좋은 평판을 얻어놓아야 했다.

그런데 그리스나 로마의 부자들은 외부인에게는 거의 관심을 두지 않았다. 즉 그들은 시민권을 가진 자만을 자기와 같은 인간이라고 여겼으며 보호해야 한다고 생각했다. 이는 정복 전쟁을 벌여 외국인들을 잡아다 노예로 부리는 것을 정당하게 여겼던 사회에서 당연한 일일 것이다. 부자들뿐 아니라 가난한 자들도 자신들을 외국인과 명확하게 구별했다. 모든 것이 시민인가 비시민인가의 기준으로 나뉘었다.[6]

4세기의 로마사가인 암미아누스 마르켈리누스는 이 사실을 분명히 보여준다. 당시 로마에는 외국인 무역상, 검투사, 연극배우, 창녀, 학식 있는 외국인 학자 등 온갖 종류의 비시민들이 살고 있었다. 로마인들은 이들과 잘 어울렸으며 그들이 제공하는 다양한 서비스를 기꺼이 받아들였다. 그러나 기근이 들자 그들은 모두 추방당했다.[7] 그리스나 로마의 가난한 사람들은 가난해서가 아니라 그 사회의 시민이었기 때문에 부자들의 보살핌을 받았던 것이다.

기독교, 고대 공동체 개념을 극복하다

기독교는 고대의 공동체 개념을 극복했다는 점에서 인류 역사에 큰 공헌을 했다. 예수는 공동체의 범위를 새로 설정했다. 예수가 활동하던 시절 유대인들은 누구든 1년에 한 번은 예루살렘 성전에 들어가서 정결례, 즉 몸을 깨끗하게 하는 의식을 치르고 사제로부터 축복을 받아야만 구원을 받을 수 있다고 생각했다. 이때 회개하는 사람들은 최후의 날 하느님 앞에서 심판을 받기 위한 자료로서 자신의 공적을 적은 경위서를 제출했다. 적어도 1년에 한 번 경위서를 제출해야 했지만 피치 못할 사연으로 못 했을 경우에는 다음 해에 할 수도 있었다.

그러나 평생 경위서를 제출할 수 없는 장애인은 구원을 받을 수 없다. 다음 자료는 유대인들이 장애인에 대한 강한 편견을 가지고 있었음을 보여준다.

사람의 온갖 부정 중에 하나라도 오염된 사람은 이 회중
에 들어오지 못할 것이다. 아래와 같은 것에 오염된 사
람은 공동체 중에서 그의 지위를 절대로 유지하지 않을
것이다. 그의 살이 오염됐거나 팔다리가 불구인 사람,
절름발이, 또는 장님이나 귀머거리, 얼간이, 눈에 보이
게 그의 살에 결점이 있는 자.[8]

　위 구절에서 회중은 에세네파를 말한다. 에세네파는 예수
시절 활동했던 유대교의 한 분파였는데 유대인들 중에서도
신앙심이 가장 깊은 사람들이었다. 유대인들은 왜 장애인이
구원받을 수 없다고 생각했을까? 온갖 병과 장애가 죄의 결
과라고 생각했기 때문이다. 즉 몸을 잘못 관리하거나 어떤
병균이 들어와서가 아니라 죄를 지었기 때문에 장애나 병
이 발생했다고 믿었다. 결국 장애인을 죄인이라고 생각한
유대인들은 그들이 거룩한 예루살렘 성전에 들어가는 것을
금지했다. 성경에는 병을 고치는 이야기가 많이 나온다. 병
자들이 병을 고치고 싶어 했던 이유는 단순히 온전한 육체
를 얻기 위해서만이 아니라 병을 고쳐야만 성전에 들어갈
수 있고, 구원을 받을 수 있다는 당시의 믿음 때문이었다.
　예수도 병은 죄 때문에 생긴 것이라고 생각했다. 그는 한

중풍 환자를 고친 후 "안심하여라. 네가 죄를 용서받았다"[9]
라고 말했다. 그러나 예수는 병자들을 치료하여 성전에 들
어갈 수 있게 해주었다. 정통 유대인들이 불결한 자, 죄인이
라고 취급하여 배척한 사람들에게 구원의 손길을 내민 것
이다. 병자를 멀리하지 않았던 예수의 정신을 물려받은 초
대교회는 병자라도 성전에 들어올 수 있게 했다. 이는 고대
종교사에서 새로운 지평을 연 중요한 사건이다.

유대인들은 장애인과 병자는 물론이고 죄인도 멀리해야
한다고 생각했다. 세리稅吏, 창녀와 같은 죄인들은 율법을
완전히 포기한 자들이므로 구원을 받을 수 없고 따라서 자
기 공동체의 성원이 아니라고 생각했던 것이다. 하지만 예
수는 기꺼이 세리, 창녀와 같은 죄인들과 교제했다. 유대인
들은 다음 인용구가 보여주듯이 죄인들과 어울리는 예수를
못마땅하게 여겼다.

> 예수께서 예리고에 이르러 거리를 지나가고 계셨다. 거
> 기에 자캐오라는 돈 많은 세관장이 있었는데 예수가 어
> 떤 분인지 보려고 애썼으나 키가 작아서 군중에 가려 볼
> 수가 없었다.
> 그래서 예수께서 지나가시는 길을 앞질러 달려가서 길

가에 있는 돌무화과나무 위에 올라갔다. 예수께서 그곳을 지나시다가 그를 쳐다보시며 "자캐오야, 어서 내려오너라. 오늘은 내가 네 집에 머물러야겠다" 하고 말씀하셨다. 자캐오는 이 말씀을 듣고 얼른 나무에서 내려와 기쁜 마음으로 예수를 자기 집에 모셨다. 이것을 보고 사람들은 모두 "저 사람이 죄인의 집에 들어가 묵는구나!" 하며 못마땅하게 여겼다.[10]

바리새인들(당시 유대인들의 정신적인 지도자들이었으며 율법의 철저한 준수를 자랑으로 삼았음)은 예수에게 가서 왜 죄인들과 어울리고 식사를 같이 하냐고 따져 물었다. 예수는 "건강한 자에게는 의원이 쓸데없고 병든 자에게라야 쓸 데 있느니라. 내가 의인을 부르러 온 것이 아니요 죄인을 부르러 왔노라"[11]라고 대답했다. 예수는 그때까지 소외되었던 창녀, 세리와 같은 죄인도 모두 하느님의 자식들이며 구원을 받을 수 있다고 선언한 것이다.[12]

이렇게 예수는 공동체의 범위를 넓혔을 뿐 아니라 공동체의 융합에 크게 기여할 수 있는 생각을 제시했다. 그것은 가난한 사람들에 대한 새로운 시각이었다. 유대인들도 가난한 자들을 공동체의 일원으로 생각했고 그들의 생활을 보조하기 위한 여러 제도를 운영하고 있었다. 예컨대 구약시대부터 유대인들은 곡식을 수확할 때 밭의 주인이 이삭을 줍지 못하도록 했다. 고아나 과부와 같이 가난한 사람들이 떨어진 이삭을 주워 먹고 살 수 있게 하기 위해서였다.

그런데 예수는 가난한 자들이 단순히 보조를 받아야 할 존재가 아니라 사회의 주역이라고 생각했다. 세례 요한이 예수가 메시아(구세주)인가 하는 의문을 갖고 제자를 보내 "당신이 메시아입니까?"라고 물었을 때 예수는 "소경이 보고 절름발이가 제대로 걸으며 나병 환자가 깨끗해지고 귀머거리가 들으며 죽은 사람이 살아나고 가난한 사람들에게 복음이 전해진다"라고 말하면 알아들을 것이라고 말했다. 이 구절에서 예수가 가난한 사람들에게 복음을 전파하는 것을 자신의 사명으로 알고 있었음을 유추할 수 있다. 예수는 또한 "가난한 사람들아, 너희는 행복하다. 하느님 나라가 너희의 것이다"라고 말했다. 부자들에게는 "부자가 하느님 나라에 들어가는 것보다 낙타가 바늘귀를 빠져나가는 것이 더 쉬울 것이다"라고 말하면서 재산을 모두 팔아 가난한 이웃에게 나눠주라고 권했다. 가난과 자선을 예찬함으로써 예수는 가난한 자에 대한 새로운 시각을 열 수 있는 단초를 제공했다.

예수가 예루살렘에서 유대인 공동체의 범위를 새로 설정했듯이 로마로 퍼져나간 기독교는 고대 공동체의 범주를 깨뜨리고 새로운 공동체 개념을 확립했다. 시민과 비시민을 기준으로 운영되던 고대 공동체를 깨뜨리는 작업은 자선에 대한 강조에서 시작되었다. 기독교 성립 후 신학자들은 끊임없이 자선을 강조해왔다. 3세기의 중요한 교부였던 알렉산드리아의 클레멘스는 '부자가 어떻게 구원을 받을 수 있는가'라는 제목의 설교에서 가난하고 불쌍한 사람들에게 자선을 베풀어야 한다고 강조했다. 3세기에 활동했던 테르툴리아누스는 하느님은 가난한 자를 의롭다고 보시고 부자들을 저주한다고 주장하면서 기독교 신자들에게 가난을 이상으로 삼으라고 가르쳤다.[13]

　초기 교부들은 가난한 자들뿐 아니라 장애인들에게도 관심을 가져야 한다고 가르쳤다. 4세기의 교부였던 락탄티우스는 이렇게 말했다.

　　왜 너희는 사람들을 차별하느냐. 왜 육체적인 외관을 바라보느냐. …… 맹인, 무능한 자, 절름발이, 가난한 자 들에게 관대하게 대하라. 만약 너희가 그들에게 증여품을 주지 않는다면 그들은 죽을 것이다. 그들은 인간들에게

는 쓸모없을지라도 하느님에게 유용하다. 하느님이 그
들에게 생명을 주셨으니 말이다.

자선에 대한 초기 기독교의 교리는 아우구스티누스가 정
리했다. 그는 모든 여분의 부를 가난한 자들에게 주어야 한
다고 말했다.[14] 《신국론》 14장에서는 "세속 국가는 자신을
사랑하고 하느님을 무시하는 세속적인 사랑으로 이루어지
고, 천상의 나라는 자신을 무시하고 하느님을 사랑하는 성
스러운 사랑으로 이루어진다"라고 주장하면서 이 세상의
삶이란 일시적이고 덧없는 것이며 저 세상의 삶을 예비하
기 위한 것일 뿐이라고 가르쳤다. 이 가르침은 세속적인 것
에 대한 포기와 자기희생, 그리고 가난한 자들을 구제하는
것을 신자들의 이상으로 제시했다.

예수와 초기 기독교 교부들의 이러한 가르침에 따라 신
자들은 "하늘을 향해 손을 뻗고 기도하는 사람일 뿐 아니라
가난한 자들에게 손을 뻗어"[15] 자선을 베푸는 사람들이었다.
교회는 신자와 비신자의 구분 없이 가난한 자들을 구호하
고, 병자들을 보호하고, 낯선 자들을 위한 숙박소를 만들고,
고아들과 과부들을 돌보았다. 교회가 성립되는 곳이면 어디
든 가난한 자, 장애인 들이 모여들었다. 따라서 로마 시대의

교회는 단순한 종교 집단이 아니라 수많은 빈자와 장애인을 거느린 구호 집단이었다. 기독교가 아직 공인되기 전인 3세기 중엽에도 로마교회는 1500여 명의 과부들과 가난한 자들을 거느리고 있었다. 이 때문에 로마 시대 기독교는 '가난한 자들의 종교'라는 별명을 얻었다.

기독교의 자선이 갖는 역사적 의미는 4세기 로마 황제 율리아누스의 말에서 확인할 수 있다. 그는 원래 기독교 신자였으나 그리스 철학을 공부한 뒤 신앙을 저버렸고, 나아가 기독교를 탄압했기 때문에 '배교자 율리아누스'라는 별명을 얻었다. 율리아누스는 기독교 신자들이 로마의 신을 숭배하지 않는다며 그들을 무신론자라고 비난했다. 그는 기독교를 사악한 종교로 생각하며 적극 탄압하면서도 기독교에 대해 다음과 같이 말했다.

무신론(기독교)이 갈수록 팽창하고 있는 것은 그들이 낯선 자에게 호의를 베풀고, 죽은 자의 무덤을 돌봐주고, 경건한 생활을 하기 때문임을 우리는 알아야 합니다.
유대인들은 아무도 구걸하러 다니지 않고 저 불경스러운 갈릴리인들(기독교도들)이 자기들 종파의 가난한 자들뿐 아니라 (다른 종파의) 가난한 자들을 돕는데, 우리들이

서로 돕지 않고 있는 것은 수치스러운 일입니다.[16]

이 말은 비시민들에게 관심을 두지 않았던 로마인들의 특징을 잘 보여준다. 율리아누스는 기독교가 이 점에서 자기들의 관습·제도와 다른, 새로운 시대를 열고 있음을 인정하고 있다. 그의 말대로 기독교는 사람들을 시민과 비시민이 아니라 부자와 가난한 자로 나누었다. 물론 가난한 자의 출신 지역이나 그가 시민권을 갖고 있는가의 문제는 아무런 의미가 없었다. 심지어 그가 기독교 신자인가 아닌가도 크게 문제 되지 않았다. 이렇게 기독교는 시민과 비시민으로 사람을 나누던 고대의 기준을 무너뜨리고 가난한 자와 부자라는 새로운 기준을 제시했으며, 부자들에게는 가난한 자들을 구제할 의무를 부여했다.[17] 바로 이 점이 기독교가 놀라운 생명력을 가졌던 비결이다. 덕분에 고대 세계가 막을 내리고 중세라는 새로운 시대가 열릴 수 있었다.

자선은 구원과 직결되는 문제였다

392년 로마 황제 테오도시우스가 기독교를 로마의 국교로 삼은 이래 기독교의 영향력은 날로 커졌다. 5세기 이후

약 1000년간 계속된 중세에 기독교는 서양인들의 일상생활을 장악했고, 교회가 거대한 권력 기관이 되어 정치를 주도하기도 했다. 기독교는 이렇게 영향력이 커지면서 사선을 더욱 강조했다.

중세 기독교는 가난한 자를 도와야 한다는 것을 넘어 가난과 가난한 자에게 성스러운 종교적 의미를 부과했다. 중세에는 성 바오로의 "여러분은 우리 주 예수 그리스도께서 얼마나 은혜로우신지를 잘 알고 있습니다. 그분은 부유하셨지만 여러분을 위하여 가난하게 되셨습니다. 그분이 가난해지심으로써 여러분은 오히려 부유하게 되었습니다"[18]라는 말이 많이 인용되었다. 바오로의 말은 예수가 부를 차지할 수 있었는데도 신자들에게 모범을 보이기 위해 스스로 가난한 사람이 되었음을 의미한다.

중세인들은 바오로의 말을 인용하면서 빈민들을 볼 때마다 예수를 떠올렸고 예수의 이미지와 빈민들의 이미지가 중첩된다고 생각했다.[19] 나아가 그들은 빈민들에게 베푸는 자선이 곧 예수에게 베푸는 것이라고 생각했다. 일찍이 예수는 천국에 대해 설명하면서 구원받은 자들에게 "너희는 내가 굶주렸을 때에 먹을 것을 주었고 목말랐을 때에 마실 것을 주었으며 나그네 되었을 때에 따뜻하게 맞이하였다"

라고 말했다. 그러자 의인들이 "주님, 저희가 언제 주님께서 주리신 것을 보고 잡수실 것을 드렸으며 목마르신 것을 보고 마실 것을 드렸습니까?"라고 되물었다. 이에 예수는 "너희가 여기 있는 형제 중에 가장 보잘것없는 사람 하나에게 해준 것이 바로 나에게 해준 것이다"라고 말했다.[20]

중세 기독교는 이렇듯 예수와 빈민들을 일치시키면서 빈민들에게 베푸는 자선이 단지 윤리적인 문제가 아니라 구원과 직결된 문제라고 가르쳤다. 이를 이해하기 위해 부, 혹은 부자에 대해 어떻게 생각해야 하는지를 짚고 넘어가자.

중세 신학자들에 따르면 물질적인 부가 필요하기는 하지만 철저히 도덕적으로 사용되어야 한다. 물질적인 부는 인간이 자기를 지탱하고 서로를 돕기 위해 필요하다. 한 인간이 자기의 지위 안에서 생계에 필요한 부를 추구하는 것은 정당하다. 부를 축적한 산물인 재산은 합법적으로 획득될 경우 정당한 것이지만, 최대한도로 많은 사람이 재산을 골고루 가지는 것이 이상적이고, 재산은 가능한 한 가난한 사람들을 부양하는 데 쓰여야 한다. 생계를 위한 부 이상을 추구하는 것은 사업이 아니라 탐욕이며, 탐욕은 매우 큰 죄다. 탐욕이 인간을 부의 노예로 만들어 하느님을 배반하게 하고 다른 사람들에 대한 배려를 중단시키고 결국 공공의 안

넝과 질서를 깨뜨리기 때문이다.

탐욕을 중죄로 결정한 중세 기독교는 일련의 법령들을 통해 고해신부들로 하여금 신자들이 죄를 고백할 때 탐욕에 대한 죄를 지었는지를 물어보도록 했다. 이 법령들에 따르면 자유시민, 상인, 관리 들이 죄를 고백할 경우 강탈, 고리대금업의 죄를 진 적이 있는지 물어야 했고, 농민들이 죄를 고백할 경우에는 부정하고 탐욕스러운 욕심 때문에 과부를 비롯한 곤궁한 사람들을 억압한 일이 있는지 물어야 했다.

만약 고해자들이 그런 죄를 진 적이 있다고 말하면, 탐욕의 죄를 저질렀을 경우 큰 액수의 기부금을 냄으로써 속죄해야 한다고 가르쳤다. 그런데 중세의 고해 지침에 따르면 배상이 이루어질 때까지는 진정한 참회가 불가능한 죄들이 있다. 고리대가 이런 죄 가운데 하나다. 고리대는 이자를 받고 돈을 빌려주는 것뿐 아니라 시간의 경과를 이유로 물건을 더 비싸게 팔거나 더 싸게 사는 것(상업)도 포함한다. 고리대를 한 사람은 부당이득을 피해자에게 모두 돌려주어야 하지만, 만약 피해자를 찾을 수 없을 경우 경건한 사업에나 빈민들에게 부당하게 번 돈을 모두 써야 한다.[21]

중세 교회의 가르침에 따르면 생계에 필요한 정도 이상

으로 부를 축적하는 것, 특히 그 과정에서 상업에 종사하거나 고리대를 하는 것은 죄악이었다. 그렇다면 그들은 어떻게 해야 죄를 사면받을 수 있을 것인가. 중세 성인전 중의 하나인 《성 엘리기우스의 생애》에 다음과 같은 구절이 있다. "신은 모든 인간을 부유하게 만들 수 있었지만 세상에 빈민이 존재하게 함으로써 부자가 그들의 죄를 되살(용서받을) 기회를 주었다." 이 구절에 따르면 빈자들이 없다면 부자들은 구원을 받을 수 없다.

기독교가 구원을 받기 위한 자선을 강조하면서 교회뿐 아니라 속인들의 자선 활동이 크게 늘어났다. 속인들의 자선은 12~13세기에 가장 활발했는데, 이 시기에 '자선의 집'이 크게 증가했다는 사실이 이를 입증한다. 자선의 집은 일종의 빈민 수용소였다. 12~14세기 프랑스의 센 지역, 센-에-마른 지역, 센-에-와즈 지역의 '자선의 집'의 숫자에 대한 연구에 따르면 12세기 초에는 자선의 집이 한 곳밖에 없었지만 12세기 말에는 열한 곳이 되었고, 13세기 초에는 열여섯 곳이나 되었다. 그러나 14세기 후반 이후 급격히 줄어들더니 14세기 말에는 한 곳도 안 남았다.[22] 자선의 집이 12~13세기에 급격히 증가했다가 14세기에 감소하는 현상은 파리를 비롯한 다른 지역에서도 관찰된다.[23]

14세기 말 프랑스의 센 지역과 그 주변 지역에서 자선의 집이 모두 사라진 현상은 14세기의 위기로 설명할 수 있다. 13세기 말 유럽은 과잉 인구와 토지 부족에 시달리고 있었다. 토지 부족은 식량 부족으로 이어졌고 14세기 초에 기근과 질병에 대한 이야기들이 크게 증가했다. 예컨대 1315~1317년 사이에 전 유럽을 휩쓴 한발과 홍수는 식량의 심각한 부족을 야기했고, 그로 인해 유럽 인구의 10분의 1이 희생되었다. 1347년부터 성행한 대페스트가 위기를 더욱 키웠다. 1347년 제노바에서 발생한 페스트가 전 유럽으로 확산되었고 그 때문에 유럽 인구가 크게 감소했다. 그런데 인구가 크게 줄어들자 노동력이 부족한 반면 토지는 남아돌았다. 그 결과 농민들의 임금은 상승했고, 경작자를 구하기가 힘들어졌다. 이런 상황에서 자선을 할 수 있는 부자들의 재산은 감소하고 상대적으로 빈민의 수는 줄어들었을 것이다.

　자선의 집이 감소한 데는 사회·경제사적인 요인뿐 아니라 더 중요한 심성의 변화가 있었다. 부와 빈민에 대한 교회의 태도가 바뀌었고, 자본주의적인 심성이 속인들 사이에 널리 퍼져나가고 있었다. 이에 대해 자세히 살펴보자.

12세기 이전에 지어진 성당들의 스테인드글라스에서 아담은 추운 겨울에 속옷만 입고 맨발로, 언 땅에 삽질을 하는 사람으로 그려졌다. 반면 13세기 이후에 아담은 따뜻한 봄날에 좋은 옷을 입고 쟁기를 끌거나 포도밭을 경작하는 모습으로 그려졌다. 노동이 죗값을 치르는 참회의 수단에서 숭고한 행위로 바뀌기 시작한 것이다.

노동과 가난에 대한 인식 변화

중세인들은 세상에는 세 종류의 사람, 즉 기도하는 자(성직자), 싸우는 자(귀족), 그리고 일하는 자(농민)가 있으며, 하느님과 인간의 중재자인 교회가 세상 사람들의 임무를 부과한다고 생각했다. 이런 생각 때문에 교회는 이 세 종류 외의 직업에 종사하는 것을 금했고, 그런 직업을 가진 사람들을 천대하거나 저주했다. 즉 중세 교회는 죄를 유발하거나 그 직업에 종사하는 것 자체가 범죄라고 하여 여러 직업을 금기시하면서 신자들로 하여금 그런 직종에 종사하지 못하게 했다.

이런 직업으로는 여관 주인, 푸줏간 주인, 유랑 가객, 재담가, 마술사, 연금술사, 의사, 시술사, 군인, 포주, 창녀, 공증인, 상인, 직조공, 마구 제조인, 염색염자, 제과업자, 구두 수선공, 정원사, 화가, 어부, 이발사, 산지기, 세관원, 환전상, 재단사, 내장 장수, 방앗간 주인 등이 있었다. 푸줏간 주인, 사형 집행인, 시술사, 약제사, 의사, 군인에게는 피에 대한 금기가 적용되었다. 구약시대부터 유대인들과 여러 종족이 피를 만지는 것을 불결하고 신에게 불경스러운 것으로 간주했는데 이런 인식이 피의 금기에 영향을 끼쳤을 것이다.

유대인들은 또한 신전에 들어가기 전에 정결례를 행해야 한다고 생각했는데 이 생각은 더러움에 대한 금기로 이어졌다. 이런 금기에 따라 축융공(천을 바래고 다듬는 직공), 염색업자, 요리사, 세탁업자 등이 부정한 것으로 여겨졌다. 그리고 중세 기독교는 탐욕을 죄로 보았기 때문에 상인이나 고리대금업자는 부정한 것으로 여겨졌다. 용병, 투사, 창녀 등은 도덕적인 이유로 부정한 것으로 생각되었다.[24]

13세기 이후 중세 신학자들은 이런 금기를 해제하고 그 직업에 종사하는 사람들의 명예를 회복시켰다. 신학자들은 사람들이 궁핍해서 혹은 좋은 의도를 가지고 혹은 공공의 이익을 위해 그런 직업에 종사할 경우 죄가 아니라고 주장하기 시작했다.

여러 직업에 대한 금기를 해제하면서 교회는 노동에 대한 태도 자체를 바꾸기 시작했다. 원래 기독교는 노동을 죄에 대한 회개의 수단이라고 생각했다. 태초에 아담이 하와의 꼬임에 빠져 선악과를 따 먹은 후 하느님은 아담에게 이렇게 말했다.

> 너는 아내의 말에 넘어가 따 먹지 말라고 내가 일찍이
> 일러둔 나무 열매를 따 먹었으니, 땅 또한 너 때문에 저

주를 받으리라. 너는 죽도록 고생해야 먹고 살리라.[25]

이 말은 아담이 죄를 짓기 전에는 노동할 필요가 없었는데 죄를 지었기 때문에 노동을 해야 한다는 것을 의미한다. 기독교의 교리에 따르면 인간은 죄를 지었으면 죗값을 치러야 하고 그 죗값을 치르는 것을 보속補贖이라고 한다. 보속으로 주어진 노동은 참회의 마음으로 해야 한다. 이런 인식 때문에 12세기 이전에 지어진 중세 성당들의 스테인드글라스에서 아담은 추운 겨울에 속옷만 입고 맨발로, 언 땅에 삽질을 하는 사람으로 그려졌다.

그런데 13세기 성직자들과 신학자들은 노동에 대한 새로운 생각을 제시했다. 1213년 파리에서 열린 공의회에서 로베르 드 쿠르송 주교는 모든 기독교인은 성 바오로의 가르침에 따라 정신 또는 육체를 써서 노동하고 땀 흘려 양식을 벌어야 한다고 주장했다. 여기서 성 바오로의 가르침이란 "일하기 싫어하는 사람은 먹지도 말라"이다.[26] 그 후 바오로의 이 말이 유행했는데, 이 말에서 노동에 대한 대가는 정당하다는 논의가 나왔다. 이 말의 의미를 쉽게 이해할 수 있게 해주는 사례가 있다. 12세기에 도시에서 학생들을 가르치고 보수를 받는 지식인들이 있었다. 처음에 신학자들은 이

사람들을 '말을 파는 상인'이라고 비난하다가 곧 그들에게
정당성을 부여했다. 그들이 책을 읽고 가르치는 것을 노동
이라고 규정했고, 노동하여 생계를 꾸리는 것은 정당하다고
판단했기 때문이다.

　사실 사적으로 지식을 파는 사람들뿐 아니라 대학 교수
들도 처음에는 봉급을 받지 않았다. 교수가 봉급을 받으면
지식을 파는 상인과 같은 부류가 된다고 생각했기 때문이
다. 이 난제를 해결하기 위해 교수들은 봉급이 아니라 학생
들에게 선물을 받았다고 주장했다. 학생들은 특히 시험을
치를 때 교수에게 선물을 주어 그가 생계를 유지할 수 있도
록 했다. 물론 교수의 강의가 노동으로 평가된 후 교수들은
봉급을 받았다. 결국 13세기에 기독교는 노동에 긍정적인
이미지를 부여했고 누구든 땀 흘려 일하면서 생계를 유지
하는 게 바람직하다고 가르쳤다. 교회의 이런 태도 변화는
13세기 이후 발행된 그림 성경책이나 새로 건축된 성당의
스테인드글라스에 잘 표현되어 있다. 이 그림들에서 아담은
따뜻한 봄날에 좋은 옷을 입고 쟁기를 끌거나 포도밭을 경
작하는 모습으로 그려졌다.[27]

　그 후 기독교는 노동을 단순한 참회의 수단이 아니라 숭
고한 것이라고 가르치기 시작했다. 이 시기에 만들어진 〈창

세기)에 대한 주석서들을 보면 하느님이 세계를 창조하는 노동을 했기에 노동은 숭고한 것이며, 인간은 죄를 지었기 때문이 아니라 하느님이 아담에게 "동산을 관리하고 유지하라"고 명령했기 때문에 노동하게 된 것으로 설명되었다. 따라서 노동은 하느님이 인간에게 명령한 숭고한 것이다. 이제 모든 기독교인은 노동을 해야 하고 그 노동을 하는 모든 직업은 정당한 것으로 간주되었다.

노동에 대한 기독교의 태도 변화에 맞물려 가난에 대한 생각도 바뀌었다. 13세기부터 신학자들과 성직자들은 가난한 자에 대한 태도를 바꾸기 시작했다. 13세기 도미니카 교단의 수도사 홈베르트는 "가난 자체는 덕이 아니며 가난하게 태어난 것도 축복이 아니다"라고 주장했다. 그에 따르면 가난한 자는 게으르고, 타락하고, 술 취하고, 부정직하며 자신의 상황을 받아들이지 않고 부자가 되기 위해 탐욕에 빠지고 부자들을 질투한다. 상대적으로 부자들은 이런 죄에 빠질 염려가 적다. 따라서 가난한 자가 아니라 부자가 더 축복받은 사람이다. 홈베르트뿐만 아니라 많은 성직자나 도덕론자가 가난한 자들을 비난했다. 예컨대 기욤Guillaume de Clerc 은 가난한 자들은 열심히 일하지 않고 돈을 벌면 술을 먹어버리며, 무능력하고 자신들의 상황을 개선하기 위해 부자들의 재산을 탐내는 탐욕스러운 자들이라고 비난했다.[28] 이후 가난한 자들이 비난의 표적이 되고 말았다.

물론 13세기 이후 성직자들이 가난한 자를 비난했다고 해서 가난의 '이상'이 사라진 것은 아니다. 그들은 주로 일할 능력이 있으면서도 일하지 않는 '가짜' 가난뱅이들을 비난했고, 여전히 신자들은 가난한 상태를 동경해야 한다고 주장했다. 즉 굳이 가난 자체를 동경할 필요는 없지만 부자라고 해도 가난한 자처럼 소박하고 검소하게 살아야 하며 자신의 재산이 하느님이 준 것임을 알고 정말 가난한 자, 즉 노동할 수 없는 자가 있으면 자선을 베풀어야 한다고 가르쳤다.

기독교는 왜 13세기에 노동과 가난에 대한 태도를 바꾸었을까? 12세기에 전통적인 삼분할 체제가 흔들리고 있었다. 중세 초기에는 교회가 금지했던 직업에 종사하는 사람이 매우 적었으나, 11세기 이후 상업이 발달하고 도시가 세워지면서 상공업 종사자들이 많이 늘어났다. 이들은 수적으로 무시할 수 없을 만큼 늘어났을 뿐 아니라, 축적한 많은 부를 이용하여 여론을 주도했다. 이들은 끊임없이 성직자들에게 자신들의 존재를 인정해달라고 요구했고, 교회가 그들의 주장을 받아들여 노동과 가난에 대한 태도를 바꾸었을 것이다. 결국 자선의 집이 감소한 데는 14세기의 위기라는 사회·경제적 변화뿐 아니라 이런 교회의 인식 변화도 큰 영향을 끼쳤을 것이다.

폭발적으로 늘어난 빈민

유럽의 16세기는 활력이 넘치는 시대였다. 14세기의 위기를 극복하면서 인구가 다시 늘어났고, 농업혁명으로 토지의 생산성이 높아졌다. 원격지 상업이 부활하고 지리상의 발견으로 인해 해외의 많은 부가 유럽으로 유입되었다. 공산품에 대한 수요가 늘자 상인들과 수공업자들은 매뉴팩처(공장제 수공업)라는 새로운 생산방식을 도입했다.

이렇게 활력이 넘쳐나는 가운데 역설적으로 빈민이 폭발적으로 늘어났다. 농촌의 지주들은 농민들이 갈고 있던 토지를 빼앗아 대규모로 집적하여 양을 치거나 상품작물을 재배했다. 이 때문에 많은 농민이 도시로 몰려들었다. 도시에는 빈민을 수용할 일자리나 시설이 너무나 부족했다. 도시로 몰려든 농민들은 빈민이나 걸인이 될 수밖에 없었다. 빈민은 자기의 노동으로 최저 수준의 생계를 겨우 유지하는 사람이고, 걸인은 그나마도 못 하여 구걸하는 사람이다.

이들은 빈민촌이나 '기적의 거리'에서 무리를 지어 살았다. '기적의 거리'는 걸인들이 사는 곳을 말하는데, 그들이 장님이나 절름발이 행세를 하며 구걸하고 다니다가 자기들의 거주지에 오면 눈을 뜨고 멀쩡히 걸어 다니기에, 즉 날마다 '기적'이 일어나는 곳이기에 붙여진 명칭이다.[29] 이런 기적의 거리는 유럽의 거의 모든 도시에 있었으며 17세기 파리에만 열두 곳이 있었다.

빈민과 걸인은 시간이 갈수록 늘었다. 빈민의 수는 도시별로 달랐지만 16~18세기 도시 인구의 20~30퍼센트 정도가 빈민이었다. 걸인도 상당히 많았다. 1545년 베네치아의 걸인은 6000명이 넘었고, 1587년 파리의 걸인은 1만 7000여 명이었다. 18세기 중엽 리스본에서는 1만 명 정도의 유랑인들이 늘 아무 데서나 자고 있었다. 이들은 약탈에 나선 선원, 탈영병, 집시, 행상인, 유목민, 곡예사, 불구자와 그 밖의 불한당이었다. 이러한 빈민들 특히 걸인들은 무리 지어 돌아다니면서 온갖 범죄를 저질렀다. 이들이 도시민들에게 아무런 해를 가하지 않아도 도시민들은 이들을 혐오했을 것이다. 그들이 흉측한 모습에 누더기를 걸치고 다녔고 몸에는 이가 득실거렸기 때문이다. 이런 모습으로 온갖 범죄까지 저지르고 다니니 빈민과 걸인에 대한 인식이 극도로 나빠질 수밖에 없었다. 따라서 도시민들은 빈민이나 걸인이 하느님의 사자이며 예수나 성인들이 그런 모습을 하고 있다는 생각을 할 수 없었고, 그들을 없애버려야 할 골칫거리로 여기게 되었다.

도시민들이 이런 '골칫거리'를 처리하는 방식은 크게 두 가지였다. 하나는 쫓아내는 것이고 다른 하나는 가혹하게 탄압하는 것이었다. 1573년 프랑스 트루아 시의 부유한 시민들이 한자리에 모였다. 이들은 도시 내부와 주변 농촌 지역의 가난한 사람들이 소요를 일으킬지도 모른다고 염려하면서 그들을 모두 도시 밖으로 쫓아내기로 결정했다. 이를 위해 그들은 빈민들에게 나눠줄 빵을 풍족하게 구운 다음 빈민들로 하여금 모두 성문 앞에 모이게 했다. 그리고 모든 빈민에게 빵과 은화 한 닢씩을 나눠주면서 성문 밖으로 나가라고 했다. 맨 마지막 빈민이 성문 밖으로 나가자 성문을 닫은 후 그들에게 말했다. "하느님이 인도하사 제발 다른 곳에 가서 연명하시오. 그리고 다음 번 새로 수확을 하기 전에 트루아 시에 돌아오지 마시오."[30]

가혹하게 탄압하는 방법도 전 유럽에서 행해졌다. 신성로마제국 황제 카를 5세는 1531년 네덜란드 지역에 대한 칙령에서 "과거의 경험을 살펴보건대 자선을 얻기 위한 구걸이 모든 사람에게 무차별적으로 허용되면, 많은 폐해와 오류가 발생한다. 구걸하는 자들이 모든 죄악의 기원이 되는 나태함에 빠지기 때문이다"라고 말했다. 나태가 모든 죄악의 기원이라고 주장하면서 카를 5세는 거리나 광장, 교회, 그리고 다른 사람의 집 앞에서 구걸하는 것을 금지하고, 그래도 구걸하는 사람이 있으면 사형에 처하도록 했다.

카를 5세의 칙령과 같이 구걸을 금하고 위반하는 자들을 처벌하는 법이 신성로마제국뿐 아니라 영국, 프랑스 등 유럽의 다른 나라에서도 만들어졌다. 그중 1535년 파리의 고등법원이 만든 법의 내용은 다음과 같다.[31]

1. 파리에서 태어났거나 적어도 2년 동안 도시에서 거주한 몸 성한 걸인들은 공공사업에 고용되어야 한다. 그러지 않을 경우 사형에 처할 수 있다.

2. 위의 사람들 가운데 공공사업에서 일자리를 얻지 못한 사람들은 석공의 조수로서 일해야 한다. 두 경우 모두 임금은 하루에 20드니에이고 도시 노동자의 임금보다 낮아야 한다.

3. 파리에서 태어나지 않았거나 도시에서 머문 지 2년이 채 안 된 몸 성한 걸인들은 3일 이내에 도시를 떠나야 한

다. 그러지 않을 경우 사형에 처할 수 있다.

4. 병이나 신체 불구를 위장한 걸인들은 채찍질을 한 후 추방한다. 만약 그들이 다시 범죄를 일으킨다면 재판관들은 그들을 마음대로 처리할 수 있다.

5. 어떤 거주민도 거리나 교회에서 구걸을 할 수 없다.

이 법은 죽일 수도 있다고 위협하면서 구걸을 금하고, 자기 도시에서 태어나지 않은 빈민의 추방을 명령하고 있다. 도대체 왜 사형을 시키면서까지 구걸을 금했을까? 빈민에 대한 가혹한 탄압을 이해하기 위해 근대 초 유럽인들의 심성에 대해 알아보자.

나태가 최고의 범죄로 규정되다

13세기 교회가 빈민에 대한 무조건적인 이상화를 비판하고 노동을 숭고한 것으로 규정한 후 여러 신학자들이 노동의 의미에 대한 논의를 계속했다. 그 결과 16세기에 오면 노동은 가장 숭고한 것이고, 노동의 반대 즉 나태는 가장 큰 죄로 규정되었다.

16세기 사상가들이 노동을 찬양하고 심지어 신성시한 것은 일반적인 경향이었다. 이는 토머스 모어(1477~1535)에서 쉽게 확인된다. 모어가 추구한 '유토피아'에서 모든 사람은 농사 외에 기술을 한 가지씩 배운다. 성직자나 부자처럼 다른 곳에서는 일하지 않거나 조금밖에 하지 않는 사람도 모두 매일 여섯 시간씩 노동을 해야 한다. 각 마을 책임자의 중요한 업무, 아니 거의 유일한 업무는 게으르게 놀면서 일하지 않는 사람을 감독하는 것이다. 이렇게 모어가 성직자를 포함한 모든 사람이 노동해야 한다고 주장한 것은 노동에 대한 서양인의 사고방식에서 일대 혁명이 아닐 수 없다. 13세기 이래 에라스뮈스, 루터를 포함한 많은 성직자와 사상가들이 노동을 신성시해왔지만, 육체노동에 대한 경시 풍조는 남아 있었다. 그런데 모어가 "노동은 인간이 자신의 운명을 주도하고 부유해지기 위한 중요한 권리"라고 주장하면서 이러한 풍조를 완전히 부정한 것이다.

　모어가 《유토피아》를 쓴 1516년에서 10년쯤 지난 후인 1525년 스위스의 종교개혁자 츠빙글리는 노동자를 하느님에 비유했다. "노동은 아주 선하고 신성한 것이다. …… 노동은 육체를 강건하게 하고 튼튼하게 만들며 게으름이 빚어낸 질병을 치유한다. …… 현세의 것들 중에서 노동자는 신을 가장 닮았다."[32] 노동자가 하느님을 가장 닮았다니, 그가 노동을 얼마나 신성하게 여겼는가를 쉽게 알 수 있다.

이런 생각에 따르면 구걸을 방치하거나 빈민들을 나태한 채로 놔두는 것은 큰 죄였다. 16세기의 종교 지도자들과 국가들은 빈민들을 조사하여 목록을 만들고, 그들이 정말로 일할 수 없는 상황이면 지방정부가 그들의 최저생계를 보조해주도록 했고, 일할 수 있는 능력이 있다면 공공작업장이나 빈민 수용소를 만들어 노동을 시키도록 했다.

수용된 빈민들에게 노동을 시켜야 한다는 생각은 정말 강했다. 이는 16세기 암스테르담에 있었던 라습하위스 수용소의 예에서 알 수 있다. 그 수용소는 직업 없이 떠돌거나 가벼운 위반 행위를 한 사람들을 가두는 곳이었다. 관리들은 이들을 붙잡아다가 열대 지역에서 가져온 브라질 나무를 대패로 깎게 했다. 이 나무는 너무나 단단해서 이 일을 하려면 허리가 부러질 듯 아팠다. 수용자들은 극도의 고통을 참으며 대패질을 계속해야 했다. 온종일 대패질을 하고 나면 켠 나무의 양을 재서 저녁 식사를 주었기 때문이다. 다시 말해서 굶어 죽지 않으려면 대패질을 계속해야 했다. 만약 계속 게으름을 피우거나 도망가려고 하면 채찍질을 하고 물이 차오르는 감방에 집어넣었다. 이 감방은 물이 계속 차오르게 설계되어 있어서 펌프질하지 않으면 방 안에 있

는 사람은 익사하게 된다. 이렇게 사람을 괴롭혔던 것은 게
으른 빈민에게 노동의 소중함을 강제로라도 가르치기 위해
서였다.[33]

　이제 프랑스가 17세기에 자선을 금지했던 이유를 이해할
수 있을 것이다. 그러나 여기서 이야기를 마치기에는 너무
나 큰 문제가 남아 있다. 유럽이 어떻게 자본주의를 탄생시
켰는지에 대한 문제를 살펴보자.

　잘 알려져 있듯이 중세 말까지만 해도 유럽의 문명 수준
은 동양보다 훨씬 낮았다. 중세의 여행자 마르코 폴로가 중
국을 다녀온 후 1298년 《동방견문록》을 발표했다. 그는 동
양에 비단과 금을 비롯한 온갖 물산이 풍부하고, 화약과 종
이를 비롯한 선진 기술이 발달했으며, 동양인들이 종이돈
을 사용하고 고도의 중앙집권 체제를 갖추고 있다고 전했
다. 이 이야기는 너무나 신기해서 서양인들은 마르코 폴로
가 거짓말하고 있다고 생각했고, 그가 임종할 때 이제라도
거짓말한 것을 회개하라고 강권했다. 《동방견문록》의 서술
이 과장되기는 했지만, 동양이 유럽을 앞섰던 것은 사실이
다. 또한 유럽인들이 르네상스 시대의 3대 발명품이라고 자
랑하는 화약, 나침반, 인쇄술은 모두 동양에서 유래했다.

　서양은 14~16세기 이후 자본주의라는 새로운 생산양식

을 발달시킨 결과 동양을 능가하게 되었다. 이 때문에 동양과 서양의 정체성에 대해 고민하는 사람들, 그리고 근대의 탄생에 대해 숙고하는 사람들은 자본주의가 왜 유독 유럽에서 먼저 발달했는가에 대해 연구해왔다. 이 연구의 출발점이 된 사람이 막스 베버다.

베버의 주장을 비판하는 사람들은 대부분 상업과 금융에서 발달한 자본주의를 중요시해왔고, 이 때문에 가톨릭이나 신교, 특히 칼뱅이 고리대를 인정했느냐를 놓고 숱한 논쟁을 벌였다. 그러나 필자는 상업이나 금융의 저변, 즉 농업과 수공업의 성장이 훨씬 더 중요하다고 생각한다. 농업과 수공업이 발달하고 거기서 잉여가 발생해야 구매력이 생기고 그래야 상업과 금융이 발전할 수 있다. 아무리 선진적인 금융 기법이 발달한들 기간산업이 발전하지 않았다면 자본주의는 성립되지 못했을 것이다.

이렇게 본다면 앞서 살펴본 13~16세기 서양인들의 심성 변화가 중요하다. 12세기에는 걸인이 예수로 비유된 데 반해 16세기에는 노동자가 하느님으로 비유되었다. 토머스 모어는 육체노동 자체를 신성시하면서 모든 사람이 노동해야 한다고 강조했다. 그리고 중세에는 탐욕이 최대의 죄였지만 16세기에는 나태가 최대의 죄가 되었다. 성직자, 놀고

먹는 지배자, 부자를 막론하고 누구든지 열심히 일해야 한다는 정신에 따라 서양인들은 자기 직업에 대한 자긍심이 높아졌다. 이러한 심성 변화가 농업과 수공업의 발전을 가져왔고 궁극적으로 자본주의라는 새로운 생산양식을 추동해냈을 것이다.

5
네 남자의 마지막 사랑

마지막 아내에게 독살된 클라우디우스

흔히 영웅호걸은 여색을 좋아한다고 한다. 이 말을 입증이라도 하듯 역사 속에는 자신의 업적으로든 여성 편력으로든 유명한 남자들이 있다. 소문난 바람둥이였던 로마의 카이사르, 무려 여섯 명의 왕비를 거느렸던 헨리 8세가 대표적 인물이다. 그런 사람들의 사랑을 생각하다 보면 과연 남자들은 생애 마지막을 어떤 사랑으로 채울까 궁금해진다. 권력과 돈을 내세워 어떤 여자에게든 사랑을 요구할 수 있는 상황에서 인간의 본성이 가장 잘 드러날 것이다. 두 명의 왕과 한 명의 귀족, 그리고 한 명의 성공한 문필가의 사례를 통해 인간의 본성이 어떻게 발휘되었는지 살펴보자.

가장 먼저 이야기할 사람은 로마 황제 클라우디우스다. 서양사에 관심 있는 사람이 아니라면 클라우디우스라는 이름을 잘 들어보지 못했을 것이다. 그는 역사에 남을 만한 업적이나 작품을 남기지 못했다. 그래도 그가 네로의 아버지였다고 소개하면 사람들은 금세 "아, 그래요!"라고 대답하면서, 속으로 '아마 그 사람도 나쁜 사람일 거야. 그 아버지에 그 아들일 테니'라고 생각할 수도 있을 것이다. 그러나 그는 사실 네로의 양아버지이고, 네로의 악행은 모두 네로의 책임이지 그의 아버지의 책임이 아니다.

그럼에도 클라우디우스가 네로의 악행에서 완전히 자유로운 것은 아니다. 그가 노년에 욕정에 사로잡혀 재혼하지만 않았다면 네로가 아니라 그의 친아들 브리타니쿠스가 황제가 되었을 것이기 때문이다.

그의 여성 편력을 이야기하기 전에 그의 인생에 대해 살펴보자. 클라우디우스는 참으로 불우한 사람이었다. 그의 아버지는 로마의 최고 장군이자 아우구스투스 황제의 양아들이었고, 어머니는 로마의 왕족이었기에 혈통으로만 보면 남부러울 것이 없었다. 하지만 그의 몸은 태어날 때부터 문제가 많았다. 로마 역사가 수에토니우스는 "그는 걸을 때면 비틀거렸고, 머리를 신경질적으로 좌우로 흔들었으며, 즐거울 때는 통제할 수 없을 정도로 웃다가도 화가 나면 지독하게 많은 침을 흘렸다"라고 전한다. 또한 그는 늘 불안해했으며 성격이 소심해서 사람들을 제대로 상대하지 못했고 심하게 말을 더듬었다. 이는 그가 소아마비, 뇌수종, 유아성 간질병에 시달렸음을 의미한다. 그의 부모도 그를 '미숙아로 태어난' 바보로 취급했고, 친척들도 그의 흉한 외모를 들먹거리며 상대해주지 않았다. 클라우디우스는 어릴 적부터 '사랑'을 갈구하며 자랄 수밖에 없었다.

그러나 클라우디우스는 지능이 상당히 높았고, 약점을 극복하기 위해 끊임없이 노력하는 사람이었다. 그는 아버지가 붙여준 교사들의 가르침을 충실히 배워나갔고, 사람들과 어울리기보다는 역사와 문학을 혼자 공부하기를 즐겼다. 성인이 되었을 때 클라우디우스는 역사학, 문헌학, 법학에 대한 조예가 깊었고, 에트루리아·카르타고·로마의 역사에 관한 책을 여러 권 집필하여 능력을 인정받았다. 따라서 사람들이 성인 시절 그를 특별히 싫어할 이유는 없었다.

41년, 그에게 운명의 날이 왔다. 그해 폭군으로 유명한 칼리굴라를 암살한 병사들이 새로운 황제 후보자를 찾아 나섰다. 전하는 바에 따르면 병사들이 황제를 암살하고 황제와 친했던 왕족들을 여럿 죽이자, 클라우디우스는 무서워서 다락방에 숨어 있었다. 병사들은 클라우디우스의 그 '소심함'이 마음에 들었다. 그가 황제가 된다면 온건하고 존재감 없는 통치자로서 로마를 조용히 이끌 거라고 기대했다. 그리하여 병사들이 클라우디우스를 황제로 추대했다.[1]

50세의 나이에 황제가 된 클라우디우스는 직책을 충실히 수행했다. 정치가로서 그는 평균 이상은 되는 황제였다. 그는 신하들과 병사들을 온건하게 다루었으며, 국가의 중대사를 꼼꼼히 챙겼다. 대규모 토목 사업을 일으켜 항구와 목욕시설을 정비했고, 로마에 적대적인 세력이 브리타니아에서 성장하자 원정을 감행하여 승리했다. 이렇게 본다면 클라우디우스는 신체의 장애를 극복하고, 위대한 학자이자 정치가로서 성공적인 삶을 살았다고 평가할 수 있을 것 같다.

그러나 클라우디우스의 인생은 끝까지 불우하고 서글펐다. 그는 늘 정서 불안에 시달렸다. 그는 검투사들이 죽어가는 모습을 보는 것을 즐겼다. 수에토니우스에 따르면 그는 "검투사가 우연히 넘어졌을 때조차 그의 살해를 지시했는데, 죽어가는 그의 얼굴을 지켜보기 위해서"였다.[2]

이렇게 병적 가학성에 시달리는 가운데 클라우디우스는

자신을 따뜻하게 품어줄 '사랑'을 애타게 추구했다. 그는 외모는 형편없었지만 좋은 부모를 만난 덕에, 그리고 나중에는 황제의 권력을 가진 덕분에 여러 여자를 사귀었다. 그는 결혼하기 전에 두 명의 여자와 약혼했다. 첫 번째 약혼녀와의 약혼은 알 수 없는 이유로 깨졌다. 두 번째 약혼녀는 결혼식 당일에 죽었다. 결혼식 날 신부가 죽었으니 신랑이 얼마나 당혹스러웠을까? 이 사건이 그렇지 않아도 내성적이고, 인생을 비관적으로 생각하던 클라우디우스에게 큰 충격을 주었음은 말할 필요도 없을 것이다.

그럼에도 불구하고 클라우디우스는 이후 네 번이나 결혼한다. 첫 번째 부인과 두 번째 부인은 둘 다 클라우디우스를 사랑하지 않았다. 두 여인은 클라우디우스의 외모가 마음에 들지 않아서 다른 남자들에게 눈길을 주었고, 특히 두 번째 부인은 무절제하게 살다가 살인을 했다는 혐의를 받기까지 했다. 그 때문에 클라우디우스는 두 여인과 이혼했다.

세 번째 부인 메살리나와 결혼했을 때 클라우디우스는 47세였고, 메살리나는 15세였다. 이렇게 나이 차가 많이 나는 두 사람이 결혼했던 것은 황제 칼리굴라가 두 사람을 결혼시켜 황실을 안정시키려 했기 때문이었다. 클라우디우스는 아우구스투스 황제의 부인 드루실라의 손자였고, 메살리나는 아우구스투스 황제의 누나 옥타비아의 증손녀였다.

클라우디우스는 이 결혼에 만족했다. 부인은 젊기도 했거니와 날씬하고 예뻤다. 늘 정에 주렸던 클라우디우스는 메살리나를 몹시 사랑했고, 두 사람 사이에 브리타니쿠스라는 아들이 태어났다. 메살리나는 남편이 못마땅했지만, 황세와 결혼했다는 사실에 위안을 얻었다.

메살리나의 만족은 오래가지 못했다. 그녀는 늙고 못생긴 남편에 염증을 느껴, 황후라는 신분을 망각하고 이 사람, 저 사람과 닥치는 대로 관계를 맺었다. 그러다가 만난 사람이 젊은 미남 실리우스였다. 메살리나는 처음에 실리우스와의 관계를 숨기려고 노력했지만, 점점 대담해져서 공개적으로 실리우스와 애정 행각을 벌였다. 늙고 병약한 클라우디우스는 그 모습을 모르는 척 눈감아주었지만, 두 사람은 멈출 줄 몰랐다. 그들은 클라우디우스를 암살하고 실리우스를 황제 자리에 앉힐 계획까지 세웠는데, 이 계획은 발각되고 말았다. 클라우디우스는 측근들로부터 그 사실을 보고받고는 군대를 보내 두 사람을 처형했다.

바람나서 자신을 죽이려 했던 황후 메살리나를 처형했을 때 클라우디우스는 58세였다. 클라우디우스는 인생을 돌아보며 측근들에게 이렇게 말했다. "나는 결혼 생활에 늘 운이 없었기 때문에 앞으로는 결혼하지 않을 생각이다. 이 말을 지키지 못하면 나를 죽여도 좋다."³ 얼마나 여자에게 신물이 났으면 다시는 결혼하지 않겠다고 목숨까지 걸고 호언했을까?

이 호언은 오래가지 못했다. 클라우디우스는 혼자라는 사실을 견뎌낼 수 없었다. 메살리나를 죽인 지 몇 달 되지 않아 클라우디우스는 두세 명의 여자와 관계를 맺었고, 그러다가 형 게르마니쿠스의 딸, 즉 조카였던 아그리피나가 마음에 들었다. 그녀는 이미 두 번이나 이혼했고, 슬하에 네로를 두고 있었다. 로마법이 근친상간을 금했기 때문에 클라우디우스와 그녀의 결혼은 쉽지 않았다. 클라우디우스는 원로원을 조정하여, 두 사람의 결혼이 국가의 안녕을 위해 반드시 필요하다는 특별 결의를 얻어냈다. 그러고는 못 이기는 척하며 그녀와 결혼했다.

59세에 아그리피나와 네 번째로 결혼한 클라우디우스의 노년은 편안한 듯했다. 아그리피나는 진정으로 클라우디우스를 사랑하는 것 같았다. 그러나 그녀는 권력에 욕심을 부렸고, 자신의 권력을 강화하기 위해 하루속히 네로를 황위에 앉히려는 속셈을 갖고 있었다.

이 속셈에 걸림돌이 되는 유일한 장해물은 클라우디우스

였다. 아그리피나는 병약한 장애자인 클라우디우스가 60세가 넘자 곧 죽을 거라고 생각했다. 그러나 결혼한 지 5년이 되도록 클라우디우스는 죽지 않았다. 아그리피나는 더는 참을 수 없었다. 54년 10월 어느 날 그녀는 황제에게 독이 든 버섯을 먹였다. 그리하여 평생 불우했으며, 여성들에게 거듭 배신을 당했던 클라우디우스는 마지막 아내의 품에서 숨을 거뒀다.

죽는 순간 클라우디우스는 아내가 자신을 독살했음을 알았을까? 그 사실을 몰랐다면 클라우디우스는 마지막 순간이나마 행복했을 테고, 알았다면 끝내 눈물을 감추지 못했을 것이다. 클라우디우스에게 사랑은 무엇이었을까? 피하고 싶지만, 그것 없이는 한시도 살 수 없는 마약 같은 것이 아니었을까?

죽음이 임박한 루이 15세의 욕정

루이 15세는 역사에서 별로 주목받지 못하는 사람이다. 그의 선왕 루이 14세는 베르사유 궁전을 건설하고 프랑스 절대왕정을 확립했다. 그의 후임 루이 16세는 프랑스혁명의 격동기에 단두대에서 비극적인 최후를 맞았다. 반면에 루이 15세는 상당히 평범한 왕으로 그다지 큰 업적을 남기지 못했다.

루이 15세가 왕이 된 것은 대단한 행운이었다. 루이 14세에게는 아들과 여러 명의 손자가 있었지만 왕위 계승 서열이 높은 자손들이 사고와 병으로 잇달아 죽었다. 왕자들이 병사한 데는 당시의 의술이 한몫했다. 의사들이 성홍열을 앓는 왕자들의 몸에서 피를 뽑아내는 치료법, 즉 사혈을 감행했기 때문이다. 의사들은 몸에서 나쁜 기운을 뽑아내야 한다는 이유로 사혈을 감행했지만 몸이 허약했던 데다가 병을 앓고 있던 왕자들은 과다출혈을 견디지 못하고 죽었다. 이렇게 해서 루이 14세의 증손자로 왕위에서 거리가 멀었던 루이 15세가 왕위에 오를 수 있었다. 사실 그도 어릴 적에 열병에 걸렸는데 의사들이 사혈하려 했지만 궁녀들이 그가 너무 어리니 사혈해서는 안 된다고 고집한 덕에 살아났다고 한다.

억세게 운 좋은 이 사나이는 불과 다섯 살에 왕이 되어 거의 60년 동안이나(재위 1715~1774) 유럽 최고 국가의 왕 노릇을 하다가 64세의 나이로 죽었다. 루이 15세가 국제적인 감각이 있었고 정치를 원만하게 했다는 주장도 있기는 하다.

이제 그의 정치는 논외로 하고 그의 사랑에 주목해보자.
루이 15세는 여러 첩을 두었고 그들을 끔찍이 사랑했다. 그
는 베르사유 궁전에 있는 집무실에 비밀 통로를 설치했다.
그 통로는 왕의 집무실에서 3층에 있는 비밀의 방으로 연결
되었다. 왕은 대신들과 회의를 하다가도 용변을 보러 간다
고 핑계를 대고는 그 통로를 이용하여 3층에 가서 애첩들과
성관계를 즐기곤 했다.

루이 15세의 애첩 가운데 마담 드 퐁파두르와 마담 뒤 바
리가 유명하다. 마담 드 퐁파두르는 금융업자의 딸이었는
데(어느 공작의 마구간 감독의 딸이라는 설도 있음), 아버지가 범
죄에 연루되어 국외로 도망한 후 아버지의 친구 밑에서 컸
다. 그녀 아버지의 친구였던 르 노르망 드 투르넴이 그녀를
잘 교육시키고 예쁘게 키워 자신의 조카 샤를 기욤 르 노르
망 데투알과 맺어주었다. 그녀는 미모와 재력을 앞세워 당
시 파리 사교계에서 주목을 받던 끝에 1744년 루이 15세의
사랑을 받게 되었다. 그녀는 남편과 이혼하고 루이 15세의
정부情婦가 되었다. 루이 15세가 반했던 이유는 물론 그녀가
미녀였기 때문이었다. 그녀의 아름다움에 대해 한 귀족은
이렇게 말했다.

남자라면 누구나 그녀를 정부로 삼지 않고는 못 배겼을 것이다. 적당히 훤칠한 키, 아름다운 자태, 부드러운 얼굴선에 오목조목 균형 잡힌 이목구비, 눈부신 피부와 미끈한 손과 팔, 그리 크진 않지만 생기와 재기가 넘쳐흐르는, 세상에서 가장 빛나는 듯한 두 눈, 몸동작 하나하나까지 그녀는 완벽히 조화를 이루고 있었다. 궁정 안에서 아무리 소문난 미인이라도 그녀를 따라올 여인은 없었다. 군계일학이란 바로 그녀를 두고 하는 말이리라.[4]

루이 15세는 그녀에게 드 퐁파두르 후작 작위를 수여했고, 그녀를 끔찍이 사랑했다. 그런데 사람은 겪어봐야 안다고 했던가. 마담 드 퐁파두르는 여성으로서는 더군다나 정부로서는 심각한 문제를 갖고 있었다. 그녀는 불감증을 앓고 있었고 만성 질염이 심했다. 다른 것은 다 좋았지만 그녀는 성적으로는 루이 15세를 만족시키지 못했다. 성욕을 느끼지 못했던 그녀는 온갖 수단을 동원해서 치료해봤지만 별로 효과를 거두지 못했다. 결국 그녀는 루이 15세의 정부 노릇을 오래하지 못했지만 현명하게 처신해서 주위 사람들로부터 좋은 평판을 받았다. 특히 루이 15세의 왕비였던 마리 레슈친스카도 그녀를 좋아했는데, 왕비가 도박을 하다가

빚을 졌을 때 마담 드 퐁파두르가 왕으로 하여금 빚을 갚아 주게 했기 때문이다.[5]

마담 뒤 바리는 《베르사유의 장미》라는 명작에서 루이 16세의 부인 마리 앙투아네트와 자존심 싸움을 벌였던 여자다. 그녀는 수도사의 사생아로 태어나 수도원에서 자랐고 15세에 파리에 와서 온갖 잡일을 하다가 장 뒤 바리Jean du Barry라는 귀족의 눈에 띄어 그의 첩이 되었다. 그 후 장 뒤 바리의 도움을 받으며 고급 매춘부로서 활동하다가 리슐리외 공작을 상대했다. 리슐리외와 장 뒤 바리는 그녀를 이용하여 루이 15세에게 영향을 끼치려고 했다. 장 뒤 바리는 먼저 그녀를 자신의 동생과 결혼시켜 귀족의 부인으로 만든 다음, 1769년 루이 15세에게 소개했다.

마담 드 퐁파두르가 죽은 지 4년이 지난 뒤라 새로운 정부를 갈망하고 있던 루이 15세는 뒤 바리에게 완전히 매료되었다. 사실 그녀는 드 퐁파두르보다 더 아름다웠다고 한다. 한 젊은 장교가 그녀에게 청원하러 갔다가 그녀의 미모에 빠져 자기가 왜 갔는지를 잊어버렸다는 이야기가 전할 정도다.[6]

루이 15세는 리슐리외에게 이렇게 말했다고 한다. "뒤 바리가 무척 마음에 드오. 내가 예순 살이라는 사실을 잊게 해줄 사람은 프랑스에서 그녀밖에 없을 거요."[7]

물론 이 말은 진심이었겠지만, 사실 루이 15세는 도가 지나친 호색한이었다. 그는 왕으로서의 체통도 잊은 채 밤마다 파리의 매춘굴을 찾아가 매춘부들과 성관계를 맺곤 했고, 그 때문에 온갖 성병에 시달렸다. 왜 왕이나 되는 사람이 창녀들을 찾아 다녔을까, 마음만 먹으면 얼마든지 첩을 늘릴 수 있었을 텐데 하고 의문을 갖는 사람도 있을 것이다. 그러나 고대부터 수많은 권력자들이 창녀나 기생을 찾아 다녔다. 그 이유는 처나 첩이 나름대로 사회적 관계 속에서 최소한의 예의와 격식을 요구한 반면, 창녀나 기생은 아무런 사회적 제약 없이 성적인 봉사를 했기 때문이다. 그들은 돈만 주면 완벽한 노예가 되어 남자에게 봉사했다. 남자들은 창녀와 관계를 맺을 때 철저하게 자기중심의 만족을 얻을 수 있었고, 거기에 수반되는 희열과 자유를 잊을 수 없었던 것이다. 그래서 고대 중국에는 '처는 첩만 못하고, 첩은 기생만 못하다'라는 속담이 있었다.[8]

노년의 루이 15세가 마담 뒤 바리와의 육체관계에 탐닉하자 궁정 주치의들은 심장을 생각해서 좀 더 나이 든 여자를 찾으라고 조언했다. 그러나 루이 15세는 전혀 개의치 않았다. 그는 '죽어도 좋다'고 생각했던 걸까? 아니면 온갖 좋은 음식을 먹었기 때문에 체력이 유지되었던 걸까?

아무리 왕이라도 세월을 이길 수는 없는 법이다. 《베르사유의 장미》에도 잘 묘사되어 있듯이 루이 15세는 말년에 천연두에 걸려 온몸이 썩어갔다. 그는 죽음이 임박했음을 알고 육욕에 빠졌던 지난날을 반성했다. 그러나 그 반성은 잠시였고, 온몸에 고름이 나는 상황에서도 30세의 젊은 여인 마담 뒤 바리와의 사랑을 멈추지 못했다고 한다. 참으로 대단한 욕정이 아닐 수 없다.

실연당한 노년의 괴테

19세기 독일의 대문호 괴테도 노년의 사랑에서 그 누구에게도 지지 않을 사람이다. 괴테가 쓴 《젊은 베르테르의 슬픔》은 당대 초대형 베스트셀러였다. 나폴레옹은 이 책을 일곱 번이나 읽었고 그때마다 울었다고 한다. 훗날 나폴레옹은 괴테를 만난 후 '이 사람이 인간이다'라고 말했는데,[9] 이는 괴테가 인간의 감성을 극적으로 자극했음을 의미한다. 그렇지만 필자는 괴테의 대표작 《파우스트》라고 생각한다. 인간의 본성과 한계, 인간에 대한 애정, 신과 인간의 관계를 그토록 극적으로 다룬 작품은 그 전에도 없었고 앞으로도 없을 것이다.

괴테는 열 살에 고전 그리스어는 물론 히브리어를 해독할 만큼 천재였다. 그는 청소년 시절에 법학을 공부했고, 품위 있는 귀족으로 성장했다. 그는 덕, 절제, 조화, 윤리를 추구하는 모범적인 인간이었다. 그는 비속한 것에 물들지 않으려고 애썼고, 지나친 열정에 사로잡히지도 않으려고 했다. 하지만 괴테는 자기 안에 여자에 대한 병적인 욕망이 있다는 것을 알고 있었다.[10] 그는 범죄를 저질러서라도 여자를 차지하고픈 욕구를 느끼곤 했다. 그렇게 욕망하는 사람이었기에 괴테는 위대한 작품뿐만 아니라 누구도 따라 하기 힘든 '위대한' 여성 편력을 남겼다. '작고 뚱뚱한 바람둥이'라는 그의 별명이 이 사실을 잘 대변해준다.[11]

그는 열다섯 살 때 달콤한 첫사랑을 경험한 후 처녀, 유부녀 가리지 않고 여러 여인을 사랑했고, 그 여인들과의 사랑을 자신의 작품에 녹여냈다. 결혼했거나 깊은 흔적을 남긴 여성만도 여덟 명이나 된다. 특히 이탈리아 여행 중에 신분이 낮고 가난한 여인 불피우스를 만나 오랫동안 동거하다가 1806년에 정식으로 결혼한 것은 세기의 로맨스로 유명하다. 괴테는 그녀를 얼마나 사랑했던지, "그녀는 내 골수와 영혼을 모조리 빨아들였다"라고 말했다.

괴테의 수많은 여성 편력 가운데 압권은 1823년 73세의 나이에 19세의 처녀를 사랑한 것이다. 그 시절에 73세라면 노인 중에서도 상노인이었지만, 괴테는 울리케라는 처녀에게 완전히 마음을 빼앗겼다. 울리케도 괴테가 싫지는 않았던 것 같다. 그녀가 괴테를 정말 사랑했는지, 아니면 괴테가 나이는 많아도 귀족에다가 명성 높은 작가여서 맘에 들었는지는 알 수 없지만 둘은 '연애'를 했다. 손을 잡고 거리를 거닐고, 오랫동안 단둘이 앉아 있기도 했으며, 무도회에서 함께 춤추기도 했다. 괴테는 그녀에게 수없이 사랑을 속삭였는데 그중 하나는 다음과 같다.

이 세상에서 가장 아리따운 나의 사랑하는 사람아, 내 말을 들어보렴! 네가 내 옆에 있으면 온 세상이 다 내 것이 된다. 너도 그것을 느꼈을 테지, 안 그러느냐? 그리고 네 옆에 있으면 나는 너에게 녹아든다. 너는 그렇게도 영특하고 이지적이었던 것을 …… 네 곁에서 사는 인생은 상상도 할 수 없을 만큼 천상적일 것이다. 우리의 생각이 하나가 되고, 우리의 육체도 하나가 되리라. 내 너에게 고백하노니, 나는 네가 지른 불길 속에서 타오르고 있다.[12]

왜 아담은 하느님의 뜻을 잘 알고 있었는데도 하와가 선악과를 따 먹을 때 그 '악행'에 동참했을까? 아우구스티누스는 아담이 하와가 자신을 버릴까 봐 두려워서 그랬을 거라고 생각했다. 즉 하와의 길에 동참하여 하느님의 처벌을 받는 것보다, 하느님의 길을 가서 혼자가 되는 게 더 두려웠을 거라는 말이다.

사람들의 수군거림도 아랑곳하지 않고, 사랑을 주체할 수 없었던 괴테는 울리케에게 정식으로 청혼했다. 울리케의 가족에게 많은 연금과 좋은 일자리까지 약속하면서 사랑을 '구걸'했지만 이 사랑은 실패하고 말았다. 울리케가 괴테에게 아버지처럼 사랑할 뿐이라고 말하면서 청혼을 거절했던 것이다. 그렇게 괴테의 마지막 사랑은 좌절되었고, 괴테는 〈마리엔바트의 비가〉로 실연의 아픔을 노래했다.

도대체 괴테는 어떤 심정으로 그 어린 처녀에게 청혼했을까? 괴테는 일기에서 울리케와의 육체적 접촉을 수없이 언급했고, 울리케와의 춤, 포옹에서 극도의 흥분을 느꼈으며, 그녀와 한 몸이 되기를 열망했다. 전부인과 사별한 지 7년이 되었으니 그가 젊은 여성에게 성적 욕구를 느끼는 것은 당연했을 것이다. 일찍이 고대 그리스의 시인 소포클레스는 노인이 되어 성적 능력을 상실한 것을 "마치 거칠고 사나운 주인에게서 도망친 것처럼 기쁜 일"이라고 했지만, 아무리 노인이라도 성적 능력은 남아 있다. 물론 사랑은 정신과 육체 양면에서 이루어지는 것이지 어느 한쪽으로만 이루어진다면 그 사랑은 기형일 것이다. 괴테가 연애에서 무엇을 원했든, 중요한 것은 그가 죽음을 코앞에 두고도 사랑을 느끼고 청혼했다는 점이다. 그런 괴테를 생각하노라면

"나이가 아무리 많아도 젊은 여성과 결혼할 수 없다고 생각하는 남자는 거의 없다"라는 말이 떠오른다.[13] 왜 남자는 그토록 사랑에 매달릴까? 또 한 사람의 예를 살펴보자.

너무나 짧았던 조지 오웰의 마지막 사랑

조지 오웰은 가장 뛰어난 현대 문학가 중 하나다. 그는 《동물 농장》과 《1984》에서 현대 문명의 비극과 부조리를 날카롭게 파헤쳤고, 그가 던진 메시지는 지금도 많은 사람의 머릿속을 맴돌고 있다. 조지 오웰은 20세기 영국인으로 영국 최고 사립학교인 이튼스쿨을 그것도 1년에 열세 명밖에 뽑지 않는 국왕 장학생으로 졸업했다. 하지만 늘 주변인으로 방황하고 모험했으며, 모든 권위를 부정하고 자신의 신념을 따른 실천가였다. 어디에도 소속되지 않은 삶이 그렇듯 오웰의 삶은 고뇌와 변화, 위기의 연속이었다.

인도의 벵골에서 태어난 그는 이튼스쿨을 졸업하고도 대학에 진학하지 않았다. 대학 장학금을 얻지 못했기 때문이다. 그의 가족은 대학 등록금을 댈 만한 형편이 아니었다. 그는 시험을 보아서 경찰이 되었는데, 버마로 발령을 받았다. 당시 영국은 세계 각지에 식민지를 건설했고, 식민 지배를 정당화하기 위해 이른바 사회진화론을 적극 선전했다. 영국 지배자들은 영국인은 최고의 인종으로서 무지한 아시아·아프리카인을 문명개화하는 신성한 의무를 수행해야 한다고 주장했다. 버마에서 근무하는 동안 오웰은 영국의 버마 지배가 버마인을 착취하는 수단일 뿐이고, 제국주의는 인간이 인간을 지배하고 착취하는 사악한 제도임을 깨달았다. 이런 생각이 들자 오웰은 즉시 사표를 내버렸다.

오웰은 버마에서 영국으로 돌아온 직후 작가가 되기로 결심했다. 그는 인간 군상의 다양한 삶, 특히 노동자들과 밑바닥 인생들의 고단하고 힘든 삶을 예술로 다루어 그들의 삶을 개선하고자 했다. 그는 공허한 이론가가 되지 않기 위해 노숙자, 접시 닦이, 점포 점원, 농장 노동자 등으로 살았다. 그는 추운 겨울에 난방이 되지 않는 집에서 생활하고, 며칠씩 굶기도 했으며, 노숙자 보호소에서도 생활했다. 이런 경험 속에서 오웰은 자본주의 사회의 모순을 인식했고, 그 대안은 사회주의밖에 없다고 생각했다. 특히 유럽에서 파시즘의 세력이 커지자, 자본주의는 인간의 자유와 존엄을 짓밟은 파시즘을 막지 못한다고 생각하고 사회주의를 더욱 신봉하게 되었다.

작가가 되기로 결심한 후 《파리·런던의 밑바닥 생활》

(1933), 《버마의 나날들》(1934)을 비롯한 몇 편의 작품을 썼지만 별다른 반응을 얻지 못했다. 그가 작가로서 인정받기 시작한 것은 《위건 부두로 가는 길》(1936)을 발표하면서부터다. 이 작품은 원래 빅터 골란츠라는 좌파 출판업자가 불경기를 겪고 있는 잉글랜드 북부 산업 지대를 조사해달라고 요구하면서 시작되었다. 오웰은 2개월간 광부들과 함께 먹고 자고 생활하면서 느낀 점을 그대로 표현하면서, 사회주의 지식인을 날카롭게 비판했다. 그는 사회주의 지도자들이 자본가가 주도하는 현재의 문명을 전복하려 하면서도 노동자 문화를 이해하지 못하며 엘리트주의에 빠져 있다고 비판했다.

오웰은 에스파냐 내전에 참가하고 나서 이런 생각을 더욱 굳혔다. 에스파냐 내전은 오웰이 《위건 부두로 가는 길》을 집필하던 중에 일어났다. 우파인 프랑코가 히틀러가 이끄는 독일과 무솔리니가 이끄는 이탈리아의 지원을 받아 반란을 일으켰고, 정권을 잡고 있던 좌파 인민전선 정부는 소련과 여러 나라 공산주의자들의 지원을 받고 있었다. 따라서 이 전쟁은 파시즘을 지향하는 집단과 사회주의를 지향하는 집단이 벌인 역사상 최초의 이념 전쟁이었다. 각국의 지식인들은 자신의 이념을 지키기 위해 이 전쟁에 참전해야 한다고 생각했다. 미국의 헤밍웨이도 내전에 관여했으며 그 경험을 바탕으로 《누구를 위하여 종은 울리나》를 썼다. 훗날 에스파냐에서 오웰은 헤밍웨이를 잠깐 만나 술을 한잔하면서 이런저런 이야기를 나누기도 했다.

오웰은 《위건 부두로 가는 길》의 집필을 마치자마자 에스파냐로 향했다. 그는 사회주의의 이론적인 면, 특히 사회주의 내의 분파에 대해서는 크게 신경 쓰지 않았다. 그는 처음에 영국 공산당에 가서 추천서를 부탁했지만, 영국 공산당은 그를 믿을 수 없다며 거부했다. 그러고 나서 오웰은 독립노동당의 추천으로 에스파냐에 가게 되었다. 그런데 이 단체는 반스탈린파 공산주의자들과 트로츠키 추종자들로 구성되어 있었다. 당시 소련의 최고 지도자는 스탈린이었고, 소련이 인민전선 정부를 지원하고 있었기 때문에 에스파냐 내전에서 스탈린의 영향력은 막강했다. 스탈린은 프랑코의 반란을 물리치는 것도 중요하지만 자신을 반대하는 자들을 용납할 수 없다고 생각했다. 이 때문에 오웰과 그가 속했던 집단은 스탈린과 그의 지원을 받는 에스파냐 공산당에 의해 숙청되었다.

전방에서 직접 적군과 싸웠고, 적군의 총탄을 목에 맞아 중상까지 입은 오웰은 자신이 왜 숙청 대상인지 도무지 이해할 수 없었다. 오웰이 그 사실을 인정하든 안 하든, 이해하든 할 수 없든 공산당 비밀경찰은 오웰의 동료들을 잡아갔고, 오웰은 탈출을 감행한 끝에 겨우 목숨을 건질 수 있었다. 이때 오웰은 절대 권력과 전체주의의 위험성을 절절히 체험하고 그 체험을 살려 《동물 농장》(1945)과 《1984》(1949)를 썼다.[14] 두 작품의 성공으로 오웰은 엄청난 부와 명성을 차지했다.

물론 그가 거둔 성공보다 중요한 것은 기본적인 자유와 인간으로서의 존엄성이 절대 권력을 소유한 빅 브라더 혹은 리바이어던에 의해 짓밟힐 수 있다는 사실이다. 두 책에서 비판의 대상이 된 것은 스탈린 치하의 소련이었지만 오웰이 사회주의 자체를 포기한 것은 아니었다. 다만 그는 지식인들이 사회주의를 이상으로 꿈꾸고 있지만, 현실사회주의 체제, 특히 중앙집권화된 경제체제가 파시즘과 마찬가지로 부패한 권력이 되기 쉽다는 것을 지적했을 뿐이다.

이렇게 인간을 순수한 열정으로 사랑했던 조지 오웰은 사랑 또한 열정적으로 추구했다. '여자를 열정적으로'라고 표현하지 않은 것은 그가 청소년기 학창 시절에는 동성애를 추구했기 때문이다.

국왕 장학생으로 이튼스쿨을 다닐 때 조지 오웰은 동급

생 로버트 바비 롱던을 비롯한 몇몇의 남학생들을 사랑했다. 그러나 이때 동성애가 어떤 성격이었는지 명확하지 않다. 육체관계를 가졌다는 증거는 없으며 학창 시절이 끝난 후에는 자신이 동성애를 했다는 것에 대해 죄책감을 느꼈다. 아마도 동성애는 성장기의 지나가는 바람이었던 것 같고, 오웰은 이튼스쿨을 졸업한 후에는 계속해서 여러 여자를 사랑했다.

그는 제이신사, 엘리자-마리아, 브렌다, 엘리노어, 케이 웰턴 등 여러 여자와 사귀었다. 특히 엘리노어와는 공원 같은 곳에서 육체관계를 맺을 만큼 뜨거운 애정 행각을 벌였다. 그러다가 아일린 모드 오쇼네시라는 여자를 만났고 그녀를 열렬히 사랑하여 1936년 6월에 결혼했다.

결혼 당시 오웰은 이제 막 이름을 세상에 내민 작가에 불과했고, 《위건 부두로 가는 길》을 집필하고 있었다. 아일린은 옥스퍼드를 나온 명민한 처녀였지만 오웰에게 애정을 느껴서 정말 가난하고 몸도 약한 그와 결혼했고, 죽을 때까지 온갖 고생을 하면서 그를 뒷바라지했다. 그녀는 오웰이 에스파냐 내전에 참가하여 최전방에서 싸우고 있을 때 직접 전선으로 가서 오웰을 도왔고, 어릴 적부터 앓았던 폐병이 재발했을 때 극진히 간호했다. 또한 수입이 적고 일정치 않았던 살림을 돕기 위해 여러 가지 직업을 가졌다. 물론 오웰도 진심으로 사랑하며 늘 그녀에게 고마워했다. 그러나 늘 병마와 싸우던 오웰이 아니라 아일린이 먼저 죽었는데, 자궁 근종을 제거하기 위한 수술 과정에서 마취가 잘못되었기 때문이다. 아일린이 1945년 3월 29일에 세상을 뜨면서 약 9년간 이어진 그들의 결혼 생활도 막을 내렸다.

지금까지 살펴본 오웰의 성생활이 그리 특이한 것은 아니다. 물론 약간의 일탈이나 문제가 되는 경우는 있었다. 버마에서 경찰로 근무할 때 버마 여인들과 사랑을 나누었으며, 파리에서 빈민 생활을 할 때 창녀와 동거했고, 돈이 없어서 호텔에 들어가지 못하고 엘리노어와 공원에서 사랑을 나누었다. 아일린과의 결혼 생활 중에 두세 번 외도를 한 적도 있다. 그러나 이런 일은 서양의 남녀관계에서 흔한 일이며, 오웰이 특별히 바람둥이였거나 변태성욕자였던 것은 아니다. 주목을 끄는 것은 그의 마지막 사랑과 결혼이다.

아일린이 죽은 후 1년이 지난 1946년 오웰은 앤, 소냐, 실리아에게 차례로 구혼했다. 오웰은《동물 농장》인세 수입이 꽤 된다는 것을 부각시키면서 여자들에게 접근했지만, 세 여자는 모두 거부했다. 세 여자 모두 젊었는데, 오웰은 40세가 넘었고 나이보다 훨씬 늙어 보였다. 더욱이 오웰은 폐병으로 병약한 데다 타협할 줄 모르는 외고집이었다.

연이은 실연 후 오웰은 집필에 매진했지만 폐결핵으로 끝내 쓰러지고 말았다. 《1984》를 탈고한 직후인 1948년 11월 그는 각혈하기 시작했고 그 후 줄곧 병원 신세를 지게 되었다. 최신 약을 모두 투여해도 효과는 별로 없었고 하루하루 죽음의 그림자가 다가오고 있었다. 그럴수록 오웰은 더 살고 싶어 했다. 그때 예전에 청혼한 적이 있는 소냐가 그를 찾아왔다. 소냐는 문학 관련 일을 하고 있어서 오웰을 존경했고, 예전에 청혼을 거부한 데 대해 미안함을 느끼고 있었다. 오웰은 그녀에게 다시 청혼했다. 소냐는 오웰을 그리 사랑하지는 않았지만 경제적인 이유도 있었고, 무엇보다도 오웰을 돕고 싶은 마음에 청혼을 받아들였다. 그렇게 해서 둘은 1949년 10월 13일 결혼했다.

당시 오웰은 46세였고 소냐는 약 30세였으니 나이 차이가 많이 났을 뿐 아니라 죽음을 앞둔 사람이 그렇게 여자를 추구하는 것은 상당히 기괴해 보일 수 있는 일이었다. 오웰도 그런 상황을 잘 알고 있었기에 "다른 사람들은 소름 끼쳐 할 행동"이라고 말했다. 그러나 그에게는 더없는 행복이었다. 오웰은 "내겐 지금 사랑할 사람이 생겼어요"라고 자랑스럽게 이야기했다. 결혼 후 소냐는 날마다 그를 간호했고 둘은 꿈같은 세월을 보냈지만, 그 행복은 너무나 짧았다. 불과 석 달 만인 1950년 1월 21일 오웰이 죽었기 때문이다.

오웰은 20대 중반에 작가의 길에 들어선 후 20년을 가난과 고통 속에서 살다가 생의 마지막 1년을 남기고 초대형 베스트셀러를 터뜨렸다. 이제 막 돈 걱정 안 하고 살려는 순간 병에 걸려 죽었다. 그의 첫 아내는 행복을 누려보지 못했지만, 마지막 병상에서 만난 여자는 3개월 병간호 끝에 오웰의 모든 유산을 물려받았다. 물론 이런 생각은 본인들의 고통이나 번뇌를 무시한 것이므로 소용없지만, 오웰의 주변 사람들이 너무 불쌍하다는 생각이 든다. 그런데 왜 오웰은 불과 세 달을 함께할 여자를 얻기 위해 그토록 애태우며 사랑을 추구했을까? 조용히 인생을 정리하면서 죽음을 맞을 수는 없었을까? 이런 고민을 하다 보면 아우구스티누스가 아담과 하와에 대해 말했던 이야기가 생각난다.

왜 하느님은 하와를 만들었을까?

기독교가 오랫동안 성에 대해 부정적 인식을 갖고 있었다는 것은 잘 알려진 사실이다. 오웰의 두 번째 부인 소냐는 원래 남성에 대해, 좀 더 구체적으로 말하면 남자와의 성관계에 대해 약간의 혐오증을 갖고 있었다. 그녀는 로햄턴에 있는 세이크리드 하트의 수녀원에서 교육을 받았는데, 그 수녀원에서 수녀들은 자신들의 발가벗은 몸을 보지 않기 위해 기다란 흰 가운을 입은 채 목욕을 했다. 그리고 거울이 육체에 대한 관심을 키운다는 이유로 거울을 소지할 수 없었다. 잘 때에는 팔을 가슴 위에 포개고 반듯이 누워 자야 했는데, 그래야만 한밤중에 하느님이 그들을 데려가기 위해 오셔도 하느님을 잘 맞이할 수 있다고 생각했기 때문이다. 이렇게 성과 육체에 대해 억압적인 교육을 받은 소녀는 성에 대해 매력을 느끼면서도 죄책감을 느꼈고 남자들과 육체관계를 맺기가 힘들었다. 세계에서 가장 개명된 나라인 영국에서, 그것도 20세기에 수녀도 아닌 평범한 학생들에게 그런 교육을 했다는 것을 생각해보면 기독교의 성에 대한 집착이 놀라울 따름이다.

기독교의 모태 종교인 유대교는 성에 대해 어느 정도 긍정적인 인식을 갖고 있었기에 모든 성인으로 하여금 반드시 결혼하도록 했다. 그러나 초기 기독교는 예수가 독신으로 사셨고, 사도 바오로가 성욕과 성행위에 대해 부정적인 생각을 펼쳤기 때문에 금욕을 권장하고, 성욕을 부정적인 것으로 가르쳤다.

아우구스티누스 시절, 즉 4세기 말에서 5세기 초에 이런 경향이 더욱 강화되었다. 수도원과 수녀원이 여기저기에 세워졌고, 평신도라고 할지라도 결혼하지 않는 게 이상적이며, 결혼하더라도 평생 동정을 지키는 게 모범적인 것이라고 여겨졌다. 결혼 첫날 부부가 평생 동정을 지키기로 서약했고, 실제로 그랬다는 이야기들이 떠돌아다녔다. 예컨대 로마의 전통 귀족 출신으로 피니아누스와 결혼한 멜라니아는 남편과 결코 성관계를 맺지 않다가, 예루살렘에 가서 410년쯤에 수도원을 지었다. 중세에도 이런 이야기가 성행했다. 영국 여자 크리스티나 드 마르키아트는 1100년경 강제로 결혼했지만 첫날밤을 치르기를 거부했다. 그는 남편에게 옛 로마 시대에 금욕했던 유명한 부부 세실과 발랑텡의 이야기를 들려주면서 금욕하자고 주장했다. 그러다 남편이 기회를 엿보다가 강간하려고 하자 도망쳤다.[15]

아우구스티누스도 젊은 시절 성적으로 문제가 있는 생활을 하기는 했지만 가톨릭으로 개종한 후에는 평생 금욕하면서 수도사처럼 살았다. 그는 친구들과 나누었던 우정을 생각하면서 왜 하느님이 아담과 함께 살 여자를 만들었는지에 대해 의문을 제기했다. 그는 '만약 아담이 좋은 대화 상대가 필요했다면, 남자와 여자를 만드는 것보다는 남자

두 명을 만들어 친구로 삼게 하는 게 훨씬 좋았을 것이다'
라고 생각했다. 그의 바람과 달리 하느님은 아담이 외로워
보이자 남자를 한 명 더 만든 게 아니라 하와를 만들었다.
그런데 하와는 '지혜'로웠기 때문에 하느님이 따 먹지 말라
고 한 나무 열매를 따 먹고는 선과 악, 그리고 부끄러움을
알게 되었다.

　왜 아담은 하느님의 뜻을 잘 알고 있었는데도 하와가 선
악과를 따 먹을 때 그 '악행'에 동참했을까? 아우구스티누
스는 아담이 하와가 자신을 버릴까 봐 두려워서, 즉 홀로 되
는 게 두려워서 그랬을 거라고 생각했다.[16] 하와의 길에 동
참하면 하느님의 처벌을 받을 테지만, 하느님의 길을 가면
아담은 혼자가 되어야 한다. 아담은 하느님의 벌을 받더라
도 하와와 함께 하는 길을 선택한 것이다. 이렇게 생각하면
하느님이 아니라 하와를 사랑했던 아담이 참으로 의연한
인물로 생각된다. 그리고 아담이 하느님의 처벌보다도 여자
가 없는 게 더 두려웠을 거라고 생각한 아우구스티누스의
혜안이 돋보인다. 남자의 본성 속에 여자를 향한 열망이 그
토록 강하기에 괴테나 오웰도 죽기 직전까지 새로운 여자
를, 새로운 사랑을 추구했던 것이 아니겠는가.

　다른 방식으로 생각해볼 수도 있다. 아담이 하와의 길에

동참했던 것, 그리고 하와를 그토록 갈망했던 것은 하와가 자기 신체의 일부이기 때문이다. 아담에게 하와는 자기의 갈비뼈로 만들어졌기에 자신의 DNA가 복사된, 또 다른 자기alter ego이다. 하와가 없다면 아담의 삶은 한없이 불완전하고 무의미해진다. 따라서 아담은 하와가 꼭 필요했고 하느님의 명령을 어길 수밖에 없었던 것이다.

평균수명이 늘어나면서 노년에 홀로 되는 사람들이 많아지고 있다. 이들의 사랑 문제에 대한 '관용'이 필요하다. 앞으로 살날이 얼마 안 남았는데 무슨 사랑인가, 법적인 문제는 어떻게 할 것인가 등을 생각하며 노년의 사랑을 가로막아서는 안 될 것이다. 내일 죽을지라도 오늘 누군가를 발견하고 사랑에 헌신할 수 있다면, 그는 마음이 따뜻하고 열정이 넘치는 사람일 것이다.

2부

신과 함께한 시간들

1
보름달이 뜨면 나타나는 늑대 인간

달에 대한 동서양의 상반된 인식

고대부터 한국인들은 달, 특히 보름달을 숭배해왔다. 음력에 따르면 한 해의 시작은 정월 대보름이다. 대보름달이 한 해의 첫 만월滿月이기 때문이다. 우리 민족의 양대 명절 중 하나인 추석에도 보름달이 뜬다. 다들 아름다운 보름달을 보고 소원을 비는 것을 보면 한국인 나아가 동양인이 보름달을 신성하게 여겼음을 알 수 있다.

그런데 서양인들은 보름달을 숭배하기는커녕 악마적인 것으로 생각한다. 늑대 인간은 서양의 여러 소설이나 영화,

민담의 소재가 되어왔다. 그런 이야기 속에서는 멀쩡한 사람이 보름달만 뜨면 늑대로 변한다. 보름달이 사람을 미치게 하거나 악마로 만들 수 있다는 생각은 단순히 고대나 중세의 전설에 그치지 않는다. 지금도 많은 서양인들은 보름달이 그런 효과를 갖고 있다고 생각하고 있으며 이에 대한 사회적·심리적 연구도 활발하다.

왜 보름달이 인간의 악한 모습을 드러나게 할까? 영어 사전을 펼쳐보면 더욱 궁금해진다. 루나르lunar는 '달의' 혹은 '달의 영향을 받은'이라는 의미를 갖고 있는데 이 말에서 파생된 루너틱lunatic은 광인, 정신 이상자, 광기의, 미치광이를 뜻한다. 영화나 소설뿐 아니라 언어에서도 달은 미친 것과 밀접한 관련이 있는 것이다.

이런 관념과 달리 고대 문명이 본격적으로 발달하기 전에는 달이 모양새에 상관없이 늘 신성한 것 혹은 무언가 소중한 것으로 여겨졌다. 많은 고대인이나 원시 부족 들은 초승달이 뜰 때면 새로이 달이 뜬 것을 축하했다. 에스키모는 초승달이 뜨면 잔치를 베풀었고, 부시먼은 초승달을 환영하는 춤을 추었으며, 게르만인은 초승달이나 보름달이 뜰 때가 일을 시작하기에 가장 상서로운 시기라고 생각했다.[1]

고대 메소포타미아의 관습을 채택한 유대인도 보름달이

뜨는 날을 주요 축제일로 정했다. 그들의 최고 명절인 유월절은 니산월 보름날에 치러진다.[2] 예수는 바로 이날 전날에 십자가에 못 박혔다.

전통이 깊은 이슬람교도 고대인들의 달에 대한 긍정적인 생각을 현대까지 보존하고 있다. 그들은 라마단 기간에 뜨는 초승달을 소중히 여기며, 달의 움직임에 기초한 순수 태음력을 사용하고 있다. 13세기 이래 이슬람 세력은 달을 자신들의 상징물로 만들었으며 터키를 비롯한 여러 이슬람 국가의 국기에는 초승달이 그려져 있다.

왜 이렇게 초승달이 융숭한 대접을 받았던 걸까? 달 신 숭배를 발달시킨 고대 메소포타미아인은 보름이 지나고 달이 서서히 이울다가 그믐이 되면 사라지는 현상을 달이 저승에 갇혔다고 이해했다. 그리고 초하루가 되면 저승에 갇혔던 달이 부활한다고 생각했다. 달 신을 숭배하는 사람들은 달이 부활하는 초하루를 신성하게 생각했던 것이다.[3] 그렇다면 보름달이 악마적인 것을 대변한다는 관념은 언제부터 생겨났을까? 서양의 여러 신화를 살펴보면서 이 문제를 고민해보자.

태양보다 달을 숭배한 수메르인

초기 고대 세계에서 달은 숭배의 대상이었다. 서양 신화의 원류가 되는 메소포타미아 특히 수메르 신화에서 달의 신 난나의 부정적인 면은 보이지 않는다. 난나는 사람들의 운명을 결정하는 일곱 신 중 하나다. 수메르 신화에 따르면 하늘의 신 안이 땅의 신 키를 아내로 삼고 대기의 신 엔릴을 낳았다. 엔릴은 대기의 여신 닌릴과의 사이에서 달의 신 난나를 낳았다. 그리고 난나가 태양의 신 우투와 금성의 신 인안나를 낳았다.

이런 출생 순서에 따르면 달의 신이 태양의 신보다 위계가 높다. 실제 수메르인은 이런 관념을 갖고 있었는데, 이는 그들이 신들의 중요성을 표시하기 위해 매긴 숫자에서 드러난다. 그 숫자에 따르면 하늘의 신 안은 60, 대기의 신 엔릴은 50, 달의 신 난나는 30, 태양의 신 우투는 20이다. 태양신 우투가 달의 신 난나보다 서열이 낮은 셈이다.[4]

이는 수메르인이 달을 숭배했음을 의미한다. 실제로 그들의 창세 신화에서 먼저 세상을 비춘 것은 태양이 아니라 달이었다. 수메르인은 왜 달이 먼저 세상을 비추었다고 생각했을까? 여러 가지를 생각할 수 있다.

먼저 밤하늘의 모습을 떠올려보자. 맑은 날 밤에 하늘을 보면 달이 하늘 가운데 떠 있고 그 뒤로 수많은 별이 자리하고 있다. 달은 별들의 '왕', 우주의 중심으로 보인다. 또한 달은 태양보다 친근한 존재였다. 달은 쉽게 관찰할 수 있는 모습으로 변하며 사람들이 그 변화를 쉽게 이해할 수 있는 반면, 태양은 늘 고정된 것처럼 보이고 사람들이 그 이동을 이해할 수 없다. 그 때문에 태양은 실질적으로 인간의 생활에 도움이 되지 못했다. 즉 계절의 변화나 시간의 변화를 측정할 수 있는 준거를 제공하지 못했다. 따라서 표면적으로 보면 달이 세상의 변화를 주관한다고 생각될 수 있다.[5] 수메르인은 달의 이런 효용을 알아보고 달이 태양보다 중요하다고 여겼다.

　달과 늘 짝이 되는 것이 태양이다. 여러 종족의 신화를 보면 달과 태양은 같이 태어났으며 경쟁 관계에 있는 경우가 많았다. 에스키모 신화에 따르면 태양과 달은 어느 해안가에 살던 오누이였다. 짓궂은 오빠가 괴롭히자 여동생이 사다리를 타고 하늘로 올라가 태양이 되었고, 여동생을 쫓아간 오빠는 달이 되었다. 달이 된 오빠가 굶주리자 태양이 된 동생이 음식을 주어 살려냈으나, 오빠가 또 잡으려들자 동생이 빵을 빼앗아 결국 오빠는 죽고 만다. 여기서 달은 사악한 존재로 등장하나, 에스키모 신화가 서양 문명에 영향을 끼쳤을 것 같지는 않다.

고대 이집트와 바빌로니아의 달

최초로 태양을 숭배한 사람들은 이집트인이었다. 그들이 태양을 숭배했던 것은 지리적 특성 때문이다. 이집트인의 젖줄인 나일강은 규칙성으로 유명하다. 이집트에서는 우기와 건기가 뚜렷하게 구분되고 나일강은 매년 우기인 6월에서 10월 사이에 범람한다. 나일강은 범람할 때 상류의 흙을 실어 와 하류에 뿌려주어 땅을 기름지게 만들었다. 이 때문에 이집트인들은 나일강의 범람을 정확하게 측정하여 농사의 효율성을 높이고 싶었다.

그들은 나일 강둑의 진흙에 커다란 갈대를 꽂아두고 언제 물이 불어나는지를 표시했다. 이를 나일 수위계 Nilometer라고 한다. 이집트인들은 나일강 수위의 규칙적인 변화를 통해 시간의 변화를 알 수 있었다. 수십 년간 이 변화를 관찰하던 이집트인들은 나일강이 범람하기 시작할 때 큰개자리의 별인 시리우스, 즉 천랑성 Dog Star이 정확히 새벽하늘의 태양이 떠오르는 자리에 뜬다는 것을 알게 되었다. 덕분에 이집트인들은 태양이 1년이라는 시간을 주재한다고 생각하게 되었다. 이 점에 착안하여 그들은 태양력을 만들었고 태양을 숭배했다.

이집트 신화에서 분명 주요 신은 태양신이다. 이집트의 태양신은 다음과 같이 말했다. 이를 통해 이집트에서 태양신이 세계의 창조자로서 우월한 지위를 확보했다는 사실을 분명히 알 수 있다.

> 나는 하늘과 땅의 창조자이고, 산과 물과 바다의 창조자이고, 사랑의 근원인 '어머니가 되는 암소'의 창조자다. 나는 신들에게 영혼을 주고, 눈을 밝게 한 자이고, 나일강에 물이 흐르게 하는 자이고, 시간과 날짜와 해의 제삿날을 정하는 자이고, 나일강에 홍수를 일으킨 자이고, 물을 만들고 집에 음식을 마련해주는 자이고, 아침에는 헤펠라, 낮에는 라, 저녁에는 툼이라고 불리는 자다.[6]

그렇다면 달은 어떤 존재였을까? 다소 의외지만, 이집트에서는 달도 긍정적인 존재였다. 이집트인들이 매우 중요시하는 토트라는 신이 있는데, 이 신이 바로 달의 신이다. 지혜와 창조의 신으로 숭배되기도 하는 토트는 지혜의 신인

따오기나 따오기의 머리를 가진 인간으로 표현되는데, 이때 따오기의 굽은 부리가 초승달을 상징한다. 토트는 참으로 여러 가지 모습을 가지고 있다. 그는 태양신 라의 장남이고, 이시스의 형제며, 호루스의 보호자다. 세트 신이 오시리스를 죽였을 때, 그는 오시리스의 아내인 이시스를 도와 호루스를 지켰다. 이집트인들이 만든 〈사자의 서〉에 따르면, 태양신 라는 자신이 '지하 세계의 축복받은 자들을 비추는' 동안, 토트에게 자기를 대신해서 하늘을 지배하라고 명령했다. 그래서 태양이 가라앉으면 즉시 달이 떠서 세상을 비춘다. 이집트에서도 달은 결코 부정적이거나 악마적인 존재가 아니었던 것이다.

어떤 학자들은 수메르인의 뒤를 이은 바빌로니아인의 신화에서 최초로 태양과 달이 대립적인 개념으로 등장한다고 이야기한다. 분명 바빌로니아 신화는 그렇게 생각할 여지가 있다. 후대에 남성 위주로 각색된 바빌로니아 신화에 따르면 창조의 신은 마르두크다. 태초에 끝없이 광활하고 엄청나게 깊은 심연이 있었다. 그 심연 가장 깊은 곳에 흉측한 용의 모습을 한 여신 티아마트가 있었다. 밝은 빛의 무리들은 심연에서 올라와 천상에서 살고 있었다. 그 선한 존재들 가운데 먼저 라흐므와 라하무가 생겨났고, 다시 그들 사이에서 안샤르와 키샤르가 생겨났다. 다시 이 둘 사이에서 천상의 신 아누와 물의 신 에아가 태어났다.

암흑의 신 티아마트는 천상에서 선한 존재들이 번성하는 것을 보고, 그들과의 일전을 준비했다. 그녀는 바다 깊은 곳에서 괴물 군단과 사악한 용들을 불러 모았다. 안샤르 신을 비롯한 선한 신들은 좋은 말로 그들을 타이르려고 했으나 악한 신들은 이에 응하지 않았다. 그리하여 안샤르는 에아의 아들인 마르두크 신에게 우주 만물의 통치권을 주고, 선한 신들의 힘을 모아 악한 신들과 싸우도록 했다. 마르두크는 악한 신들을 물리치고 그 대장인 티아마트를 죽였다. 그러고는 티아마트의 시체를 갈라 그 한 조각으로 땅을 만들고, 다른 한 조각으로는 천상을 덮는 하늘을 만들었다. 그리고 창공에 등불을 달았는데, 대낮을 만드는 으뜸 빛인 니비루와 밤에 은은한 빛을 내는 난나루를 만들었다.[7]

이렇게 바빌로니아 신화는 이원적인 구도를 갖고 있다. 즉 선악의 대립이 뚜렷하고, 결말은 선한 신이 승리하여 세계를 지배하는 것으로 되어 있다. 훗날 조로아스터교가 이 신화를 계승했다. 조로아스터교는 선한 신 아후라마즈다와 악한 신 아리만의 대립으로 세계 역사가 진행되며, 결국 선한 신 아후라마즈다가 승리하여 모든 사람이 부활한다고 믿는다. 물론 조로아스터교의 선한 신과 악한 신은 자연의 형상을 갖지 않는 초월적인 존재라는 점에서 바빌로니아의 초기 신화와 질적으로 다르다.

바빌로니아에서도 달이 악한 존재라는 개념은 아직 등장하지 않았다. 마르두크가 승리하고 악한 신을 몰아냈을 때 달을 만들었고, 그 달도 빛을 내기 때문에 선한 신들의 편에 속한다. 다만 바빌로니아 신화에서는 악의 신들이 어둠을 지배하고, 어둠과 밝음의 대립으로 세계 역사가 진행된다. 이 때문에 밤에 뜨는 달이 어둠의 지배자라는 생각을 갖게 했을 수도 있다. 특히 조로아스터교가 불을 숭배했다는 점은 이후 태양신 숭배의 발전에 영향을 끼쳤을 것이다.

고대 그리스, 보름달과 악마가 연관되다

이제 그리스·로마 신화를 살펴보자. 사실 수메르·바빌로니아·이집트 신화는 현존하는 자료가 단편적인 데다 체계적이지 못하기 때문에 지금까지의 논의가 추론에 지나지 않을 수도 있다. 반면 그리스·로마 신화는 방대한 자료와 나름의 체계를 갖추고 있다.

그리스 신화에서 달은 아르테미스, 헤카테, 루나, 셀레나

등으로 불린다. 헤카테가 그믐달을, 루나가 보름달을 가리
킨다고 하지만, 여러 명칭이 혼용될 때가 많았다. 헤카테는
호메로스의 작품에는 나오지 않으며 헤시오도스의 작품에
서야 등장하는데, 원래는 헤시오도스의 고향인 보이오티아
지방의 지모신이었다.

헤카테의 출생은 여러 가지로 이야기된다. 티탄족인 아스
테리아와 페르세스의 딸이라는 설이 가장 우세하지만, 제
우스의 딸이라는 설도 있고, 밤의 여신 닉스가 낳았다는 이
야기도 있다. 헤시오도스에 따르면 헤카테는 제우스가 매우
존경한 여신으로, 땅과 바다에 대한 지배권을 갖고 있었다.
시간이 흐르면서 헤카테는 저승과 결부되었다. 그녀는 저승
세계의 여왕으로서 한밤중에 지옥의 개들을 데리고 나와
십자로나 세 갈래 길에 나타났다. 따라서 그녀는 횃불을 든
채 무서운 개를 데리고 세 갈래 길에 서 있는 모습으로 자
주 표현되었다.

고대인들은 세 갈래 길이나 십자로가 생의 중요한 결단
을 요구하는 곳이라고 생각했다. 그곳에서 여러 길이 나뉘
고, 어느 길을 선택하느냐에 따라 인생이 달라질 수 있기 때
문이다. 유명한 오이디푸스 신화에서 오이디푸스가 친아버
지 라이오스를 죽인 곳도 삼거리 길이었다. 고대인들은 그

런 곳에 악마와 마녀가 살고 있기 때문에 제물을 바쳐 그들을 달래야 한다고 믿었다.

헤카테가 달과 깊이 관련된 것은 사람들이 그녀를 세 갈래 길의 신이라고 믿었기 때문이다. 밤에 여행하는 사람들은 달에 의지할 수밖에 없었다. 헤카테가 달의 여신으로서 정체성을 점차 확립해가면서 사람들은 그녀가 완전한 자태를 드러낼 때, 즉 보름달이 뜰 때 그녀에게 제물을 바쳤다. 헤카테는 달, 그리고 밤과 일치되면서 점차 유령과 마법의 여신으로 변했고, 사람들은 그녀가 악마의 영역을 관장한다고 믿었다. 즉 초기에 그녀는 밤의 방랑자를 보호하는 신이었지만, 밤길을 걷던 사람들은 세 갈래 길에서 제물을 바치면서 두려움과 공포를 그녀에게 전이시켰다. 그 결과 헤카테는 두려움과 공포의 대상이 되었으며, 밤과 어둠을 지배하는 신이 되었다.

그녀는 마술과 주술을 주관하는 신으로 여겨지면서 "보통 페르세라 불리는 키르케[8]의 어머니가 되었고 특히 모든 마녀의 여시조가 되었으며 메데이아는 그녀의 특별한 보호를 받았다".[9] 그리하여 고대 그리스에서 헤카테는 초기의 긍정적이고 선한 모습을 잃어버리고, 마술을 지배하는 악하고 무서운 여신이 되었다.

"붉은 달 blood moon이 뜨는 날, 여신 헤카
테가 저승의 개를 이끌고 나타나 저주를
뿌린다."

- 고대 그리스 신화

사람들은 그녀가 밤에, 특히 보름달이 뜰 때 활동한다고 여겼다. 즉 보름달이 사람을 미치게 한다는 생각은 그리스 시대에 시작된 것이다.

달이 부정적인 의미를 갖게 된 까닭은?

헤카테는 왜 보름달, 저승, 밤과 연계되면서 부정적인 의미를 갖게 되었을까? 원시시대부터 사람들은 달을 여자와 결부시켰다. 원시시대의 남자들은 생리하는 여성과 성관계하는 것을 두려워했으며, 자신들이 성행위를 포기하고 있는 동안 밤마다 달이 여성과 잠자리를 같이한다고 생각했다.[10] 원시인의 심성을 물려받은 고대·중세인은 여자 몸의 특징이 달의 특징과 일치한다고 생각했다. 여성의 생리주기가 29.5일인데 이 주기가 곧 달의 주기와 일치한다고 여긴 것이다. 많은 의사, 과학자 들이 이런 생각을 전파했다. 그 영향을 받은 사람들은 여성을 달과 일치시켰고, 여성이 밤과 어두운 지옥을 상징한다고 믿게 되었다. 이런 믿음이 여성에 대한 부정적인 인식을 확대하지 않았을까.

이런 변화는 최초의 지모신이자 창조의 신이던 여신들이 악한 존재로 바뀐 것과 관련이 있다. 바빌로니아 신화에서

최초의 창조신이자 만물의 어머니인 티아마트는 원래 선한
존재였다. 그녀는 자식들을 죽이려는 남편 압수를 말리려
고 애썼다. 훗날 그녀는 사악한 신의 대명사가 되었으며 온
갖 괴물을 낳아 선한 신들을 죽이려 했다. 티아마트뿐 아니
라 구석기 말기 이래 인류가 숭배했던 지모신들은 생산의
신이자 선한 신이었거나, 최소한 선악의 개념이 없는 신이
었다. 그러나 농경 사회가 발달하고 계급 분화가 심해진 철
기시대에 부권 중심적인 사회가 성립되었고, 이러한 사회는
신화마저 부권 중심적으로 만들어버렸다. 즉 남신들이 지모
신들을 제치고 최고신이 되었으며, 여신들은 무능력하거나
악한 존재가 되어버렸다.[11]

　이러한 현상은 모두 남성이 여성을 지배하는 체제를 확
고히 수립한 것과 깊은 관련이 있다. 남자들은 신석기시대
이후 생산 활동과 무력행사를 통해 사회를 지배하게 되자,
그때까지 전해 내려오던 신화와 전설, 민담 등을 조작하여
그들의 지배 이데올로기를 정당화하기 위해 노력했다. 그
과정에서 기존에 긍정적인 이미지를 갖고 있던 여성 신들
이 부정적이고 탐욕스러운 악마로 변해버렸다.[12]

　고대 종교들이 이와 같은 변화를 주도했는데,[13] 서양에서
는 기독교가 이런 역할을 맡았다. 로마 시대에 기독교가 중

심 종교로 발달하면서 헤카테와 밤, 그리고 달에 대한 부정적인 인식이 더욱 확대되었다. 특히 아우구스티누스는 저서 《신국론》에서 세계를 신의 나라와 악마의 나라의 대립으로 설명했으며, 이교도 신들을 악마의 나라에서 활동하는 존재로 비하했다. 여기서 주목되는 것은 아우구스티누스를 비롯한 초기 교부들이 악마가 끊임없이 선한 존재, 특히 기독교 신자들을 공격하고 있다고 생각했다는 점이다.

이들의 생각은 중세의 가장 큰 이단이었던 마니교와 일맥상통한다. 마니교는 조로아스터교의 영향을 크게 받은 종교로, 조로아스터교와 같이 선한 신과 악한 신의 대립으로 세계 역사가 진행된다고 주장했다. 마니교는 광명의 신이 최후에 승리를 거둘 테지만, 현세에서 악마는 광명의 신과 동등한 힘을 가지고 있다고 설명했다.

이 마니교는 로마제국 말기부터 중세까지 큰 세력을 이루고 있었으며, 중세 성직자들은 마니교를 공격하는 데 혈안이 되어 있었다. 그럼에도 마니교는 중세인들의 심성을 장악하고 있었다. 그들은 신이 존재하듯 악마도 존재한다고 생각했으며, 악마는 매우 현실적인 존재여서 늘 인간의 모습과 유령의 모양을 하고 세상에 나타난다고 믿었다. 악마는 끊임없이 변장술을 부리며 나타나 사람들을 유혹하고,

때로는 선한 자들을 억압한다. 그리고 온갖 마법을 부려 기적을 일으키는데, 때때로 악한 자들의 몸으로 들어가 그를 자신의 대리자로 삼는다. 그렇게 악마와 관계를 맺거나 악마를 자신의 몸으로 불러들인 자들이 바로 마녀이고 마술사다.

이렇게 믿은 중세인들은 밤을 초자연적인 위험이 존재하는 시간이라고 생각했다. 밤은 유령과 악마가 활동하는 시간이므로, 온전한 사람이라면 밤에 외출하거나 노동해서는 안 되었다.

독일의 연대기 작가 티트라르는 11세기 초 중세인들이 믿었던 유령에 대한 이야기를 많이 전하는데, 이런 이야기도 있다. "신이 산 자에게 낮을 주었듯이 죽은 자에게 밤을 주었다."[14] 그 밤에 마녀들은 빗자루를 타고 숲으로 날아가 악마와 성관계를 맺고, 온갖 축제를 열었다. 이렇게 밤은 악마의 시간이었고, 그 밤의 주재자인 달은 악마적인 존재였다. 따라서 중세에는 '낮과 같이 아름다운'이라는 관용구가 많이 사용되었다.

보름날이면 늑대가 되고픈 남자들

보름날에 사람이 늑대가 된다는 이야기로 돌아가 보자. 세계 여러 지역에 퍼져 있던 그런 관념은 단순히 상상의 산물이 아니라 중요한 사실을 반영하고 있다. 이를 알려주는 이야기가 있다. 보름날에는 인간만이 아니라 영장류 가운데 하나인 마다가스카르 호랑이꼬리여우원숭이도 미치곤 했다. 이 원숭이의 암컷들은 본능적으로 생식 주기를 일치시키는데, 보통 1년에 한 번 보름달이 뜨는 날 밤이면 발정기의 절정에 이른다. 암컷들이 발정하면 모든 수컷이 흥분해서 날뛰고, 환한 보름달 아래 집단 섹스 파티를 벌였다. 이런 일이 호랑이꼬리여우원숭이에게만 일어나는 것은 아니다. 최근 과학자들의 연구에 따르면 지구에 존재하는 많은 양서류가 보름달이 뜬 날 일제히 짝짓기를 한다. 이를테면 개구리, 두꺼비 등은 보름달이 뜬 날 한곳에 모여 집단 짝짓기를 하곤 한다.[15]

이런 현상은 인간에서도 관찰된다. 인간의 암컷 즉 여자들도 일찍부터 집단적으로 생리 주기를 일치시켰다. 다시 말해 여자들은 무리를 이룰 경우 생리 주기를 일치시켜 남성에게 공동으로 대응했다. 이는 특정한 날에만, 그것도 여

성을 위해 큰 희생을 한 남성에게만 성행위를 허락하기 위한 전략이었다.[16]

물론 여성들이 인위적으로 월경 주기를 일치시킬 수 있는 것은 아니고, 달이 미묘한 영향을 끼쳐 그들의 월경 주기를 일치시키는 것이다. 인공조명으로 여성의 생리 리듬이 바뀌기 전에는 월경의 평균 주기가 29.5일로 달의 주기와 정확히 일치했다.[17] 이렇게 보면 여성의 생리 주기는 아마도 달빛과 관련되며 현대에는 조명과 관련이 있다. 여성들은 일찍부터 달과 그들의 몸이 깊은 관련이 있다는 것을 알고 있었기 때문에 월식 때면 집단으로 모여 "달아, 이겨라"를 외치며 달을 응원하곤 했다.[18]

더욱이 여성들은 주기를 29.5일로 맞출 뿐 아니라 동시에 생리를 했다. 즉 집단 내의 모든 여성이 거의 동시에 생리를 시작했다가 멈췄다. 그들은 초승달이 뜨는 시기에 생리를 시작했고, 보름달이 뜰 때면 배란이 이루어져 성적 에너지가 최고조에 달했다. 따라서 원시인들은 보름달이 뜨는 날 호랑이꼬리여우원숭이처럼 뜨겁게 사랑을 나누었을 것이다. 이 때문에 많은 아이들이 보름달이 뜬 날에 수태되었다.[19]

인간에게는 이런 날이 매달 찾아왔다. 집단 광란의 날이

호랑이꼬리여우원숭이에게는 1년에 단 한 번이었지만, 인간에게는 열두 번 있을 수 있었던 것이다. 훗날 문명이 발달하여 성욕을 맘껏 발산할 수 없어진 남자들은 그날 다시 '늑대'로 돌아가고픈 욕구를 느꼈다. 이런 욕구가 인간 사회 저변에 강렬하게 흐르고 있었기 때문에, 그토록 많은 문화의 여러 시대 사람들이 보름달이 뜨는 날을 특별한 날로, 위험스러운 날로 인식했던 것이다.

왜 하필 늑대가 되었을까?

지금까지 달이 점차 부정적인 의미를 갖게 되었고, 보름달이 광적인 에너지를 발산하여 정상적인 사람들조차 알 수 없는 신비에 휩싸이게 만든다는 사실을 살펴보았다. 이제 보름달이 뜰 때 늑대 인간이 나타난다는 이야기는 이해할 수 있을 것이다. 그런데 왜 사자나 표범이 아니라 늑대로 변한 걸까?

사람이 늑대로 변할 수 있다는 생각은 그리스 신화의 한 대목에서 최초로 등장한다. 펠로폰네소스 반도의 중앙에 있는 아르카디아에 리카온 왕이 살았다. 그는 무척 경건한 인물이어서 종종 신들이 그를 방문하곤 했다. 그의 아들들은 아버지를 방문하는 낯선 이들이 정말 신인지 시험해보고 싶어서 어린아이들을 죽여 음식으로 내놓았다. 그 자리에 있던 제우스는 분노하여 리카온의 아들들을 모두 죽이고 리카온을 늑대로 만들어버렸다.[20] 그렇게 하여 남자와 늑대는 서로 바뀔 수 있는 대상이 되었다.

　그러나 이 이야기는 어디까지나 신화여서 중요한 의미를 갖기는 힘들다. 그리스 신화가 만들어지던 시절에는 인간과 동물의 경계가 뚜렷하지 않아서, 신의 왕인 제우스도 수시로 짐승으로 변했으니 말이다. 그런데 실제 역사 속에서 사람들이 늑대로 변했다는 이야기가 전해온다. 역사의 아버지 헤로도토스는 이렇게 전한다.

　　　스퀴타이족과 스퀴티스에 사는 헬라스인들에 따르면 네우로이족은 누구나 매년 한 번씩 며칠 동안 늑대가 되었다가 도로 사람이 된다고 한다. 나는 물론 이 이야기를 믿지 않지만 그들은 사실이라고 우기며 맹세까지 한다.[21]

　네우로이족은 슬라브족의 일족으로 드네프르강과 부크강 유역에 살았다. 따라서 늑대 인간의 전설은 슬라브족에서 기원한 민간신앙이었을 것이다. 그들이 늑대로 변해 무엇을 했는지에 대해서는 기록이 없기 때문에 전혀 알 수 없다. 특별히 사악하고 괴이한 행동을 하지는 않았던 것 같다. 그런 행동은 사람들의 이목을 끌었을 테고, 그랬다면 기록에 남았을 가능성이 높기 때문이다.

늑대 인간의 전설은 중세에 유럽 전역으로 퍼져나갔다. 이 사실은 1692년 위르겐스부르크에서 열렸던 재판에서 확인된다. 이 지역의 농부였던 80대 노인 티스Thiess가 재판정에 서서 자신이 '늑대 인간'이라고 주장한 것이다. 티스의 진술에 따르면 그는 다른 늑대 인간들과 함께 늑대로 변해 바다 끝에 있는 지옥으로 가서 악마, 마녀 들과 싸웠다. 이런 늑대 인간은 티스의 동네뿐 아니라 독일과 러시아 지역에도 있었다.[22]

인간이 어떻게 늑대가 될 수 있단 말인가? 티스라는 노인이 거짓말을 했을까? 그렇지는 않다. 그는 자신과 동료들이 늑대로 변해 그런 '전투'를 주기적으로 치른다고 확신했다. 왜냐하면 꿈 혹은 환각 속에서 늑대로 변한 자신의 모습을 보았기 때문이다. 티스가 그런 환상을 보았다는 것은 늑대 인간 전설이 널리 퍼져 있었음을 말해준다.

중세 교회는 이와 같은 민중 신앙에 어떻게 대처했을까?

기독교 지도자들은 세상에 늑대가 너무 많아서 민중이 이런 이상한 소리를 한다고 생각했다. 그래서 교회는 가능한 한 늑대를 많이 없애려고 했다. 1114년 산티아고 데 콤포스텔라 종교회의는 늑대 사냥법을 제정했다. 이 법에 따르면 부활절과 성령 강림절을 제외한 토요일마다 사제와 기사, 농민이 늑대 사냥에 나서야 했다.[23]

여기에는 티스로 대변되는 민중과, 재판관들로 대변되는 엘리트의 갈등과 대립이 나타나 있다. 원래 민중은 태곳적부터 여러 민간신앙을 갖고 있었다. 고대 말에 기독교가 세상을 지배하면서 민중은 그런 신앙을 '기독교화'했다. 즉 자신들의 원래 신앙에 기독교의 색채를 입히고는 그것이 하느님이 허용한 신성한 관습이라고 주장했다. 예컨대 고대 로마인은 친척을 매장한 후 기념일이 되면 친척의 무덤에 가서 기념 의례를 치렀다. 그 기념 의례는 작은 축제와 같아서 상당히 많은 술과 춤이 동반되었다. 기독교를 받아들인 로마인은 이 관습을 버리지 않고 조금 수정해서 유지했다. 그들은 음주를 약간 줄임으로써 그 관습을 하느님이 허락했다고 생각했다.[24]

늑대 인간 이야기도 이러한 기독교화의 한 현상이었을 것이다. 고대 유럽 일부 지역에 인간이 늑대가 될 수 있다는 민간신앙이 있었는데, 중세 기독교인 가운데 일부가 이 신앙을 기독교식으로 변형했다. 그들의 생각에 늑대는 사나운 짐승이므로 사람도 늑대로 변한다면 '유능한 싸움꾼'이 될 수 있을 것 같았다. 그들이 유능한 싸움꾼이 되고 싶었던 이유는 악마와 싸우기 위해 강한 힘이 필요했기 때문이다. 이렇게 민중은 늑대 인간 신앙을 자신들의 방식으로 오랫동안 유지했다.

늑대 인간 신화는 어떻게 완성되었을까?

중세 지식인들은 이런 민간신앙을 크게 제어하지 않았지만, 16세기에 종교개혁이 시작되면서 신교 지도자들은 중세 가톨릭 내에 존재하는 이런 민간신앙을 '미신'으로 규정하고 적극적으로 뿌리 뽑으려 했다. 신교의 지도자 칼뱅은 교회에 있던 성상이나 성화는 물론 십자가상까지 없애라고 명령했다. 가톨릭 지도자들도 신교의 이런 주장 가운데 상당 부분을 받아들였으며 중세 민간신앙 가운데 존재하는 '미신'을 철폐하려고 했다. 티스의 재판에서 재판관들이 티스를 악마의 사냥개로 규정하고 그를 미신과 우상을 숭배하는 자라고 몰아세웠던 것도 바로 이런 움직임의 일환이었다.

물론 근대 초에 벌어진 이 민간신앙과 엘리트 신앙의 전투에서 승자는 지배층이었다. 엘리트들은 민간신앙을 천박하고, 사악하며, 근거 없는 미신으로 규정해버렸다. 그리하여 민간신앙은 부정적이고 어두운 색채를 띠게 되었다. 16~17세기 이후 늑대 인간 신앙에도 이러한 윤색 작업이 수행되었다.

고대부터 인간이 늑대가 될 수 있다는 관념이 퍼져 있었지만, 늑대 인간이 반드시 사악하다는 관념이 있었던 건 아니다. 늑대로 변한 인간은 악한 일을 하기도 했지만 때로는 아무런 나쁜 짓도 하지 않았다. 늑대 인간 신앙을 갖고 있던 중세 슬라브족의 관습에 따르면 원래 늑대 인간은 자살하거나 교회에서 파문당한 사람이었다. 그들은 제대로 된 매장 의식을 받지 못했으며, 그 때문에 무덤에 누워 있다가 밤이 되면 늑대가 되어 사방을 돌아다녔다. 이들은 특별히 나쁜 짓을 하지 않았으며, 교회의 용서를 받으면 늑대 인간이 되지 않고 영원한 휴식을 누릴 수 있었다. 티스의 늑대 인간도 그랬다. 그 늑대 인간은 사악한 존재가 아니라 하느님을 위해 일하는 일꾼이었다.

16~17세기 지식인들은 다소 미신 같고 이교도적인 민간

신앙을 더는 용인할 수 없었다. 그들은 그런 신앙이 사악한 미신이므로 반드시 버려야 한다고 주장하기 시작했다. 그리고 종교라는 권력을 동원하여 엉터리 증거를 제시하면서 멀쩡한 사람을 늑대 인간이라고 재판하여 죽이기도 했다. 16~17세기에 늑대 인간으로 붙잡혀 재판을 받고 처형된 사람들이 여럿 있는데, 그 예로 1589년에 처형당한 페터를 들 수 있다. 그는 법정에 끌려가 고문을 당한 후 다음과 같은 판결을 받았다.

> 페터는 25년간 마녀와 음행을 했을 뿐 아니라 딸 베라와 근친상간을 했다. 그는 띠를 하나 가지고 있어 그것을 몸에 두르면 늑대가 되었다. 그러나 띠를 풀면 그는 인간의 모습으로 되돌아왔다. 그는 늑대의 모습으로 5~6세의 아이 열세 명을 죽이고 먹었다.[25]

이렇게 근대의 지배자들은 민중 속에 퍼져 있던 이교적인 믿음을 이단으로 규정하고 뿌리 뽑으려 했고, 늑대 인간은 더욱더 부정적인 색채를 띠게 되었다. 이 과정에서 늑대 인간 신앙과 보름달 신앙이 연계되었다. 보름달이 뜨는 날은 어찌 보면 신비롭고, 또 어찌 보면 사악한 기운이 터져

나올 듯하다. 바로 그날 사악한 자들이 악마의 기운을 받아 늑대 인간으로 변해 사방을 돌아다니면서 온갖 흉악한 짓을 벌인다. 16세기 이후 이런 민간신앙이 유럽 전역에 널리 퍼져 늑대 인간 신화가 완성되었다.

2

다산의 여신과 신을 낳은 여인

최고의 불가사의, 아르테미스 신전

고대 그리스인들은 여행을 좋아했다. 그리스인들은 지중
해의 검푸른 바다를 건너 사방으로 나아갔고 흑해 연안, 소
아시아, 남부 이탈리아, 프랑스 남부 지역에 식민 도시를 건
설했다. 더 멀리 아라비아와 인도까지 간 여행자들도 있었
다. 헤로도토스는 《역사》에서 메소포타미아 지역의 여러 종
족에 대해 상세히 기록해놓았다. 그는 자신이 직접 가서 본
것을 기록했다고 말했는데, 그 말이 사실인지는 의문이다.
어쨌든 많은 그리스인이 사방을 여행하고 그 경험을 알려

준 덕분에 헤로도토스가 대작을 쓸 수 있었을 것이다.

그리스인들은 여행 중에 도저히 인간이 만들었다고 볼 수 없는 거대한 건축물을 보곤 했다. 그들은 이성으로 해명이 불가능한 위대한 건축물을 불가사의라고 불렀다. 당시 불가사의한 건축물로는 쿠푸왕의 대피라미드, 고대 바빌론의 공중정원, 올림피아의 제우스 상, 에페소스의 아르테미스 신전, 할리카르나소스의 마우솔루스 왕 능묘, 로도스의 거상, 알렉산드리아의 파로스 등대가 으뜸으로 꼽혔다. 이 가운데 에페소스의 아르테미스 신전에 대해 재미있는 이야기가 전해온다.

에페소스는 소아시아에 있는 그리스 도시로 기원전 6세기부터 상업의 요충지로 번성했다. 로마제국 시절에는 로마에서 네 번째로 큰 도시로 인구가 25만 명이나 되었다.[1] 이곳은 철학자 헤라클레이토스(기원전 535년경~기원전 475년경)와 시인 히포나크를 배출한 곳이었고, 무엇보다 아르테미스 신전으로 유명했다. 아르테미스 신전은 리디아 왕 크로이소스(재위 기원전 560~기원전 546)가 에페소스를 정복하기 전부터 있었다. 크로이소스가 이곳을 공격할 때 에페소스인들은 아르테미스 신전에서 성벽까지 줄을 쳐서 도시를 지켜달라고 아르테미스 여신에게 기도를 드렸다.

그들의 기도에 정성이 부족했던지 아르테미스는 도와주지 않았고, 에페소스는 쉽게 함락되어버렸다. 그러나 에페소스를 정복한 크로이소스는 아르테미스 신전을 파괴하지 않았다. 당시 동쪽에서 페르시아의 세력이 커지고 있었기 때문에 크로이소스는 포용 정책을 펴서 에페소스 시민들의 협력을 얻고, 나아가 소아시아에 널리 퍼져 있는 그리스인들의 도움을 받아 페르시아에 맞서려 했다. 이런 계산으로 크로이소스는 그리스인의 신전들에 많은 봉납물을 바쳤다. 그의 봉납물은 엄청난 규모였는데 아르테미스 신전에는 황금 소 조각상과 다수의 기둥을 바쳤다. 크로이소스가 기둥들을 바쳤다는 것으로 보아 아마 그가 아르테미스 신전을 증축했을 것이다.

　아르테미스 신전의 증축 사업은 120여 년이나 계속되었다. 완성된 아르테미스 신전은 가로 70미터, 세로 130미터, 높이 20미터의 규모로 파르테논 신전보다 네 배나 컸다. 하얀 대리석을 깎아 만든 기둥 133개가 이오니아식으로 세워져 지붕을 떠받쳤다.[2] 신전이 완성되자 그 명성이 지중해 세계로 뻗어나갔으며 사방에서 사람들이 신전을 방문했다.

　아르테미스 신전이 유명해지자 이상한 생각을 하는 사람이 나타났다. 헤로스트라토스는 무슨 일을 해서든 후세에 이름을 남기고 싶었다. 기원전 356년 10월 그는 아르테미스 신전에 불을 질렀다. 아르테미스 신전은 크게 훼손되었고, 헤로스트라토스는 붙잡혀 재판을 받고 사형당했다. 재판정에서 그는 이름을 남기고 싶어 불을 질렀다고 말했다. 에페소스인들은 그의 이름을 기록하지 못하게 함으로써 그의 소원을 무산시키려 했지만, 로마 시대의 지리학자 스트라본이 그의 이름을 후대에 전했다.

이렇게 사악한 짓을 해서라도 이름을 남기려는 사람은 결코 드물지 않았다. 《군주론》을 남긴 마키아벨리는 "찬양할 만한 일을 해서 남보다 두드러지기가 어려운 사람들 중 일부는 수치스러운 행동을 해서라도 명성을 쟁취하려고 한다!"[3]라고 말하여, 많은 인간의 욕망 깊은 곳에 그런 욕구가 꿈틀거리고 있다는 사실을 예리하게 지적했다.

아르테미스 신전 방화 사건에서는 꼭 짚고 넘어갈 게 있다. 고대 세계에서 신전은 원래 신이 사는 집이다. 아르테미스 신전에는 아르테미스 신이 거주한다고 생각하여 많은 사람이 그녀에게 복을 빌거나 병의 완치를 기원했다. 그렇다면 그 못된 사람이 불을 지를 때 아르테미스 여신은 무엇을 하고 있었기에 자기 집도 지키지 못했을까? 전승에 따르면 아르테미스 여신은 처녀 신이지만 출산을 돕는 일을 맡고 있었다. 이 관념은 매우 강력해서 100년 전까지도 출산을 앞둔 그리스 여인들은 이 여신에게 제물을 바치면서 순산을 기도했다.[4] 신전이 불타던 밤, 인류 역사상 위대한 영웅이 될 알렉산드로스가 태어나게 예정되어 있었다. 아르테미스는 자신의 신전을 지키는 것보다 알렉산드로스의 출산을 돕는 게 더 중요하다고 생각하여 잠시 신전을 떠나 알렉산드로스의 출산을 도왔다.[5]

물론 이 이야기는 어디까지나 전설이다. 아무튼 신전이 불타버리자 에페소스인들은 큰 충격을 받았다. 그들은 즉각 모금에 착수했다. 이때 여인들은 보석과 귀금속을 팔았고 다른 도시의 여러 왕도 많은 기부를 했다. 이 돈으로 에페소스인들은 아테네의 파르테논 신전보다 네 배나 큰 신전을 지었다. 스트라보의 기록에 따르면 기원전 334년 알렉산드로스 대왕이 이 신전을 방문했다가 그 웅장함에 감격하여 신전 건축 비용을 모두 지불할 테니 자신이 신전을 건축한 것으로 해달라고 요청했다. 에페소스인들은 신(알렉산드로스를 말함)이 신들에게 제물을 바치는 것은 합당하지 않다고 말하며 정중히 거절했다.

그 후 새로 완성된 신전의 위대함에 대해 시인 안티파테르는 이렇게 노래했다.

나는 일찍이 그 위에 전차가 달릴 수 있는 길이 있는 바
빌론의 높은 성벽을 보았다. 또한 알페이우스가 만든 제
우스의 신상, 공중 정원, 태양신의 조각상, 힘들게 만든
거대한 피라미드를 보았다. 그러나 구름을 향해 솟아오
른 아르테미스 신전을 보았을 때 그것들은 모두 시시하
게 생각되었다. 올림포스 밖에서 태양은 그로록 위대한
것을 비출 수 없을 것이다.[6]

안티파테르의 시는 고대의 7대 불가사의 가운데 아르테
미스 신전이 으뜸이었다는 사실을 보여준다. 이 위대한 신
전에 얽혀 있는 다른 사연을 살펴보자.

아마존 여전사들의 고향 에페소스

로마 역사가 폴리니우스는 원래 아르테미스 신전은 아마
존 여성들이 지었다고 전한다. 아마존은 '가슴이 없는'이라
는 뜻이다. 이 이름은 전설적인 여전사들이 창을 던지는 데
방해되지 않도록 오른쪽 유방을 잘라버렸기 때문에 생겨났
다. 여자만으로 구성된 전사 집단이 실재했는지는 알 수 없
지만 그리스인들은 이들의 존재를 믿고 있었다. 아마존 여

성들은 그리스 신화에 자주 등장한다. 헤라클레스가 과오를 씻기 위해 받은 아홉 번째 과제가 아마존 여왕의 거들을 가져오는 것이었다. 호메로스의 《일리아스》에 따르면 트로이의 왕자 헥토르가 죽은 뒤 기마 여인들이 트로이를 구하기 위해 왔다. 이들은 말을 타고 달리면서 활을 쏘고 창을 던지며 용감하게 싸웠다. 그리스의 영웅 아킬레우스가 여왕 펜테실레이아를 죽인 뒤에야 그녀들의 기세가 꺾였다.

그리스인 중에는 아마존 여인들이 그리스의 규범을 거부하여 세상 끝 어딘가에 살고 있다고 믿는 사람들도 있었고, 그들이 소아시아 북부의 테미스키라와 같이 특정한 지역에 산다고 믿는 사람들도 있었다. 아마존 여인들의 것으로 전하는 무덤들이 메가라, 아테네, 칼키스 등에 있었던 것으로 보아 아마존 여인들에 대한 믿음이 널리 퍼져 있었던 것 같다. 여자들로만 구성된 이 집단도 번식을 위해 남자가 필요했다. 이들은 이웃 부족의 남자들이나 포로들과 정을 통해 아이를 낳았는데, 남자아이가 태어나면 죽이거나 노예로 삼았다. 포로로 잡아 온 남자들에게는 집안일과 아이 돌보는 일을 맡겼다.

스트라보는 아마존 여인들이 소아시아 여러 지역에 거주지를 만들었다고 전하는데, 그중 하나가 바로 에페소스다.

아마존 여인들은 아르테미스 여신을 숭배했다. 아르테미스가 처녀들의 수호신이었기 때문이다. 아르테미스는 처녀성을 철저히 지키려고 했기 때문에 자신의 나체를 보았다는 이유만으로 악타이온을 사슴으로 변하게 하여 사냥개의 먹이가 되도록 만들었다고 한다.

에페소스의 아르테미스 신상은 기이하기 짝이 없다. 가슴에 스물네 개나 되는 유방이 달려 있는데, 이는 다산과 풍요의 상징이다. 그리스인들이 이곳에 처음 도착했을 때 원주민들은 풍요와 다산을 상징하는 지모신을 숭배하고 있었다. 그 지모신의 신상이 아르테미스와 닮았다고 생각한 그리스인들은 선주민들의 지모신 숭배를 아르테미스 숭배로 바꾸었다. 이 때문에 아르테미스의 신상은 허리 위까지 수많은 젖가슴을 늘어뜨리게 된 것이다.

아르테미스 신전을 파괴한 기독교 신자들

기독교 신자들도 에페소스와 인연이 깊다. 에페소스는 일찍이 유대 땅에서 발흥한 기독교가 사방으로 전파될 때 초기 중심지 가운데 한 곳이었다. 초기 기독교 시절의 위대한 선교사 사도 바오로가 이곳에서 활동했는데 그의 선교 활동 때문에 에페소스에서 소요가 일어났다. 소요를 주도한 사람은 아르테미스 신전에 신상을 만들어 바치는 테메트리오스였다. 〈사도행전〉에 따르면 그는 이렇게 말했다.

> 여러분, 여러분도 알다시피 우리는 이 사업으로 잘 살아 왔습니다. 그런데 바오로라는 자가 사람의 손으로 만든 것은 신이 아니라고 말하면서 이 에페소스에서뿐 아니라 거의 아시아 전역에서 많은 사람을 설득하여 마음을 돌려놓았다는 사실을 여러분은 보고 들었을 것입니다. 이대로 가다가는 우리의 사업이 타격을 입게 될 뿐 아니라 위대한 여신 아르테미스 신당이 괄시를 받게 되고 마침내는 온 아시아와 온 세계가 숭상하는 이 여신의 위신이 땅에 떨어지고 말 테니 참으로 위험합니다.[7]

이 짧은 인용문은 다신교를 믿었던 로마인과 기독교의 심각한 충돌을 보여주는 최초의 자료다. 이 자료에 따르면 에페소스인들이 아르테미스 신전에서 예배드릴 때 사도 바오로와 그의 동료들이 '사람의 손으로 만든 것이기에 신이 아니다'라고 말하면서 아르테미스 신에게 예배드려서는 안 된다고 주장했다. 일부 에페소스인들은 바오로의 말에 감동

받아 아르테미스 숭배를 중단했지만, 대다수의 에페소스인은 바오로의 공격적인 선교에 분노했다. 에페소스 사람들은 "에페소스의 여신 아르테미스 만세!"라고 외치면서 바오로를 죽이려 했다. 에페소스 시장의 만류로 군중의 소요는 중단되었지만 이 일로 바오로는 이곳을 떠나야 했다.

이렇게 아르테미스 숭배는 바오로의 선교에도 흔들리지 않고 계속되었다. 그로부터 350년이 지난 후에야 상황이 바뀌었다. 392년 로마 황제 테오도시우스가 다신 숭배를 금하고 로마의 모든 시민에게 오로지 기독교만을 믿으라는 칙령을 내렸다. 이에 크게 고무된 기독교 신자들은 제국 각지에서 다신교도들이 세운 신전과 다신 숭배와 관련된 시설들을 무자비하고 철저하게 파괴했다. 아르테미스 신전은 401년에 파괴되었다. 그해 크리소스토모스라는 기독교 지도자가 수많은 기독교 신자를 몰고 가 신전을 부숴버렸다. 이 때문에 사람들은 오랫동안 아르테미스 신전의 존재를 제대로 알지 못했다. 1874년이 되어서야 영국인 와트가 신전을 발굴하여 옛 모습을 알 수 있게 되었다. 지금은 신전을 떠받치던 133개의 기둥 중 하나가 복원되어 서 있다.[8]

그러나 현대 에페소스의 여행 안내서들은 사실을 심하게 왜곡하고 있다. 고트족이 아르테미스 신전을 파괴해서 폐허가 되어버렸다는 진술이 많은 반면, 기독교 신자들의 파괴에 대해서는 별다른 언급이 없는 경우가 많다. 이런 진술이 전혀 틀린 것은 아니다. 기원후 260년대 소아시아를 침입한 고트족이 아르테미스 신전을 약탈하고 파괴한 적이 있기 때문이다. 그렇지만 고트족의 약탈 후에도 아르테미스 신전은 서 있었고, 그 신전을 최종적으로 파괴한 사람들은 분명 기독교 신자들이었다.

에페소스에서 '신의 어머니'로 선포된 마리아

한 가지 더 언급할 게 있다. 초기 기독교의 전승에 따르면 성모 마리아가 말년에 에페소스로 와서 사도 요한과 더불어 살았다. 이 때문에 에페소스의 남쪽 부르부르산 꼭대기에 성모 마리아를 기리는 마리아의 집이 있다. 마리아가 정말 이곳에서 죽었는지는 알 수 없지만, 확실한 것은 431년에 열린 에페소스 공의회에서 마리아가 신의 어머니로 선포되었다는 사실이다. 예수 사후 초기 기독교는 예수가 인간인가, 신인가에 대해 논란을 거듭하던 끝에 그를 신으로 인정했다. 예수가 신으로 규정되면서 마리아의 지위가 다시 문제가 되었다. 예수가 신이라면 마리아는 인간을 낳았는가, 아니면 신을 낳았는가의 문제였다.

안티오키아파 출신의 네스토리우스는 428년에 콘스탄티노폴리스의 주교가 되었다. 당시 콘스탄티노폴리스의 주교 직은 교황과 더불어 기독교 세계를 이끄는 중요한 자리였다. 그런데 네스토리우스는 기독교 세계에 마리아에 대한 숭배가 팽배한 것을 염려했다.[9] 그의 주장에 따르면 성자 안에 신성과 인성이 나란히 공존하는데, 두 본성은 별개의 실체이며 단지 정신적인 측면에서 연합했을 뿐이다. 따라서 인간적인 측면에서 보면 그리스도는 여느 인간과 완벽하게 같은 존재로서 태어나고, 성장하며, 십자가에서 고통을 당한 것이다. 만약 마리아가 하느님을 낳았다고 말한다면 그리스도의 인성이 손상될 수 있다.[10] 이런 생각을 가지고 네스토리우스는 "누구도 마리아를 하느님의 어머니라 부르지 못하게 하라. 마리아는 그저 인간일 뿐이며 하느님이 인간에게서 출생한다는 것은 불가능하다"고 설교했다.

알렉산드리아 출신의 사제들이 네스토리우스의 주장에 반기를 들었다. 그들은 "말씀(성자-지은이)이 사람이 되셔서 우리와 함께 계셨는데 우리는 그분의 영광을 보았다"는 〈요한복음〉 1장 14절에서 출발했다. 이들은 하느님이 인간이 되셨기에 예수 안에 신성과 인성이 공존하지만, 두 속성은 결합을 통해 하나의 본체를 이룬다고 주장했다. 이 생각에 따르면 예수는 완벽한 하느님이 인간으로 태어나신 분이다. 따라서 마리아는 하느님을 낳은 하느님의 어머니다. 431년 열린 에페소스 공의회에서 네스토리우스는 이단으로 판결받았고 알렉산드리아 학파가 승리했다.

그 결과 마리아는 '신의 어머니'로 선포되었다. 아르테미스는 풍요와 다산의 상징이었으며, 소아시아에서는 대지모신이자 창조의 신으로 여겨졌다. 아르테미스의 신전이 있던 에페소스에서 예수의 어머니 마리아가 '신의 어머니'로 선포된 것은 단순한 우연이었을까?

3
하늘에서 내려온 편지

문맹자가 허다하던 시절

184년경 하이집트에서 일어난 사건이다. 어느 날 타마우이스Tamauis 마을 사람들이 페타우스Petaus를 찾아갔다. 페타우스는 프톨레마이스 호르무Ptolemais Hormou 마을과, 인접한 네 마을을 맡은 마을 서기였다. 마을 서기는 나라의 명령을 전달하는 한편 마을 사람들의 출생, 사망, 세금 납부 상황 등을 상급 관청에 보고했고, 마을에서 일어나는 거래, 채무 등을 감독하거나 보증하면서 돈을 받기도 했다. 이집트 정부는 백성을 직접 상대하는 이 직책을 상당히 중시했으며,

직무의 공정한 수행을 위해 고향 사람에게는 서기 직을 맡기지 않았다.

타마우이스 마을 사람들은 자기네 마을의 서기 이스키리온Ischyrion이 글을 잘 몰라 손해를 끼쳤다고 생각했다. 그래서 페타우스를 찾아가 이스키리온이 작성한 문서들을 보여주면서 그가 글을 제대로 아는지 판별해달라고 부탁했다.

그 문서들을 점검한 페타우스는 "이스키리온은 자신이 작성한 문서들에 직접 서명했으므로 그의 직무 수행에는 잘못된 것이 없다"라고 대답했다. 그런데 페타우스가 남긴 문서를 보면 이스키리온을 "글을 제대로 모르는 이ἀγράμματος"라고 부른 것을 확인할 수 있다. 이스키리온은 겨우 자기 이름이나 쓸 줄 알았지, 글을 제대로 알지는 못했던 것이다. 페타우스는 그런 사람이라도 직무 수행에는 큰 지장이 없다고 판단했던 모양이다.

그런데 타마우이스 마을 사람들을 안심시킨 페타우스의 대답에는 동업 정신의 발로 외에 다른 이유가 있었다. 사실 페타우스 자신이 글을 잘 몰랐다. 흔치 않은 일이지만 페타우스가 다루었던 파피루스 문서가 27개 남아 있는데, 거기에는 134개의 텍스트가 담겨 있다. 이 자료는 상급 관리들이 보낸 각종 명령서와 그가 작성한 문서들로 구성되어 있다. 그가 작성한 문서는 사망증명서, 출생증명서, 각종 부역을 할 사람들의 목록, 사적인 편지 등이다.

이 가운데 기이하고도 재미있는 문서가 있다. 페타우스는 연습장에 조잡한 필체로 한 문장을 열두 번이나 반복해서 썼다. 이 사실은 그가 글을 제대로 쓰지 못해서 부단히 노력했음을 보여준다. 그가 연습한 문장은 '마을 서기인 나 페타우스가 제출합니다 ΠΕΤΑΥΣ ΚΩΜΟΓΡΑΜΜΑΤΕΥΣ ΕΠΙΔΕΔΩΚΑ'이다. 이 짧은 문장을 쓰면서 페타우스는 두 가지 실수를 반복한다. 그는 두 번째 단어의 마지막 글자를 틀리게 썼고, 마지막 단어의 첫 글자도 잘못 썼다. 특히 마지막 단어에서 범한 오류는 그가 글을 잘 몰랐다는 사실을 명확히 보여준다. 그가 다섯 번째 쓸 때부터 마지막 단어의 첫 글자를 빼먹더니 이후 계속 빼먹었기 때문이다. 페타우스 본인도 그의 이름이나 겨우 쓸 줄 알았고, 글자를 조금 읽기는 했으나 기본적인 단어조차 정확하게 쓸 줄 몰랐던 것이다. 따라서 페타우스는 이스키리온이 업무를 제대로 수행했다고 말할 수밖에 없었다.

이 사건은 고대인들의 문자 해독률이 얼마나 낮았는지를 단적으로 보여준다. 페타우스는 다섯 마을을 맡고 있었고, 이스키리온도 아마 그랬을 것이다. 그렇다면 두 사람은 약 열 개의 마을에서 가장 똑똑한 지식인이었다. 그들은 기본적인 단어도 못 쓰면서 서기 직을 맡았고 유식한 사람으로 대접받았다. 두 사람이 맡은 마을에서 그들이 제대로 글을 읽고 쓰는지 판단할 수 있는 사람은 한 명도 없었다. 이것이 고대 일반적인 마을의 상황이었다. 정확히 알 수는 없지만, 당시 글을 쓸 수 있는 사람은 대략 인구의 1퍼센트밖에 되지 않았을 것이다.

무엇이든 희귀하면 값어치가 올라가기 마련이다. 고대 이집트에서 글을 읽고 쓰는 게 얼마나 귀한 일이었는지 보여주는 자료가 있다. 고대 이집트의 한 아버지는 아들을 학교에 보내면서 여러 가지 직업의 고단함에 대해 자세히 이야기한다. 예컨대 대장장이에 대해서는 "나는 대장장이가 화로 옆에서 일하는 것을 보았다. 그의 손가락은 악어가죽 같고 그에게서는 썩은 생선보다 더한 냄새가 난다"라고 말했다. 반면에 서기에 대해서는 고단한 노동을 하지 않을 수 있는 "왕자 같은 직업"이라며 "그의 필기도구와 두루마리 책들은 유쾌함과 부를 가져다준다"고 했다.[1]

이 말은 결코 허튼소리가 아니다. 고대부터 지금까지 이른바 '펜대를 굴리는' 사람들이 얼마나 행세하고 있는가. 이런 사실을 생각하다 보면 소크라테스의 경고가 생각난다. 소크라테스는 문자의 창조자인 토트 신에게 "당신은 사람들에게 진정한 지혜가 아니라 지혜의 모양만을 주셨습니다. 그들은 많은 것을 읽겠지만 교훈을 얻지 못할 테고, 많이 아는 것처럼 보이겠지만 실제로는 아무것도 알지 못할 것입니다"라고 말했다.[2] 소크라테스의 이 말은 문자의 양면성을 설명하는 것이지만, 문자가 특정한 사람들의 이익을 위해 이용되는 것을 경계하는 말이기도 하다.

역사상 지배층은 문자를 통치와 선전의 수단으로 삼으면서, 피지배층이 글을 배우는 것을 금기시했다. 예컨대 미국의 노예 소유주들도 노예가 글을 배우지 못하게 했다. 글을 배운 사람은 '머리가 커서' 주인의 말을 듣지 않을 가능성이 크다는 사실을 알았기 때문이다.

글자도 모르면서 성경을 베껴 쓰는 고역

유대교는 '책의 종교'라는 별명을 갖고 있는데, 여기에는 나름의 이유가 있었다. 고대인들은 신에게 제물을 바치고 여러 가지 의례를 행함으로써 신들이 보호해주고 복을 내려주기를 바랐다. 그런 신들은 초인간적 존재였지만, 특별히 도덕적인 존재는 아니어서 신자들에게 어떻게 행동하라고 요구하지는 않았다. 예외적으로 조로아스터교, 마니교를

비롯한 몇몇 종교의 신들은 윤리성을 추구했고, 신자들에게
여러 가지 의무를 요구했다. 대개 고대 종교의 경전에는 그
런 의무 사항이 담겼다. 이 점에서 유대교는 다른 어떤 종교
보다도 뛰어났다. 유대교의 신 야훼는 신자들이 지켜야 할
613개의 의무를 정하고, 준수할 것을 요구했다. 신자들은
그 계명을 제대로 알기 위해 수시로 책을 읽곤 했고, 그 모
습이 특이하게 보였다. 그 때문에 유대교에 '책의 종교'라는
별명이 붙은 것이다.

유대교의 '자매' 종교인 기독교도 책의 종교였다. 1세기
이래 기독교 신자들은 《신약성경》이라는 새로운 문서를 만
들어 끊임없이 읽으면서 신앙의 원칙을 확립하고자 노력했
다. 기독교 신자들은 특히 코덱스라는, 책의 새로운 형태를
보급한 것으로 유명하다. 유대인들은 파피루스나, 두루마리
로 만든 양피지에 경전을 기록했던 데 반해, 기독교 신자들
은 2세기부터 큰 낱장 파피루스(드물게는 양피지)에 글을 쓴
후 그 낱장들을 묶어 책으로 만들었는데 그것을 코덱스라
고 한다. 코덱스 형태를 취하면 책 한 권에 많이 기록할 수
있고, 휴대하고 다니면서 읽기에도 편하다.

'책의 종교'인 기독교를 책임지는 최전선의 전사는 필사
자들이었다. 잘 알려져 있다시피 15세기 중반 구텐베르크

가 금속 활자를 개량하여 실용적인 인쇄술이 발달하게 된다. 그 전에 모든 문서는 필사자들이 일일이 손으로 베껴 썼다. 지금도 글자를 모르는 상태에서 베껴 쓰려면 힘들지만 고대에는 더욱 그랬다. 모든 글자가 대문자로 쓰여 있었는데, 띄어쓰기가 전혀 되어 있지 않았고, 마침표 같은 문장부호도 거의 없었기 때문이다. 따라서 고대의 문서를 필사하려면 상당한 학식, 아니 아주 대단히 높은 학식이 필요하다. 언어를 배운 사람이라면 긴 문장에서 띄어쓰기 하나를 달리하면 뜻이 완전히 달라진다는 것을 분명히 알고 있는데, 그 띄어쓰기를 제대로 하기가 매우 어렵기 때문이다.

2~4세기 기독교 세계에서 필사자를 전문적으로 교육하는 기관은 없었고, 기독교 신자들 가운데 글을 읽을 수 있는 사람들이 필사를 담당하곤 했다. 이 아마추어 필사자들은 필사를 하는 과정에서 수많은 오류와 실수를 범했고, 그 때문에 초기 기독교 신자들이 보던 성경은 지역별로 크게 차이가 났다. 3세기의 기독교 신자 오리게네스의 다음 말은 이런 사실을 여실히 보여준다.

사본들에 지나치게 차이가 많이 난다. 이것은 일부 필사자들의 부주의와 일부 필사자들의 뻔뻔함 때문이다. 그들은 자기들이 베낀 것을 한 번 더 검토하는 데 소홀하거나 아니면 점검하는 과정에서 자기 마음대로 말을 덧붙이거나 삭제해버렸다.[3]

오리게네스는 초기 기독교의 가장 위대한 교부로 삼위일체를 비롯한 주요 교리의 기초를 닦은 인물이다. 그는 학식이 매우 높았을 뿐 아니라 예수의 가르침을 제대로 실천하기 위해 노력했다. 그는 남성을 괴롭히는 악마, 즉 성욕을 없애기 위해 스스로 고자가 되었고, 신앙을 지키기 위해 감옥살이하다가 생긴 후유증으로 죽었다. 그런 인물이 기독교 필사본이 너무나 차이가 크다고 말했으니, 이 말은 결코 거짓이 아닐 것이다.

후대의 일이기는 하지만 기독교의 많은 필사자가 무식했음을 보여주는 재미있는 사례가 있다. 14세기, 한 필사자가 〈누가복음〉 3장을 베껴 쓰고 있었다. 여기에는 하느님에서 예수에 이르기까지 예수의 족보가 길게 쓰여 있다. 필사자가 사용한 원본은 두 개의 문단으로 되어 있었다. 그런데 필사자는 두 문단을 차례로 꼼꼼하게 필사하는 게 아니라 두 문장을 어지럽게 왔다 갔다 하면서 단어들을 마구 섞어가며 필사했다. 그리하여 예수의 족보가 아주 어지럽게 되어버렸는데, 그가 만든 필사본에서 세상을 창조하시고 모든 인류의 시초가 되시는 분은 하느님이 아니라 베레스라는 인간이었다. 그리고 하느님은 아람이라는 사람의 아들이 되어버렸다.[4] 이는 필사자가 전혀 글자를 몰랐고, 대강 글자를 보아가며 '베껴 쓴다'는 단어의 문자적 의미 그대로 베껴 썼기 때문에 일어난 일이다. 모든 기독교 필사자가 이렇게 무식하지는 않았지만, 하느님을 아람의 아들로 만들어버린 그 필사자도 다른 사람들에게는 자신이 글을 안다고 행세했을 것이다.

필사는 수도사들의 중요한 임무였다

서양의 고대인은 원래 파피루스에 글을 썼다. 파피루스는 나일강을 비롯한 지중해 연안의 여러 지역에서 나던 풀인데, 그것을 가공하여 만든 필기 재료도 파피루스라고 불렀다.[5] 파피루스라는 말에는 두 가지 의미가 있는 셈이다. 고대 도시 비블로스는 페니키아의 도시로 파피루스의 거래로 번창했기 때문에 비블로스라고 불렸다. 바로 이 도시의 명칭에서 바이블 Bible 이라는 단어가 나왔다. 결국 바이블이라는 단어는 파피루스라는 풀의 이름에서 유래한 셈이다.[6]

고대 말 중세 초에 주요 필기 재료가 파피루스에서 양피지로 바뀌었다. 이러한 변화는 유럽인이 양피지라는 새로운 필기 재료를 발명했기 때문이 아니다. 파피루스처럼 양피지도 고대 동방에서 필기 재료로 사용되었다. 전하는 바에 따르면 고대 소아시아에서 번성했던 페르가뭄 왕국의 유메네스 왕(기원전 197~기원전 159)이 알렉산드리아에 버금가는 도서관을 세우려고 했다. 이에 반발한 이집트인들이 페르가뭄으로 가는 파피루스 수출을 중단했다. 유메네스는 이러한 위기를 극복하기 위해 송아지 가죽을 필기 재료로 개발했고, 이후 송아지나 양의 가죽을 가공하여 만든 필기 재료를 양피지라고 부르게 되었다. 양피지를 영어로는 parchment라고 하는데 이는 페르가뭄에서 만들었다는 뜻인 '페르가메네'에서 유래한 것이다.[7]

이렇게 기원전 2세기에 개발된 양피지는 파피루스를 보조하는 필기 재료로 쓰이게 되었다. 그렇지만 양피지로 책을 만들면 비용이 너무 많이 들었기 때문에 정말 특별한 책이 아니라면 양피지로 책을 만드는 일은 흔치 않았다. 그런데 중세로 넘어가면서 서양 사람들은 파피루스를 구할 수 없게 되었다. 7세기에 이슬람 세력이 지중해를 장악하면서 유럽과 지중해의 직교역이 중단되었기 때문이다. 벨기에의 역사학자 앙리 피렌느는 이 현상을 주목하고 고대에서 중세로의 이행은 이슬람이 지중해를 장악하면서 이루어졌고, 그 주요 증거 가운데 하나가 필기 재료가 파피루스에서 양피지로 넘어간 것이라고 주장했다.

피렌느의 주장이 어느 정도 맞는지 학자들 사이에 논쟁이 있기는 하다. 특히 파피루스 문제에 있어서 최근 연구에 따르면 11세기까지도 소량이지만 파피루스의 수입이 지속되었고, 파피루스가 필기 재료로 계속 사용되었다. 하지만 파피루스의 수입이 소량이었고, 주요 필기 재료가 양피지로 바뀌고 있었던 것은 명확한 사실이다.[8] 따라서 피렌느 주장의 대강은 여전히 유효하다고 생각된다.

필기 재료로 양피지를 쓰게 되면서 책은 지식 전달의 수단이기보다는 그 자체로 중요한 '재산'이나 '보물'이 되었다. 책을 만드는 데 너무 많은 비용이 들었기 때문이다. 일반적으로 양피지라고 통칭하는 가죽은 양, 염소, 송아지의 가죽을 무두질하여 가공한 것을 말한다. 책 한 권을 만들려면 양피지 수십 장이 필요했고, 그러자면 수십 마리의 가죽을 도살해야 했다. 성경 한 권을 만들려면 보통 200~300마리의 양이 필요했다. 중세에는 가죽이 매우 귀했는데, 양 한 마리의 가격은 보통 노동자의 10여 일 치 일당에 해당했다.

따라서 성경 한 권을 만드는 데 필요한 양피지를 얻기 위해서는 노동자의 급여를 몇 년 치 모아야 했다.

중세 책이 비싼 데는 또 다른 이유가 있었다. 중세인들은 책의 내용보다 외관과 모양새를 중시해서 책을 화려하게 장식하곤 했다. 그들은 양피지를 자주색으로 염색하고, 금색 또는 은색 잉크를 사용했으며, 책의 본문에 총천연색으로 화려하고 섬세한 화보를 그려 넣곤 했다. 지금도 컬러 도판을 넣으면 책값이 올라가기 마련인데, 중세에는 색깔을 만들어내는 데 많은 돈이 들었다. 금색을 만들기 위해서는 진짜 금을 작은 가루로 만들어야 했는데, 금색이 많이 들어간 책이 그만큼 가치가 높다고 생각했기 때문에 화보를 넣은 화가들은 최대한 금을 많이 넣으려고 노력했다. 청색을 만들려면 청요석Lapis lazuli을 가루로 만들어야 했는데, 청요석은 멀리 아프가니스탄 지역에서 수입해 온[9] 준보석이었고 가격이 매우 비쌌다. 구리에 슨 녹을 채취하거나 식물에서 채취하는 방법을 통해 좀 더 싸게 청색을 만들 수도 있었다. 그렇지만 이렇게 만든 청색은 청요석 가루로 만든 청색에 비해 선명도가 떨어졌다. 다른 색도 대부분 금속 가공품에서 채취되었다. 흰색은 산화납에서, 빨간색은 산화철에서, 주색朱色은 황화수은에서, 노란색은 황화비소에서 채취했다. 중세에 색은 이렇게 귀하고 어렵게 얻어지는 것이었다. 따라서 중세 책에 담겨 있는 화려한 그림들은 일반인들이 생각하는 것보다 훨씬 더 많은 노력과 정성이 들어간 것이다.[10]

이렇게 비싼 필기 재료에 고가의 채색비가 더해지고, 거기에 필사하는 사람들의 수고비가 더해졌다. 그 모든 것이 비쌌기 때문에 제대로 된 성경 한 권의 값은 보통 크기의 장원에서 얻을 수 있는 1년 치 수입에 해당했다.[11] 지금으로 설명하자면 작은 기업의 1년 치 수입이라고 하면 맞을 것이다. 이렇게 비쌌기 때문에 책은 보물로 여겨졌고 교회, 수도원 같은 단체나 매우 부유한 사람들만이 책을 소유했다.[12]

중세 초기에 이렇게 귀중한 책을 만드는 일은 거의 전적으로 수도사들의 몫이었다. 프랑크족을 비롯한 게르만족이 남하하여 서로마제국 지역을 차지하고 중세를 주도하게 되었는데, 게르만족은 평민은 물론 귀족도 대부분 글을 몰랐다. 더욱이 외침과 내란이 지속되었기 때문에 사회 전체적으로 학문이나 문화 활동은 극도로 침체되었고, 오직 수도원만이 고대의 문화유산을 보존했다.

3세기 이후 속세를 떠나 오로지 영적 활동에 전념하겠다는 수도사의 무리가 생겨났고 그들이 세운 것이 수도원이다. 수도사들의 주요 일과는 기도, 성경 공부와 같은 종교 활동 및 노동으로 구성되었는데, 필사 작업도 노동의 일환으로 중시되었다.

필사가 수도사의 성무 일과 가운데 중요한 요소가 된 데에는 베네딕투스의 공로가 컸다. 중세 초에 두 가지 계열의 수도원 운동이 발달했는데, 하나는 아일랜드 출신의 수도사들이 세운 방식이고, 다른 하나는 베네딕투스가 세운 규율이다. 중세 초 아일랜드 출신의 콜롬바누스는 수도사들에게 매우 엄격한 규율을 강제했는데, 그의 가르침을 따르는 수도사들은 하루에 한 끼 식사, 그것도 전적으로 채식으로만 이루어진 식사를 했고, 극단적인 고행을 일삼았다. 예컨대 케빈 드 글렌달러프라는 수도사는 7일 밤낮 동안 손을 십자가 모양으로 벌리고 기도했는데, 그가 전혀 움직이지 않아서 새들이 그의 손에 보금자리를 틀 수 있었다고 전한다. 반면에 베네딕투스는 수도사들에게 육체노동, 지적 작업, 영적 작업을 골고루 하면서 일과를 보내도록 가르쳤다. 이 때문에 수도사들은 책을 읽고 베끼는 작업을 중요한 성무 일과의 하나로 여기게 되었다.[13] 그리하여 중세 초기에 수도원은 거의 유일한 지식의 보존 장소가 되었고, 수도사들은 당시로서는 최고의 지식을 갖춘 집단이 되었다.[14]

그러나 수도사들 가운데 상당수는 학문과 거리가 먼 사람들이었다. 그들은 책의 내용에는 별 관심이 없었고, 다만 책을 베끼는 데 시간과 노력을 바쳤다는 사실 그 자체를 중요하게 생각했다. 그들은 '눈이 침침해지고, 등이 휘고, 가슴과 배가 닳도록' 고생하면서 필사 작업을 할 때마다 몇 쪽, 몇 행, 몇 자를 필사했는지 계산했고, 그런 작업으로 자신들이 연옥에서 보낼 시간이 얼마나 단축되었는지 계산하곤 했다.[15]

간혹 책의 내용에 관심을 가진 수도사들도 있었는데, 그들은 모범적인 사람으로 칭찬을 받는 게 아니라 징계를 받을 수 있었다. 9세기 콘스탄티노폴리스에 있었던 스투디오스Stoudios 수도원은 책 내용에 집중한 나머지 필사를 소홀히 한 수도사에게는 물과 빵만 주는 벌을 주라고 규정했다. 이는 수도사의 임무가 책 내용을 아는 것이 아니라 책을 베끼는 일이라고 생각했기 때문에 만들어진 규정이다.

위조문서가 난무했던 중세

대다수의 수도사가 책을 베끼는 데 열중하던 시절, 완전히 다른 무리의 지식인들이 있었다. 대부분 성직자였던 그들은 책을 베끼는 일이 아니라 위조문서를 만들어내는 데 열중했다. 중세에 얼마나 위조가 성행했던지 메로빙거 왕조와 관련된 문서 중 절반 정도는 거짓으로 만들어진 것이고, 카롤루스 대제에 관한 문서 약 270종 가운데 100종이 가짜다. 또 385년 이후에야 비로소 교황이 '교령'이라는 문서를 발표하기 시작했는데, 그 전에 만들어진 교령 수백 종이 유포되고 있었다. 수도사나 하급 성직자는 물론이고 대주교나 심지어 교황조차도 문서의 위조를 서슴지 않았다. 1122년 보름스 협약을 맺은 것으로 유명한 교황 칼리스투스 2세도 자신이 대주교로 있으면서 위조문서들을 작성하게 했다고 고백했다.[16]

중세의 위조문서 가운데 가장 유명한 것은 〈콘스탄티누스의 기진장〉과 〈사도 요한의 서신〉인데, 두 문서보다 훨씬 더 기이한 문서들이 많았다. 중세의 고위 지도자들은 그들이 수행해야 할 중요한 일이 발생하면 사람들에게 신이 계시를 내렸다고 말하면서, '하늘에서 편지가 내려왔다'고 주장하곤 했다. 이런 편지는 1세기 중반에 최초로 등장했다. 전승에 따르면 예수가 죽은 후 얼마 되지 않아서 시리아의 아브가르Abgar 왕은 그의 도시가 적에게 위협받고 있을 때 하늘에 있는 예수에게 도움을 청했다. 그러자 예수가 그를 도와주겠다는 편지를 보냈다. 아브가르 왕은 그리스도에게 편지를 받았다고 자랑했고, 그 편지를 충분히 이용한 후 창고에 보관했다. 훗날 그 편지가 우여곡절 끝에 서방으로 전해졌고, 4세기의 교회사가 에우세비우스는 그 편지를 에데사의 문서보관소에서 찾았다고 주장하면서 그 편지를 번역하여 그의 《교회사》에 실었다.[17]

그 후 하늘에서 예수나 예수의 대리인들이 세상에 중요한 일이 있을 때 편지를 보낸다는 관념이 중세에 널리 퍼졌다. 중세의 지도자들은 이런 관념을 이용하여 그들의 의사를 관철하려고 했다. 예컨대 756년 로마 교회는 프랑크족에게 군사적 도움을 요청하고 있었다. 롬바르드족이 로마 교회를 위협하고 있었기 때문이다. 이때 로마 교회의 최고 지도자인 교황 스테파누스 2세는 한 통의 편지를 프랑크족의 지도자 피핀에게 내밀었다. 그 편지는 하늘나라에 있는 사도 베드로가 쓴 것으로 '프랑크족에게 로마 교회를 도우라고 요청'하는 것이었다. 교황이 그렇게 위조된 편지를 들고 사람들에게 이것이 하늘의 뜻이라고 주장했다. 하지만 신성한 교황이 그렇게 말했으니 의심하는 자는 없었다.

이런 일은 단 한 번으로 끝나지 않았다. 십자군 전쟁을 비롯한 중요한 사건이 있을 때마다 교회 지도자들은 '하늘에서 편지가 왔다'며 사람들에게 내밀었다.[18] 13세기 중엽 헝가리의 시토 수도회에 속해 있던 수도사 야고보는 성모 마리아로부터 편지가 왔는데, 그 편지에는 강한 사람들, 부자들, 오만한 사람들은 예루살렘을 회복할 수 없으며, 가난한 사람들, 겸손한 사람들, 목동이 나가야 이슬람 세력을 물리치고 예루살렘을 정복할 수 있다고 써 있다고 주장했다. 그의 주장에 현혹되어 이른바 목동 십자군이 조직되었다. 수만 명의 농민과 목동이 손에 도끼와 칼, 몽둥이를 들고 봉기했다. 그들은 예루살렘으로 간다는 명목을 내세웠지만, 실제로는 곳곳에서 약탈과 소동을 일삼다가 해체되고 말았다.[19] 중세에는 이렇게 날조되고 위조된 문서들이 횡행하면서 사람들을 현혹했다.

소크라테스는 문자의 창조자인 토트 신에게 "당신은 사람들에게 진정한 지혜가 아니라 지혜의 모양만을 주셨습니다. 그들은 많은 것을 읽겠지만 교훈을 얻지 못할 테고, 많이 아는 것처럼 보이겠지만 실제로는 아무것도 알지 못할 것입니다"라고 말했다. 소크라테스의 이 말은 문자의 양면성을 설명하는 것이지만, 문자가 특정한 사람들의 이익을 위해 이용되는 것을 경계하는 말이기도 하다.

4
신의 뜻을 알아내는 방법

신에게 전적으로 의지했던 사람들

인간은 꽤 호기심이 많다. 아이를 키워본 사람들은 알겠지만, 아이들은 네다섯 살쯤 되면 줄곧 부모를 괴롭힌다. "엄마, 비는 왜 와요?" "아빠, 해님은 왜 빨간색이에요?" "엄마, 아빠는 왜 늦게 와요?" "이건 뭐예요?" 온종일 자식에게 '즐거운 괴롭힘'을 당하다가 문득 이런 생각이 들었다. 쟤는 왜 생활과 직결되지 않은 자연현상, 인간 사회에 대해 알고 싶어 할까?

인간은 이렇듯 호기심이 강하지만, 17세기 과학혁명이

일어나기 전에는 우주의 구성과 자연현상에 대해 제대로 알지 못했다. 바람은 왜 부는 걸까? 비는 왜 오는 걸까? 이런 의문은 생존과 연계되면서 더욱 증폭된다. 산업혁명 전에 사람들은 대부분 농사를 짓고 살았는데, 농사를 짓자면 기후 변화를 면밀히 알아야 한다. 비가 안 오면 굶어 죽기 때문에, 기후에 대한 사람들의 호기심은 생존의 문제였다.

기후 변화를 과학적으로 설명할 수 없었던 사람들은 신이 그 모든 변화를 주재한다고 생각했다. 비는 신의 눈물(또는 오줌)이라고 생각했고, 바람도 구름도 신이라고 생각했다. 사람들은 그 신들을 기쁘게 하기 위해 제사를 지냈다.

인간은 신이 인간 생활을 통째로 지배한다고 믿었다. 신들이 단순히 자연을 지배하는 게 아니라, 인간이 행하는 모든 일에 지침을 주고, 인간 세계에서 일어나는 모든 분쟁을 해결해준다고 믿은 것이다. 이런 믿음은 동서양을 막론하고 발견된다.

신의 뜻을 어떻게 알아냈을까?

신의 뜻을 알아내기 위해 사람들은 신탁을 받고, 맹세를 하고, 다양한 시죄법ordeal(시험을 통해 죄를 알아내는 법)을 고안하고, 점을 치고, 결투를 했다. 아테네인은 공적인 일이든 사적인 일이든 중요한 일을 앞두고는 반드시 델포이에 있는 아폴로 신전에 가서 신의 뜻을 물었다. 스파르타인이나 로마인도 마찬가지였다.

당시 사람들이 신의 뜻을 확인하고 나서야 행동했다는 사실을 알려주는 예가 있다. 스파르타의 한 왕이 전쟁을 하고 있었다. 적군이 물밀듯이 스파르타 진영으로 쳐들어왔는데, 스파르타 왕은 명령을 내리지 못하고 있었다. 아직 점괘가 나오지 않았기 때문에 적군과 맞서 싸울지, 작전상 후퇴해야 할지를 알 수 없었다. 점복사는 양의 배를 갈라 내장의 모양을 열심히 살피면서 신의 뜻을 알아내고자 노력하고 있었다. 그동안 스파르타의 병사들은 왕명을 기다리며 속절없이 죽어갔다.

사람들은 국가의 중대사뿐 아니라 결혼이나 출산, 양육, 사업 등 모든 일을 신에게 물었다. 예컨대 오이디푸스 콤플렉스로 유명한 오이디푸스의 아버지 라이오스는 오이디푸스를 낳자, 장차 자식을 어떻게 해야 할지 신에게 물었다. 불행하게도 신은 오이디푸스가 라이오스를 죽이고, 라이오스의 아내(오이디푸스의 어머니)를 아내로 취하게 될 것이라고 일러주었다. 라이오스는 그 운명을 피하기 위해 오이디푸스의 발목에 못을 박아 산에 버렸다. 그러나 운명은 피할 수 없는 법이다. 성장한 오이디푸스는 아버지 라이오스를 죽이고 어머니를 아내로 취했다.

사람들은 중요한 분쟁도 신의 뜻을 물어 해결했다. 물건을 도둑맞았다던가, 재산 분쟁이 일어났다던가 하면 어김없이 다양한 시죄법을 통해 신의 뜻을 알아내려 했다. 메소포타미아 지역에서는 범죄가 발생하면 범인을 잡기 위해 인두를 뜨겁게 달궈 혀를 지지고, 그 혀에 난 상처의 모양을 판별하여 유무죄를 결정했다. 중세 유럽에서는 죄인을 물에 집어넣어 가라앉으면 무죄, 떠오르면 유죄라고 판정했다. 물은 신성하므로 그 물이 받아들이지 않아서 떠오르면 유죄라고 생각했던 것이다.

끓는 물을 사용하는 시죄법도 있었다. 분쟁이 일어나면 재판관은 펄펄 끓는 물에 손을 집어넣게 해서 물집이 생긴다든가 상처가 생기면 유죄, 손이 멀쩡하면 무죄로 판정했다. 끓는 물 속에서 여러 가지 물건을 끄집어내게 하기도 했다. 그런데 펄펄 끓는 물에 손을 넣는데, 어떻게 손이 무사하겠는가. 혐의자는 끓는 물에 손을 넣는 게 무서워 죄를 고백하는 경우가 많았다.

불안 심리를 이용해 범인을 잡다

대부분의 시죄법은 범인의 불안 심리를 이용했다. 죄지은 사람은 불안하기 마련이고, 재판관이 시키는 어려운 행동을 하다가 자기가 죽을지 모른다는 두려움에 빠진다. 그래서 범인은 재판관이 부여한 과제를 제대로 하지 못하는 경우가 많다. 예컨대 한 마을의 재판관이 절도범이 누구인지를 알아내고자 다음과 같은 방법을 썼다. 혐의자들을 모두 불러 항아리 깊숙이 손을 넣게 하면서, 항아리 속에 용한 두꺼비가 들어 있어서 범인을 물 거라고 말했다. 그 항아리 속에 두꺼비는 없었고 꿀만 들어 있었다. 도둑질하지 않은 사람들은 자신 있게 손을 넣어 꿀이 묻었지만, 죄지은 사람은 행여 두꺼비에게 물릴까 봐 손을 제대로 넣지 않았기 때문에 손에 꿀이 묻지 않았다. 그렇게 해서 죄인이 판별되었다.

시죄법은 대개 신통하지 못했다. 끓는 물에 손을 넣게 한 경우, 죄 없는 사람이 손에 화상을 입어 죄를 뒤집어쓰기도 했고, 고발자가 화상을 입어 무고죄로 처벌되기도 했다. 고발자와 혐의자가 모두 심한 화상을 입어, 누구에게 죄가 있는지 판별할 수 없는 경우도 많았다.

이런 문제에 부딪히자 기발한 방법이 고안되었다. 중국의 한 종족은 절도 사건의 유력한 용의자가 있는 경우, 기름이 끓는 솥에 손을 집어넣게 하여 유무죄를 판별했다. 용한 주술사가 노천에 솥을 설치하고 장작으로 불을 지핀 뒤 기름을 끓이면서 주문을 외운다. 기름이 끓기 전에 주술사가 청주 한 사발을 부으면, 차가운 청주와 기름이 잘 섞이지 않기 때문에 많은 거품이 생겨 마치 기름이 펄펄 끓는 것처럼 보인다. 이를 모르는 증인과 혐의자는 기름이 펄펄 끓고 있다고 생각하고 두려워했다. 따라서 기름 솥에 손을 넣어도 그리 위험하지 않지만, 혐의자가 부담을 느껴 죄를 고백할 가능성이 컸다.

사람들은 맹세를 통해 신이 죄의 유무를 판별해주기를 기원하기도 했다. 중세 중국에 많았던 사례를 하나 살펴보자. 닭을 도둑맞은 사람이 의심스러운 사람을 고소했지만, 혐의자가 끝까지 혐의를 부정하자 재판관은 두 사람을 불러 맹세하도록 했다. 증인들이 모인 가운데 벼락 맞은 나무 아래에서 고소한 사람과 혐의자가 하늘과 땅을 불러 기원하고 다음과 같이 맹세했다. 혐의자는 "만약 내가 너의 물건을 훔쳤다면 나는 죽는다. 태양이 지면 나도 떨어진다. 만약 내가 너의 물건을 훔치지 않았다면 너도 죽게 될 것이다"라고 외친다. 고소한 사람은 이렇게 외친다. "나의 물건을 누가 훔쳐 갔습니다. 만약 제가 그를 모함했다면 저를 벼락에 맞아 죽게 하시고, 불에 타 죽게 하십시오." 사람들은 이런 맹세를 대단히 신성하게 여겼으며, 거짓 맹세를 하면 천벌을 받아 죽을 것이라고 믿었다.[1]

미신과 주술의 시대

점성술은 고대 신바빌로니아에서 시작되었다. 기원전 7세기에 메소포타미아 지역을 정복한 신바빌로니아(칼데아)인들은 신이 인간과 근본적으로 다른 존재이며, 하늘의 별이라고 생각했다.[2] 그리고 별자리의 움직임과 인간의 운명이 밀접하게 연관되어 있다고 믿었다. 즉 별은 신이고 별들의 움직임을 통해 신들의 의사를 확인할 수 있다고 생각했던 것이다.

별의 움직임과 인간의 운명이 관련 있다는 생각은 근대 초까지 성행했다. 중세 말 근세 초 서양에는 거의 모든 마을마다 점성술사들이 있었다. 그들은 마을 사람들의 모든 고민을 들어주었고, 해결사 노릇을 했다. 사람들은 모든 일을 점성술사와 상의했다. 목욕하는 시간, 약을 먹는 시간 같은 사소한 일부터 결혼, 사업과 같은 중요한 일까지 사람들은 모두 별점을 쳐보고 결정했다.[3] 당시 점성술사들은 현대의 달력에 해당하는 역서를 만들어 팔았는데, 역서에는 날마다 바뀌는 천체의 위치를 정확히 표시해 사람들이 쉽게 별점을 칠 수 있도록 했다.

〈OK 목장의 결투〉나 〈황야의 무법자〉와 같은 서양 영화에 많이 등장하는 결투도 신의 뜻을 확인하려는 목적에서 출발했다. 분쟁이 생기면 원고와 피고 두 소송 당사자는 죽을 때까지 싸웠고, 살아남은 자가 결백하다고 생각되었다. 소송 당사자가 직접 싸우지 않고 결투 대리자를 지명할 수도 있었다.[4] 언뜻 보기에 결투는 매우 불합리한 제도다. 싸움을 잘하는 사람이 결투라는 제도를 이용해서 아무 죄도 없는 사람을 괴롭히고 죽일 수 있기 때문이다. 그런 상황은 도스토옙스키를 비롯한 서양 유명한 작가들의 글에 많이 나온다. 싸움을 잘하는 사람이 온갖 나쁜 짓을 해가며 선한 사람을 괴롭히고, 억울하면 결투를 신청하라고 말한다. 이길 자신이 있기 때문이다. 그런데 사회는 이렇게 나쁜 제도를 인정했고, 결투로 인해 사람을 죽이더라도 죄로 처벌하지 않았다. 그 이유는 신이 결투의 승부를 결정한다고 생각했기 때문이다.

결투는 기독교가 서양인의 심성을 장악하기 시작했던 중

세 초반에 시작되어 19세기까지 널리 유행했다. 19세기 프랑스의 위대한 작가인 빅토르 위고, 알렉상드르 뒤마 등도 결투를 했고, 역사가들의 연구에 따르면 1826년에서 1834년 사이에 결투로 인해 200명 이상이 사망했다. 저명한 정치가들도 결투를 했는데, 1892년 12월 23일 조르주 클레망소가 데룰레드Déroulède와 결투를 벌였다. 이때 경찰이 출동했는데, 결투를 중지시키기 위해서가 아니라 관중을 통제하기 위해서였다.[5] 이 제도는 유럽 본토는 물론 유럽인이 진출한 식민지 거의 전역에 있었다.

역사상 가장 유명한 결투자는 미국의 7대 대통령인 앤드루 잭슨일 것이다. 가난한 하층민 출신이었던 그는 영국과의 전쟁과 인디언 토벌에서 명성을 얻어 대통령이 되었고, 미국의 민주주의를 크게 신장시킨 인물로 유명하다. 미국인들은 그의 업적을 기리기 위해 20달러 지폐에 그의 초상을 그려 넣었다. 그런데 그가 대통령이 되기까지 온갖 험담을 일삼는 사람들이 많았다. 잭슨은 그처럼 하층민 출신에 과부였던 레이철과 결혼했는데, 많은 사람들이 그의 부인을 두고 과부로서 정절을 지키지 못했다고 욕하곤 했다. 1806년 잭슨은 레이철을 험담하는 데 앞장섰던 찰스 디킨슨에게 결투를 신청했고, 자신의 사랑을 욕되게 하는 자들을 합법적으로 죽임으로써 사랑을 지켰다.

주술사나 점성술사의 임무 중에는 또 다른 중요한 일이 있었다. 바로 질병을 치료하는 일이었다. 전근대 사람들은 세균의 존재를 몰랐다. 그들은 질병이 왜 발생하는지, 그 치료 방법이 무엇인지를 알지 못했다. 모든 질병은 신이 내린 재앙이라고 생각되었다. 따라서 병이 나으려면 신을 달래야 했고, 그러기 위해 온갖 주술을 행했다. 대단히 우스꽝스러운 일이지만, 근대 세계가 열리기 전에는 의사들도 병을 치료하면서 주술을 외웠다. 많은 경우 사람들은 의사와 주술사를 구별하지 못했다. 의사들도 부적을 팔았으며, 별점을 쳐서 치료 절차를 정했다. 의사들도 신의 도움을 받아 인간을 치료한다고 믿었기 때문이다.

왜 옛날 사람들은 그렇게 '어리석은' 일들을 했을까? 어떤 문제나 분쟁이 생기면 인간은 대단히 불안해진다. 어떻게든 문제를 해결해야만 사회가 안정된다. 여러 가지 시죄법이 고안된 이유다. 시죄법을 통해 진범을 잡으면 다행이고, 생사람을 잡더라도 문제는 일단 완결된다. 따라서 여러 가지 시죄법은 자연의 흐름을 합리적으로 파악할 수 없고, 분쟁을 해결할 수 없던 옛사람들이 '초자연적인 권위'를 빌려 문제를 해결하는 방식이었다.

초자연적인 존재에 의존하던 사고방식은 17세기에 이르러 극복되기 시작한다. 17세기 서양에서는 천재들이 연달아 등장하여 우주를 새롭게 설명했다. 과학혁명은 과학기술상의 몇 가지 발명이 아니라, 세상에 대한 사고방식을 근본적으로 바꾼 사건이었다. 갈릴레이와 뉴턴은 우주가 신의 섭리에 의해서가 아니라 그 자체의 법칙에 따라 구성되고 운동한다는 사실을 밝혔다. 사람들은 비가 오거나 안 오는 현상이 단순한 자연현상임을 알게 되었다. 바람도 구름도 별도 하나의 물체일 뿐이고, 자연의 움직임에는 인간이 이성의 힘으로 알아낼 수 있는 고유한 법칙이 있다. 따라서 신에게 기도할 게 아니라 인간이 스스로 생각하고 연구해서 자연의 법칙을 알아내야 한다. 이렇게 해서 이성의 시대가 열렸다. 사람들은 이제 합리적인 결정을 내리기 위해 정보를 모으고, 판단력을 키우게 되었다.[6]

5
천사에 대한 착각과 진실

원래 천사는 아름다운 남자였다

　사람들은 아름다운 여자나 순진무구한 어린아이를 '천사'라 부르곤 한다. "흰옷을 입은 천사와 같이 아름다운 그녀에게 주고 싶네"라는 노랫말도 있다. 천사 조각상을 봐도 대개 여성이나 어린아이의 모습을 하고 있다. 우리 머릿속에는 천사가 여성이나 아이 같은 존재라는 관념이 뿌리 박혀 있는 것이다.

　그런데 이 이야기를 들으면 기독교 신자들은 아마 얕잡아보며 이렇게 말할 것이다. "천사는 '하느님이 창조하신

영적인 존재'이므로 여자나 아이와 같은 인간이 될 수 없습니다. 여자나 아이를 천사라고 하는 것은 비유일 뿐이죠." 그러나 천사를 영적인 존재로 생각하는 것도 중세 시대 언젠가 생겨나 근대에 와서야 정착한 관념이다.[1] 원래 천사는 물질로 된 존재였고,[2] 남성이었다. 천사가 남성이었다는 사실을 여실히 보여주는 이야기가 두 가지 있다.

이스라엘 백성의 선조가 되는 아브라함 시절, 즉 기원전 19세기경 소돔이라는 동네에 롯이라는 의인이 살았다. 그는 아브라함의 사촌이었다. 어느 날 천사 두 명이 소돔을 지나가게 되었다. 롯은 그들이 천사임을 알아채고 자기 집에서 하룻밤 자고 가라고 간청했다. 그런데 동네 남자들이 천사들이 걸어오는 모습을 보았다. 천사들이 너무나 예뻐서 동네 남자들은 제정신이 아니었다. 그들은 롯의 집으로 몰려가 이렇게 고함쳤다. "그자들을 내놓으시오. 우리가 그들과 재미를 보아야겠소." 롯은 다음과 같이 말했다. "그들을 강간하지 마시오. 나에게 남자를 알지 못하는 딸이 둘 있소. 그 애들을 줄 테니 당신들 마음대로 갖고 노시오."[3] 그러나 소돔 남자들은 여자는 필요 없고, 기어코 천사들을 강간하고 싶다고 고집을 피웠다. 물론 그렇게 고집부린 사람들의 말로는 뻔하다. 하여튼 이 이야기는 천사가 남자, 그것도 아름다운 남자임을 명확히 보여준다.

악마 탄생 신화도 천사가 남자임을 보여준다. 태초에 하느님이 천지를 창조할 때 그를 보좌할 천사들을 만들었다. 하느님은 인간에게 그랬듯이 천사에게도 선악을 택할 수 있는 자유를 주셨다. 일부 천사들은 하느님이 시킨 일을 방기하고, 지상 여인들의 미모에 반하여 타락했다. 그들은 지상 여인들과 성관계를 맺었다. 고대 유대인들 사이에 유행했던 전승에 따르면 이때 타락한 천사들은 세미아자, 우라카바, 라미엘, 코카비엘을 비롯해 200여 명이었고, 그들이 여인과 성관계를 맺어 낳은 거인들의 키는 무려 457미터나 되었다.[4]

지상의 여인과 성관계를 맺어 아이들까지 낳았다면 당연히 그 천사는 남자가 아니겠는가?[5] 중세까지 거의 모두가 그렇게 생각했다.[6] 중세인들은 타락한 천사 출신인 악마가 그들을 추종하는 여자들, 즉 마녀들과 계속 성관계를 맺는다고 믿었으며, 사악한 부족을 악마의 후손으로 생각하기도 했다. 예컨대 6세기 역사가 요르다네스는 《고트족의 역사》에서 악마와 마녀가 성관계를 맺어 낳은 족속이 훈족이라고 했다.[7]

프랑스의 민족 영웅 잔 다르크의 이야기도 이 사실을 입증한다. 백년전쟁이 한창이던 1429년 잔 다르크는 당시 태자였던 샤를 7세를 만나, 자신이 '영국의 침입으로부터 프랑스를 구하고, 태자를 왕으로 옹립하라'라는 계시를 받았다고 주장했다. 샤를 7세의 신하들은 잔 다르크가 정말 하느님의 계시를 받았는지, 아니면 악마가 들어 허튼소리를 하는지 알 수 없다고 주장하며, 그것을 판별하기 위해 처녀성 검사를 하자고 제안했다. 악마의 사주를 받았다면 악마와 성관계를 맺어 처녀가 아닐 것이기 때문이었다. 이에 샤를 7세의 장모와 궁정 여인들이 잔 다르크의 성기를 면밀히 검사하여, 처녀라고 결론 내렸다. 이 처녀성 검사는 잔 다르크에 대한 재판에서도 행해졌다. 적군에 사로잡힌 잔 다르크는 영국인들이 주도한 재판에서 마녀라는 판결을 받고 죽는데, 그때도 베드퍼드 공작 부인이 주도하여 처녀성 검사를 했다. 이 검사도 역시 마녀라면 악마와 관계를 맺었을 것이라는 관념에서 이루어진 것이었다.[8]

대부분의 사람들은 이런 이야기를 뜬금없다고 생각할 것이다. 현대인은 이성과 합리성을 삶의 준거로 삼고 있기에 천사의 존재 자체를 믿기 어렵다. 그러니 천사들이 여성과 성관계를 맺는다는 말을 어찌 인정할 수 있겠는가.

예쁜 여자를 찾아다니는 천사들

예수 시절 유대인들은 천사가 인간 세상을 돌아다니면서 끊임없이 '예쁜' 여자를 찾고 있으며, 마음에 드는 여자와 성관계를 맺을 수 있다고 믿었다. 다음 성경 구절이 이 사실을 보여준다.

> 또 남자가 여자를 위하여 지으심을 받은 것이 아니라, 여자가 남자를 위하여 지으심을 받았습니다. 그러므로 여자는 천사들 때문에 그 머리에 권위의 표를 지니고 있어야 합니다.[9]

사전 지식 없이 이 구절을 읽으면 의미를 알 수 없다. 이 구절에서 사도 바오로는 여자가 어떤 남자에게 속해 있다는 의미로, 또는 자신이 남자보다 열등한 존재라는 표시로 두건을 써야 한다고 말하고 있는 것 같다. 그런데 '천사들 때문에' 그렇게 해야 한다고 말한다. 여기서 왜 뜬딴지같이 천사가 등장하는 걸까?

바오로가 활동하던 시절 언저리 언젠가 무명작가가 쓴 《요셉과 아스낫Joseph and Aseneth》이라는 작품에서 이 질문에 대한 실마리를 찾을 수 있다. 어느 날 천사가 요셉의 정혼자 아스낫에게 나타난다. 천사는 그녀에게 두건을 벗으라고 말했다. 아스낫이 두건을 벗은 후 천사는 그녀에게 온갖 가르침을 주었다. 천사가 떠나자 아스낫은 다시 두건을 썼다. 왜 천사는 아스낫에게 두건을 벗게 한 후에야 여러 가지 사실을 알려주었을까? 아마 여인이 두건을 벗고 나서야 천사의 권한에 들어간다고 믿었기 때문인 것 같다. 이 사건을 해설한 학자들은 두건을 벗은 아스낫이 천사와 '영적 결합 혹은 영적 결혼' 상태에 들어갔다가, 두건을 쓴 후 천사의 권한에서 벗어났다고 말한다.[10] 따라서 바오로가 여성에게 두건을 쓰라고 했던 것도 아마 두건을 쓰지 않으면 여성들이 사악한 천사의 권한에 소속될까 염려했기 때문인 것 같다.

여성이 천사의 권한에 속한다는 말은 무슨 뜻일까? 이 말을 이해하려면 1~2세기 유대인의 사유 구조를 파악해야 한다. 앞에서 말했듯이 구약시대 유대인은 하느님을 보좌하는 천사들이 지상 여인들의 미모에 반해서 세상으로 내려와 여자들과 성관계를 맺고 후손들을 낳았다고 믿었다. 이런 생각은 1~2세기에 더욱 강화되었다. 기원전 2세기부터 묵시 문학이 유행하면서 많은 유대인들이 천사와 같은 신적인 존재들이 세상에 가득 차 있으며 그들이 세상을 돌아

다니면서 온갖 일을 하고 다닌다고 생각했다.[11]

이런 사실은 〈요한복음〉이 전하는 일화에서도 확인할 수 있다. 〈요한복음〉에 따르면 예수 시절 예루살렘에는 베짜타라는 연못이 있었다. 그 연못은 병자에게 효험이 있는 곳으로 유명했다. 특정한 시기에 그곳에 들어가기만 하면 어떤 병이든 나았던 것이다. 〈요한복음〉은 이 연못에 대해 다음과 같이 설명한다.

> 그 연못 앞에서는 온갖 병자들이 누워 있었는데, 그들은 연못에 물결이 일기를 기다렸다. 때때로 천사들이 그 연못에 내려와 물을 휘젓곤 했는데, 그때 가장 먼저 못에 들어가는 사람은 무슨 병이라도 다 나았던 것이다.[12]

이런 연못이 진짜 있었을까? 예수가 그곳에서 38년 동안이나 병을 앓았던 사람을 고쳐주었다는 이야기가 전하는 것으로 보아[13] 기독교 신자들이 주장하는 대로 하느님의 힘이 천사를 통해 이 땅에서 이루어졌는지도 모른다. 어떤 학자는 〈요한복음〉에 나오는 이 연못이 사실은 지중해 세계에 널리 퍼져 있던 아스클레페이온, 즉 아스클레피오스 신을 섬기는 사제들이 병을 치료해주던 곳이라고 주장했다. 그의 주장이 맞는다면 팔레스타인 지역에도 이교도의 풍습과 신앙이 널리 퍼져 있었던 셈이다.[14] 하여튼 이 일화는 예수 시절 유대인들이 연못에 이는 물결조차 천사들의 행동이라고 생각했음을 보여준다.[15]

세상에 내려온 천사들은 때때로 사악한 일도 서슴지 않았다.[16] 대표적인 것이 예쁜 여자들을 '건드리는' 것이다. 여인들은 자기도 모르는 사이에 혹은 꿈속에서 강간을 당하여 임신하게 된다.

1~2세기에 쓰인 여러 문서가 유대인 사이에 이런 사유가 보편적으로 유행했다는 사실을 명확히 보여준다. 1세기 문헌으로는 〈유다서〉를 들 수 있다. 《신약성경》에 포함된 문서 가운데 가장 늦게 쓰인 것으로 이야기되는 이 문서는 천사들의 타락에 대해 이렇게 말했다.

> 또 천사들도 자기 자리를 지키지 않고 자기가 사는 곳을 버렸을 때에 하느님께서는 그들을 영원한 사슬로 묶어서 그 큰 심판의 날까지 암흑 속에 가두어두셨습니다.[17]

이 구절에서 천사들이 원래 있던 곳은 하늘이었다. 그들은 지상의 여인들을 보고 욕심이 나서 원래 있던 곳을 떠나 지상으로 와서 여인들과 성관계를 맺었다. 이 구절에 여인들과 성관계를 맺었다는 명백한 진술은 없지만 이 추론이 맞는다는 것은 〈유다서〉의 저자에게 큰 영향을 끼친 〈에녹 1서〉라는 문서에서 확인할 수 있다. 〈에녹 1서〉는 기원전 3세기에서 기원후 1세기에 저술된 여러 글을 통합한 문서인데, 테르툴리아누스를 비롯한 상당수 초기 기독교 신자들은 이 문서를 성경이라고 생각하고 존중했다.[18] 〈에녹 1서〉는 타락한 천사들에 대해 "타락하여 여자들과 난잡한 성교를 한 천사들도 지옥 불에 있을 것이다"라고 명확히 하고 있다. 따라서 〈유다서〉에서 타락한 천사들이 했던 짓은 여자들과의 난잡한 성관계로 보는 것이 타당하다.[19]

2세기에 쓰인 외경인 〈야고보 원복음서〉는 이런 생각이 2세기에도 널리 퍼져 있었음을 보여준다. 이 복음서에 따르면 마리아는 원래 성전에 봉헌된 성스러운 처녀였는데, 나이가 차자 늙은 홀아비 요셉에게 시집갔다. 요셉은 너무 늙기도 했거니와 마리아를 성스러운 여인이라고 여겨 마리아와 성관계를 맺지 않았다. 그런데 마리아가 그의 집에 온 지 6개월이 되었을 때 마리아의 배가 부른 것을 보고, 요셉은 깜짝 놀라서 말했다. "도대체 너는 어째서 사악한 짓을 범해서 아이를 임신했느냐?" 마리아가 대답했다. "저는 남자와 성관계를 맺은 적이 없습니다. 이 아이가 어디서 왔는지 모르겠습니다." 요셉은 마리아의 말을 듣고 그렇다면 '그 아이는 천사로 인한 것이구나'라고 생각했다. 천사로 인한 것이라는 말은 곧 마리아가 모르는 사이에 천사가 마리아와 관계를 맺어 임신시켰음을 의미한다. 앞에서 인용한 바오로의 말 중 '천사들 때문에'라는 구절은 이렇게 해석해야만 의미가 통한다. 바오로는 천사들이 세상을 돌아다니면서 예쁜 여자들을 찾고 있기 때문에, 여자들은 두건을 써서 얼굴을 가려 천사들의 그런 위협으로부터 자신을 지켜야 한다고 생각했던 것이다.[20] 물론 바오로가 이렇게 생각했던 것은 유대인 사이에 그런 관념이 널리 퍼져 있었기 때문이다.[21]

천사가 타락해서 여성들과 관계를 맺는다는 인식은 예수 시절에 널리 퍼져 있었고, 2세기 이후에도 계속 전해졌다. 2세기 기독교의 최고 지도자들이자 당대 최고 지식인들이었던 유스티노스, 테르툴리아누스, 아테나고라스 등이 그렇게 가르쳤다.[22] 특히 2세기 말에서 3세기 초에 활동했던 테르툴리아누스는 여자가 머리에 두건을 써야 하는 이유에 대해 "천사들이 죄를 짓게 된 중요한 이유가 여자들의 미모를 탐했기 때문이다. 이를 막기 위해 기혼녀는 물론 처녀도 머리에 두건을 써야 한다"고 명확히 말했다.[23]

그 후에도 기독교 최고 지도자들은 악마는 천사가 하느님의 명령을 거부하고 여성들에 미혹되어 성관계를 맺은 존재들이라고 계속 가르쳤다. 중세의 스콜라 철학자들은 악마와 성관계 맺는 것을 인간이 범할 수 있는 가장 나쁜 죄악으로 간주했으며, 악마와 성관계를 맺은 여성은 마녀가 되어 악마의 힘을 가지게 된다고 믿었다.[24] 이런 생각은 근대 초에도 계속되었다. 중세 말 근대 초 활발했던 마녀사냥 때 퍼져 있던 관념에 따르면 마녀는 악마의 시녀로 빗자루를 타고 하늘로 날아가거나 외딴곳으로 가서 악마와 성관계를 맺었다.[25] 그 성교로써 악마와 협정을 맺고, 악마로부터 사악한 힘을 받은 마녀는 온갖 사악한 행동을 일삼았다. 이 악마는 앞에서 말했듯이 본래 천사였으나 타락해서 천상에서 추방된 존재다. 그도 본질은 천사이고, 따라서 다른 천사들처럼 남성이다.

악마는 대기층에 산다

이 이야기를 읽고 혹자는 역시 옛사람들은 무지하고 우매하기 짝이 없다며, 어떻게 영적 존재인 천사가 육체를 가진 인간과 성행위를 할 수 있단 말인가라고 반문할 수도 있겠다. 하지만 고대인은 천사가 영적 존재지만 육체를 갖고 있다고 믿었다.[26] 유스티노스를 비롯한 2세기 기독교 지도자들의 설명에 따르면 천사는 하느님이 만든 창조물이다. 하느님은 그들을 심부름꾼(천사라는 단어의 원래 의미다. 그리스어로는 ἄγγελος)으로 삼기 위해 만드셨다. 천사는 일정 정도 육체를 가지고 있어서 하느님이 주시는 천상의 음식인 만나를 먹고 산다. 악마, 즉 타락 천사는 타락하면서 몸이 더욱 비천해져서 하느님이 주시는 음식이 아니라 이교도들이 바치는 제물을 먹고 산다.[27]

이렇게 본다면 유대인이 믿은 천사는 다신교의 신과 비슷한 존재였을 것이다. 메소포타미아와 그리스·로마 신화를 보면 신들은 초능력을 가진 불사의 존재지만, 육체를 가진 물적 존재다. 물론 그들은 신비한 능력을 지니고 있지만, 육체가 있기에 인간처럼 온갖 욕망을 품고 있다. 남성 신들은 숱하게 인간 여성들을 강간하고 다녔다. 특히 제우스는 아주 못된 놈이어서 맘에 드는 인간 여성이 있으면 갖가지 모습으로 변장해가면서 유부녀든 처녀든 가리지 않고 강간했다. 유명한 헤라클레스도 그렇게 태어났다. 제우스는 알크메네가 마음에 들었기 때문에 그녀의 남편 암피트리온이 전장에 나갔을 때 암피트리온으로 변장하고 가서 알크메네를 강간했고, 그때 헤라클레스가 수태되었다.

천사와 타락 천사들은 어디에서 살까? 초기 기독교 지도자들에 따르면 우주의 제일 밑바닥은 지옥이고 가장 꼭대기는 천상이다. 천상 혹은 천국에는 하느님과 그를 보좌하는 천사들이 살고 있다. 그 밑 대기층에는 천상에서 추방된 악마들이 가득 차 있다.[28] 악마는 대기층에 살면서 하느님에 대항하고 수시로 지상으로 내려와 인간을 타락시키기 위해 끊임없이 노력한다. 하느님은 많은 천사를 그곳으로 보내어 악마들과 싸우게 했다.

이런 신앙은 중세까지 계속되었다. 서양 중세인들은 폭풍우가 몰아치는 하늘을 보면 유령들이 지나가고 있다고 말하곤 했다. 이때 일반인들은 죽은 자들의 유령이라고 말했고, 지식인들은 민중이 잘못된 생각을 갖고 있다고 지적하면서 그것은 악마의 무리라고 주장했다.[29]

이런 악마들의 대장이 사탄인데, 그는 원래 하느님의 대천사 루시퍼였다. 루시퍼는 라틴어로 '빛lux을 가져오는ferre 자' 즉 '샛별'이란 뜻이다. 그는 하느님의 오른쪽에 앉을 수 있는 천사장天使長으로 하느님의 은총을 받으면서 천사들을 다스렸다. 그러나 그는 스스로 하느님을 대신할 수 있다고 생각하여 하느님께 반역을 저질렀고, 그때 하느님은 그와 그를 따르는 반역 천사들을 천상에서 추방했다. 천상에서 추방된 그는 계속 하느님께 맞섰으며, 모습을 바꿔가며 인간들을 자기편으로 끌어들이려고 시도했다. 에덴동산에서 뱀으로 변신하여 하와를 유혹했던 것도 바로 그였다.

이렇듯 천사가 육체를 가진 존재라면, 육체를 가진 인간은 그 안에 영혼을 갖고 있다는 점에서 영적인 존재다. 고대인, 특히 플라톤과 그를 추종했던 지식인들의 생각에 따르면 인간의 본성은 영혼이며, 영혼은 은하수 너머 찬란한 낙원에서 왔다. 그 영혼은 운명의 수레바퀴에 따라 달 아래의 지상 세계로 내려와 인간의 육체 속으로 들어가고, 지상의 삶을 마친 후에는 다시 은하수 너머의 세계로 돌아간다. 로마의 지식인, 특히 신플라톤주의자들은 이런 생각을 더욱 발전시켰다. 그들은 인간은 여러 겹의 자아로 구성되어 있고, 그 꼭대기는 바로 신에 닿아 있다고 생각했다. 즉 사람안에 '신적 존재'가 내재해 있다고 생각했다. 그들은 육체를 완전히 부정함으로써 이 신적 존재를 해방할 수 있다고 생각하여 철저한 금욕주의를 주창했다.[30]

인간은 신적인 요소를 갖고 있으므로 끊임없이 노력한다면 다시 천사, 혹은 천사보다 더 높은 신적인 존재가 될 수 있다. 사실 이것이 기독교 신자들이 원하는 바다. 기독교 교리에 따르면 최후의 날에 신자들이 하느님의 은총을 받아 구원을 받으면 천사처럼 영적인 몸을 입게 되고, 하느님의 자식으로 인정받아 천사보다 더 높은 존재가 된다. 그런 날이 과연 올까?

사탄에 대해 생각하다 보면 이상한 점에 부딪히게 된다. 흔히 사탄은 악한 영들의 왕 혹은 대장이라고 한다. 그는 악한 영들로 구성된 군대를 이끌고 선한 영들의 군대를 거느린 하느님과 대적하고, 사람들을 꼬여 나쁜 짓을 하게 함으로써 세상을 지배한다. 또 다른 전승들에 따르면 사탄은 지옥의 왕으로 나쁜 사람들에게 끔찍한 형벌을 가한다. 바로 이 점이 기이하다. 사탄이 사악한 존재라면, 착한 사람을 벌 주고 나쁜 사람에게는 상을 주어야 하지 않을까? 이런 생각이 옳다면, 지옥에 간 사람들은 사탄한테 많은 상을 받을 것이다. 그러니 지옥 간다고 너무 두려워할 것만은 아니다.[31]

3부

편견과 억압의 역사

1
부르주아들이 유모를 둔 이유는?

유모가 늘어난 경제적 요인

기독교 최고의 신학자 아우구스티누스는 여인의 젖을 예찬했다. 그는 아기들이 어머니나 유모의 젖을 먹음으로써 이 세상에 온 것을 환영받으며, 원래 갖고 있던 질투와 욕심, 사악함을 잊어버리고 평화와 웃음을 알게 된다고 했다.[1]

그의 글을 통해 고대에도 유모가 있었다는 사실을 알 수 있다. 그런데 고대나 중세에는 왕족이나 귀족과 같은 최상류층이 유모를 두었고, 그들도 대부분 아기의 어머니가 젖을 먹이는 게 바람직하다고 생각했다. 평민은 어머니가 일찍 죽거나 건강상의 이유로 젖이 안 나올 때만 유모에게 아기를 맡겼다.

근대 초 새로운 부자로 떠오른 부르주아들은 생각이 달랐다. 그들은 수유授乳를 천박한 것으로 여기며 유모를 고용했다. 이 풍습은 피렌체와 같은 선진적인 지역에서 14세기부터 등장해서 16세기에 유럽 전역으로 널리 퍼졌다.[2] 왜 부르주아들은 유모를 고용했을까?

먼저 경제 상황의 변화를 생각해볼 수 있다. 중세 상공업자들이 근대 초 상업혁명을 통해 많은 부를 축적하면서 부르주아 계급이 형성되었다. 이들은 요즘으로 치면 최소한 중소기업의 사장 또는 작은 빌딩 하나는 갖고 있는 사람들이었다. 17세기 영국을 예로 들면 자산이 5000파운드 이상되는 사람이었다. 이들이 얼마나 부자였는지는 당시 런던에서 점포 하나를 가지려면 500파운드가 필요했던 것을 감안해보면 된다. 이들은 재산을 모으느라 늦게 결혼하는 경향을 보였는데 평균 30세에 20세의 처녀와 결혼했다. 소상인이 보통 25세에 22세의 처녀와 결혼했으니, 이에 비하면 부르주아는 결혼 연령이 늦은 반면 배우자와의 나이 차는 훨씬 컸다.[3]

부르주아는 재산이 넉넉해서 하녀 여러 명을 두고 집안

일을 시켰다. 그 덕분에 그들의 아내는 집안일은 물론 육아에서도 해방되었으며, 그 전 같으면 상상도 못 할 사치와 낭비를 일삼았다.

어떤 면에서 그들의 사치와 낭비는 남편들이 요구하는 것이었다. 부르주아는 지위와 재산을 과시하기 위한 방편을 찾고 있었다. 그들은 아내를 화려하고 매력적으로 만들수록 자신들의 부와 사회적 지위가 높아진다고 생각했다. 그들은 아내에게 성적 매력이 넘치도록 최대한 미모를 가꿀 것을 요구했다. 아내들은 나이도 많고 사회적 지위도 높은 남편의 요구를 거절할 수 없어서, 아니 어쩌면 즐거운 마음으로 남편의 요구를 수용했을 것이다.

부르주아의 아내들은 몸매를 가꾸고 어떻게 해서든 탐스러운 유방을 노출하여 성적 매력을 높이려고 했다. 근대 상류층 여성들이 젖가슴이 훤히 들여다보이는 옷을 입었던 이유다. 그들은 자신의 의무를 완수하기 위해 어머니로서의 역할마저 포기했다. 임신은 몸매를 망치고 여자를 늙게 하며, 젖을 먹이면 유방이 처진다고 생각했기 때문이다. 그들은 아이를 많이 낳거나 젖을 먹이는 여자들은 무례하고 천박한 여자라고 생각했으며, 이 때문에 불가피하게 아이를 낳은 경우에도 유모를 고용했다.[4]

풍속사의 대가 에두아르트 푹스는 이렇게 경제적 요소를 강조했다. 그는 시대별로 인간의 풍속과 도덕관념이 다르다는 사실을 밝혀냈고, 풍속과 도덕관념의 변화 뒤에 경제 관계와 그 변화가 깔려 있음을 입증했다. 그의 설명대로 부르주아들이 많은 돈을 벌지 않았거나 그로 인해 아내에 대한 생각을 바꾸지 않았다면 유모가 확대되거나 유모가 젖을 대신 먹이는 일이 일반화되지는 않았을 것이다. 누군가를 고용하는 것 자체가 많은 돈이 들기 때문이다. 그러나 단순히 경제적 요인만이 그런 변화를 가져오는 것은 아니다. 유모의 확대에는 두 가지 다른 요인이 있었다. 교회의 이상한 가르침이 그 하나요, 잘못된 의학 지식이 다른 하나다.

성행위마저 규제한 교회의 가르침

먼저 교회의 '이상한' 가르침에 대해 살펴보자. 인간의 성욕은 얼마나 지독하고 강한 것일까? 중세의 유명한 신학자이자 캔터베리 대주교였던 성 안셀무스는 이렇게 말했다.

슬프고 가엾게도 내 영혼을 갈기갈기 찢어놓고 괴롭히면서 나를 늘 따라다니는 악 중의 악이 하나 있습니다.

그것은, 내 요람에서부터 함께하더니, 유년기며 사춘기
며 청년기에도 나와 함께 자라면서 항상 나에게 달라붙
어 있으며, 내가 늙어 사지가 쇠약해 있는 지금에도 나
를 떠나지 않습니다. 그 악이란 놈은 성욕이며, 육체적
쾌락이며, 육욕의 폭풍을 말합니다. 이놈은 내 불행한
영혼을 뭉개고 난타하여 모든 기력을 앗아가니, 나에게
남아 있는 것은 허약함과 공허함뿐입니다.[5]

성 안셀무스의 견해가 대변하듯이 성에 대한 기독교의
태도는 일찍부터 부정적이었다. 기독교를 탄생시킨 바오로
는 "그러나 자제할 수 없거든 결혼하십시오. 욕정에 불타는
것보다는 결혼하는 편이 낫습니다"[6]라고 말했다. 이는 독신
생활이 가장 이상적이고, 결혼은 불가피할 때 하라는 뜻이
다. 그 후 기독교 지도자들은 성생활에 대한 부정적인 의미
를 계속 확대 재생산했다. 2세기 알렉산드리아의 클레멘스
는 아담과 하와가 성에 대해 눈뜨는 것을 원죄와 연계시켰
으며, 성 아우구스티누스는 원죄를 성욕과 동일시했다.

성욕이 원죄와 동일시되면서 기독교는 합법적인 성욕조
차 부정한 것으로 규정했다. 4세기 성 히에로니무스는 "너
무 정열적으로 아내와 사랑에 빠지는 남편이 있다면, 그는

음행을 저지른 자와 다름없다"고 말했다. 그러나 성욕을 부정한다면 어떻게 종족 번식을 할 것인가. 이 문제를 고심하던 기독교는 종족 번식을 위한 성행위만은 대체로 정당한 것으로 허락해주었다. 이러한 생각에 따르면 피임하는 것은 명백히 쾌락만을 위해 성행위를 하는 것이다. 따라서 피임했을 경우에는 간음했을 경우보다 훨씬 무거운 처벌이 가해졌다. 중세의 성직자 부르카르트는 피임과 낙태에 대해 10년간의 참회 고행을 부과했다.

성을 부정한 것으로 간주하고, 종족 번식을 위한 것만 정당하다고 규정한 기독교의 성직자들은 부정한 성행위에 대해 구체적이고 세심한 규정을 마련했다. 남자의 자위행위에 대해서는 10일간의 참회 고행을, 구멍 뚫린 나무판을 이용한 자위행위에 대해서는 20일간의 금식 고행을 부과했다. 하녀나 미혼녀와 간음했을 경우에는 10일간의 참회 고행을 부과했다. 교회는 부부 간의 성행위도 여러 가지로 규제했다. 부인이 임신했을 경우, 생리하고 있는 동안, 그리고 출산 후 40일 동안은 성행위를 금지했다.

교회의 여러 축일과 기념일에도 성행위를 금지했다. 중세의 한 참회 규정서에 따르면 매주 일요일, 수요일, 금요일, 토요일이 금욕일, 즉 성행위를 해서는 안 되는 날이었다. 일요일은 성스러운 주님의 날이었고, 수요일은 참회의 날이었으며, 금요일은 그리스도가 죽은 날이었고, 토요일은 '쓰러진 그리스도'를 기념하는 날이었다. 크리스마스와 사순절, 성 요한 축일 등 각종 축일도 금욕일이었다. 이런 금욕일까지 모두 제외한다면 성관계를 맺을 수 있는 날은 1년에 불과 40일 정도밖에 되지 않았다. 그런데도 이런 금기를 어길 경우 40일간의 참회 고행이 부과되었다.[7]

교회는 또한 성관계 시의 체위까지 규제했다. 교회는 남자가 위에 있으면서 얼굴을 맞대고 하는 성행위만을 인정했으며, 그 외 모든 체위는 금지했다. 특히 여성 상위 체위에 대해서는 극도의 혐오감을 보여서 여성 상위 체위를 하는 경우 기형아가 태어나거나 문둥병에 걸린다고 가르쳤고,[8] 고해성사에서 여성 상위 체위를 했다고 고백하면 3년간의 참회 고행의 벌을 내리기도 했다. 교회가 여성 상위 체위를 금지했던 이유는 기독교가 고대의 사고관을 계승 발전시켰기 때문이다. 동물처럼 성교하는 것, 즉 후배위는 이보다는 처벌이 조금 약해서, 10일간 물과 빵만을 먹는 벌이 부과되곤 했다.[9] 교회가 이렇게 가르쳤기 때문에 서양인들은 이른바 '정상위'를 하는 사람들이 되었는데, 제국주의 시대에 그들이 해외에 나갔을 때 아시아·아프리카의 원주민들은 서양인들의 이런 모습을 보고는 기이하게 생각했다. 원주민들은 여러 가지 체위를 즐기고 있었고, 정상위를 가장 재미없는 체위라고 생각했기 때문에 그것을 '선교사의 방식'이라고 불렀다.

고대인들은 남자가 여자보다 우월한 것은 너무나 당연한 진리라고 생각했다. 고대인의 남성 우월주의가 얼마나 심했는지를 보여주는 이야기가 있다. 고대 그리스 남자들은 신들에게 세 가지를 감사드렸다. 먼저 그들은 동물이 아니라 인간으로 태어나게 해주어서 감사했고, 그다음에는 여자가 아니라 남자로 태어나게 해주어서 감사했고, 그다음은 야만인이 아니라 그리스인으로 태어나게 해주어서 감사했다. 또 고대 유대인 남자들은 날마다 하느님께 기도를 드렸는데 "여자가 아니라 남자로 태어나게 해주셔서 감사합니다"라는 구절을 암송하곤 했다.[10] 이런 유행어나 기도문을 보면 고대 남자들도 여자가 얼마나 고단하고 힘든 삶을 살았는지 잘 알았던 것 같다. 결국 남자들은 알면서도 여성을 그렇게 멸시하고 학대한 것이다. 이 사실을 생각하면 '남자 가운데 어찌 선한 것이 있을 수 있겠는가?'라는 의문이 든다.

고대에는 지식인들이 총동원되어 여성이 열등하다는 이데올로기를 만들어냈다. 그런 지식인 가운데 의사들이 있었다. 고대 의사들은 남자는 어머니의 자궁에서 완전히 익혀져 나왔다고 가르쳤다. 그들에 따르면 남자는 자궁에서 열을 충분히 축적했기 때문에 생기가 넘친다. 남자가 사정을하는 것이 이를 입증한다. 반면에 여자는 남자가 되려다가실패한 존재로 설명되었다. 여자는 귀중한 생명의 열이 충분히 주어지지 않았기 때문에 덜 익혀졌다. 따라서 여자들은 사정을 하지 못하고 매달 생리를 하게 된다.[11]

이러한 생각에 따르면 완벽한 존재인 남자는 불완전한존재인 여자를 주의 깊게, 그리고 조심스럽게 지도해야 한다. 특히 성관계를 할 때 남자는 '도덕적 오염'을 당하지 않도록 유념해야 한다. 성관계 시에 남자가 수동적인 태도를취하면 남녀의 위계가 뒤집힌다.

남성의 우월함을 강조하는 교회의 가르침은 근대 초에도엄격하게 지켜졌다. 일반적인 편견과 달리 근대 초 서양인의 종교적 열정은 약해진 것이 아니라 오히려 강해졌다. 종교개혁을 전후해서 서양인들은 교리에 따르지 않는 삶에대해 엄격하게 통제를 가했다. 16~17세기는 진정 '신앙의시대'였다. 청교도혁명, 30년 전쟁 등을 생각해보면 이 시기서양 사람들이 신앙 때문에 혁명을 일으키고 전쟁도 불사했다는 사실이 분명히 와닿을 것이다.

"그러므로 그 성품과 기운이 또래 아이들에 비해 더 활달하고 씩씩한 여아일 경우, 한 시간만 늦게 태어났더라면 남아로 태어났을 것이다. 마찬가지로 심약한 계집아이 같은 남아는 한 시간 전이었다면 여아였을 것이니."

– 로랑 주베르의 《의학 진단 및 건강 관리와 관련된 민간의 오류》(1556)에서

이런 종교적 열정 때문에 사람들은 성행위에 대한 교회의 엄격한 규제에 대해 고민이 깊어졌다. 대개 여성이 출산후 젖을 먹이는 동안에는 임신이 되지 않는다. 부인이 출산하여 젖을 먹이는 기간은 보통 1~2년이나 된다. 그토록 긴기간 동안 성행위가 부정한 것이라니 이 사태를 어찌할 것인가? 성욕을 주체할 수 없었던 남자들이 해결책을 찾아 헤매다가 발견한 것이 유모 고용이었다. 즉 유모의 확대와 기독교의 가르침, 그리고 종교적 열정의 증가는 분명 깊은 관련이 있었다.

모유 수유에 대한 의사들의 엉터리 주장

　종교적 가르침 외에 잘못된 의학 지식도 중요한 역할을 했다. 당시 의학 지식은 현대의 관점으로 보면 엉뚱한 것투성이였다. 당시 의사들은 남녀의 성별이 어머니의 자궁 환경에 따라 달라진다고 믿었는데, 앞서 보았듯이 자궁에서 얼마나 오랫동안 잘 '익는가'가 중요했다. 아이가 잘 익어 나오면 남자가 되고, 덜 익어 나오면 여자가 되는데, 씩씩한 여자아이의 경우 그녀가 한 시간만 어머니 자궁에서 더 익었더라면 남자가 되었을 것이다. 반면에 우아한 남자아이의

경우 그가 한 시간만 먼저 태어났더라면 여자였을 것이다.[12]

어떻게 최고 지식인을 자처하는 의사들이 이런 엉터리 주장을 할 수 있었을까? 아직 과학혁명이 시작되기 전이어서 과학 지식, 특히 생물학과 인체에 대한 지식이 형편없었기 때문이다. 최첨단 과학자라고 불렸던 해부학자들도 의사들 못지않게 기이한 주장을 펴곤 했는데, 그들은 여성에 대해 다음과 같이 가르쳤다.

여성은 자궁이라는 신경질적인 물건이 몸안에 들어 있어서 감정을 자제하거나 성적 충동을 통제할 수 없다.[13]

상당수 지식인들은 의사나 과학자 들이 엉터리 소리를 많이 한다는 사실을 알고 있었다. 그들은 의사들을 신뢰하지 않았는데, 이를 보여주는 재미있는 일화가 있다.

최초의 근대인이라고 불리는 페트라르카가 어느 날 중병에 걸려 의사들을 불렀다. 페트라르카를 진료한 의사는 그의 병이 위중해서 치료할 방법이 없고, 그날 저녁에 죽게 될거라고 진단했다. 그들은 페트라르카가 잠들면 곧 죽을 테니 잠들지 못하게 새끼줄로 몸을 꽉 묶으라고 처방했다. 그런데 페트라르카는 이미 하인들에게 무엇이든 의사들이 시키는 반대로 하라고 명령해두었다. 하인들은 주인의 말을 들을지 의사의 말을 들을지 고민하다가 주인의 명령대로 페트라르카를 편히 잠들게 했고, 그 덕분에 다음 날부터 병이 낫기 시작했다.[14]

의사들이 이렇게 신통치 않은 존재였던 시절은 그 후에도 오랫동안 지속되었다. 1832년 세계적으로 콜레라가 유행했다. 순식간에 수많은 사람이 죽자 사람들은 공포에 사로잡혀 공기를 정화한다는 명목으로 아스팔트asphalt를 태우는 것과 같은 이상한 행동을 했다. 그런데 당시 미국 의사들은 포트와인을 많이 마시면 콜레라를 예방할 수 있다고 주장했는데, 과음은 신경의 마비를 가져왔을 뿐 오히려 사망률을 높인 엉터리 처방이었다.[15]

하여튼 16~17세기 일부 지식인들이 의사를 믿지 않기는 했지만, 그래도 의사는 의사였다. 사람들은 대부분 의사의 말을 신봉했으며, 그들에게 많은 돈을 주고 치료를 받으려고 했다. 그런데 당시 의사들은 여성이 출산 후 젖을 먹이는 동안 성행위를 하면 모유의 질이 떨어져 아이에게 좋지 않고, 혹 수유 기간에 임신하면 모유가 중단된다고 주장했다.

의사들의 이런 설명은 당시 많은 부르주아의 '양심'을 괴롭혔다. 이에 대해 근대 영국의 결혼, 이혼 제도 등을 연구하여 사회사가로서 명성을 얻은 로렌스 스톤은 다음과 같이 말했다.[16] "당시 여자들은 젖을 먹이는 동안에 남편과 성행위를 함으로써 아이를 해롭게 할 것인가, 아니면 그것을 금지함으로써 성행위를 원하는 남편의 간통 위험을 키울 것인가 사이에서 갈등을 겪었다."[17]

이 난제를 해결할 방법이 없을까? 돈 있는 사람들에게는 결코 어려운 문제가 아니었다. 그들은 유모를 고용하여 아이에게 젖을 주게 함으로써 아내를 젖 먹이는 일에서 해방시켰고 자신들의 성욕을 계속 채울 수 있었다. 근대 초에 유모 제도가 확대된 것은 바로 이런 이유 때문이었다.

유모 제도가 확대된 것을 보면 인간은 참으로 관념적이면서도 동물적인 존재라는 생각이 든다. 출산 후 성행위가 부정하고 아이에게 좋지 않다는 생각 때문에 성행위를 자제해야겠다는 관념에 사로잡혔으나, 계속 성행위를 하고 싶은 욕구도 뿌리치지 못했기 때문이다. 이런 요소들이 경제적 변화와 맞물리면서 유모 제도가 확대되고, 부르주아가 아내들로 하여금 젖을 먹이지 못하게 했던 것이다.

그럼에도 인간은 강인한 정신력으로 욕구를 통제할 수 있는 존재다. 19세기 절제, 금욕, 관용을 중요한 가치로 여겼던 빅토리아 시기의 부르주아들은 아이에게 젖을 먹이는 일을 유모에게 맡기지 않았다. 근대 초 잘못된 의사들의 가르침이 극복되면서 모유 수유가 아이에게 좋다는 관념이 확대되었기 때문이다. 당시 전형적인 부르주아였던 윌리엄 글래드스턴은 아내가 모유 수유를 어려워하자, "아내의 유방을 부드럽고 경건하게 매만져줌으로써" 젖을 잘 나오게 했다.[18] 그 후 지금까지 모유 수유를 이상적인 것으로 보는 관념이 이어지고 있다.

2
문명 속 여성의 잔혹사

남자의 갈빗대로 만든 여자

천지를 창조한 하느님은 흙을 빚어 남자를 만든 후 그가 혼자 사는 모습을 보고, 남자의 갈빗대 하나로 여자를 만들었다. 유대교의 랍비들은 여자들이 수다스러운 게 여기서 비롯되었다고 생각했다. 뼈를 단지에 넣고 흔들면 시끄러운 소리가 나지만 흙은 조용하듯이, 말 많은 여자와 과묵한 남자가 대비된다는 얘기다.[1] 이런 우스갯소리를 생각하다 보면 하느님이 정말 여자를 만들었을까 의심스러워진다.

문명이 시작하면서부터 남녀의 관계가 정해진 것은 분명

하다. 남자의 갈빗대로 만든 여자는 남자의 일부이고 재산이었다. 하느님은 아담과 하와를 에덴동산에서 쫓아내면서 다음과 같이 말했다. "또 여자에게 이르시되 내가 네게 잉태하는 고통을 크게 더하리니 네가 수고하고 자식을 낳을 것이며 너는 남편을 사모하고 남편은 너를 다스릴 것이니라."[2] 하느님의 명령에 따라 남자가 여자를 다스렸다. 물론 이 관념이 성경이 기록된 후에야 생겨난 것은 아니다. 최초의 문명을 이룬 수메르인도 자녀는 아버지의 재산이고, 부인은 남편의 재산이라고 생각했다. 이렇게 고대에 성행하던 관념을 성경이 구체화했을 것이다.

지금도 몇몇 학자들은 최초의 인류사회가 모계사회였다고 주장하지만, 그 주장은 근거가 약하다. 역사가 시작되면서부터 남자들이 세상을 지배했다. 이는 네안데르탈인이 매장을 시작한 후 무덤의 역사를 살펴보면 쉽게 알 수 있다. 무덤은 죽은 자가 살아 있을 때 누렸던 지위와 부를 대변한다. 지위가 높은 자의 무덤은 화려하고 웅장하지만, 지위가 낮은 자들은 무덤이 없거나 초라하다. 구석기시대 이래 발견된 중요 무덤들은 거의 남자들의 것이다.

여자는 대개 남자와 함께 묻히거나, 아예 묻히지 않았을 것이다. 무덤에 묻힌 사람의 성비를 따져보면 남자가 월등히 많다.[3] 문명이 발전한 후에야 여자도 자신의 무덤을 갖게 되었다. 선사시대에 남녀가 무덤에 같이 묻힌 경우 무덤 주인이 남자임은 너무나 분명하다. 오늘날 사람들은 무덤에서 발견되는 가슴 장식, 부적 목걸이, 목장식 등을 여성의 장신구로 생각하기 쉽지만, 선사시대에 그런 장식은 남자를 위해 만들어지고 부장되었다.[4] 선사시대 내내 남자들의 시체가 장식되었고, 주로 남자가 쓰는 물품이 무덤에 부장되었다. 예컨대 스웨덴 중부지방에 있는 발스가르데, 벤델과 같은 공동묘지에 바이킹들이 매장되었는데 그 무덤에는 장신구, 무기, 철모, 갑옷 등이 함께 묻혀 있었다.

여자는 남자에 종속되어 인고의 세월을 살았다. 남자들은 온갖 나쁜 제도와 관습을 도입해서 여자들을 괴롭혔는데, 그중 몇 가지를 살펴보자.

동서양을 막론하고 여아들은 쉽게 버려졌다. 전근대의 아버지들은 자식을 죽이거나 팔아버릴 수 있었다. 아들도 팔아버리는데, 재산도 안 되고 시집갈 때 지참금까지 줘야 하는 딸을 키우고 싶은 아버지는 별로 없었을 것이다. 대부분의 사회에서 딸은 태어나자마자 버려지는 경우가 많았고, 그 때문에 전쟁이 나서 남자들이 죽지 않는 한 사회에는 항상 남자가 많았다. 여아를 버리는 관습은 매우 오랫동안 유지되어 중국의 경우 20세기까지도 지속되었다.

　바빌로니아의 모든 여자는 일생에 한 번 아프로디테의 신전 앞에서 낯선 남자에게 몸을 바쳐야 했다. 여자들이 머리에 끈을 두르고 아프로디테 신전 앞길에 앉아 있으면, 남자들이 지나가면서 여자를 골라 그녀의 무릎에 은화를 던졌다. 여자는 최초로 은화를 던진 남자를 따라가야 했다. 이 임무를 쉽게 완수하는 여자들도 있었지만, 못생긴 여자들은 서너 해씩 신전 앞에서 남자를 기다리기도 했다.

　바빌로니아에서는 결혼 풍습도 순전히 남자 중심이었다. 혼기가 찬 여자들을 매년 한 번씩 한곳에 모아놓고 경매하여 결혼을 시켰다. 경매는 가장 예쁜 여자부터 시작되었다. 고액을 부른 부자들이 예쁜 여자를 차지하고 나면 못생긴 여자들이 경매되었다. 그런데 못생긴 여자들은 남자가 돈을 받고 데려갔다. 가장 못생긴 여자는 돈을 가장 적게 받겠다고 선언한 남자가 데려갔다. 가난한 사람들은 못생긴 여자를 데려가면서 돈을 벌 수 있었던 것이다. 가장 못생긴 여자를 데려가는 사람에게 주는 돈은 가장 예쁜 여자를 팔았을 때 생긴 돈으로 지급되었다.[5]

　바빌로니아인보다 후대에 큰 영향을 끼친 종족은 유대인이다. 유대교가 기독교와 이슬람교의 모태기 때문이다. 언뜻 보기에는 유대인이 여성을 존중하고 보호했던 것 같다. 유대인의 율법을 만든 모세는 "남자는 어떤 사유로 이혼을 하게 된 경우 이혼 증서를 써주어야 한다"고 규정했다. 이혼 증서를 받은 여인은 다른 남자와 재혼할 수 있었다.[6]

후대 유대인들은 모세가 막연히 말한 이혼의 '이유'에 대해 토론하곤 했다. 기원전 1세기의 위대한 랍비인 삼마이는 부인이 간통했을 때만 이혼할 수 있다고 가르쳤다. 삼마이의 경쟁자였던 힐렐은 '아내가 남편의 수프를 태웠다'는 이유로 이혼할 수 있다고 가르쳤다. 고대 유대인의 경전인《미슈나 Mishnah Ketubot》는 "여자가 거리에서 다른 남자와 말을 나누면 가져온 지참금을 돌려주지 않고 이혼해도 된다"라고 규정했다.[7] 여자에게 가혹하다 싶지만 이런 규정은 정말 약과였다. 또 다른 유명한 랍비였던 아키바 Rebbe Akiva ben Yosef(50년경~135년경)는 "남자는 아내보다 젊은 여자가 더 예쁘게 느껴지기만 해도" 이혼할 수 있다고 가르쳤다.[8] 유대인의 남성 우월주의는 이렇게 노골적이었다.

남성에게 종속된 고대 여성의 삶

고대 그리스 여자의 삶도 별로 나을 게 없었다. 이에 대해

에우리피데스는 《메데이아》라는 비극에서 다음과 같이 읊었다.

> 생명과 분별력을 가진 모든 것 가운데 우리 여자들이 가장 비참한 존재들이에요. 우리는 거대한 액수의 지참금을 주고 남편을 사서 상전으로 모셔야 해요. 그다음에는 남편이 좋은 사람인지 나쁜 사람인지에 따라 운명이 결정되지요. 아무리 남편이 나쁜 사람이라고 해도 이혼은 수치이고 남편을 거절할 수는 없어요. …… 우리가 남편의 성정을 잘 받아들이고 그에게 순종하며 쫓겨나지 않고 살아간다면 사람들은 행복한 인생이라고 말합니다. 그러지 못하면 우리는 죽는 편이 나아요. …… 남자들은 우리가 집에서 편안하게 지낸다고 말하곤 합니다. 자기네들은 전쟁터에 나가 창 들고 싸운다면서 말이에요. 말도 안 되는 헛소리예요. 저는 한 번 애를 낳느니 차라리 세 번 전장에 나가 싸우는 걸 택하겠어요.[9]

이 말대로 그리스 여자들은 결혼할 때 엄청난 지참금을 지불했고, 남편의 종처럼 살았다. 그리스인들이 여자를 열등하게 여겼기 때문이다. 그리스의 위대한 철학자 플라톤은 티마이오스라는 사람의 입을 빌려 여자가 열등한 존재임을 역설했다. 티마이오스는 인간의 성은 이중적인데 그중에서 한층 더 강한(나은) 것은 남자로 불리게 되었고, 남자가 평생 훌륭히 살면 영혼의 고향인 별의 거주지로 돌아가지만, 겁이 많고 변변치 못한 삶을 살면 여자로 다시 태어난다고 말했다.[10] '학문의 아버지'로 칭송받는 아리스토텔레스는 출생 때부터 운명적으로 누군가가 지배하고, 다른 누군가는 지배당하는 것이 좋다고 하면서 다음과 같이 말했다.

> 그러나 이것은 우리의 논제에서 벗어나는 것이므로 정신과 육체로 구성된 생물(인간)에 대해서만 논의를 국한하려 한다. 이 양자 중에서 하나(남자)는 자연적으로 지배자이며 다른 하나(여자)는 피지배자이다. 우리는 육체와 정신이 다 같이 가장 완전한 상태에 있는 자(남자)를 연구해야 하며 그 이유는 그에게 있어서 이 양자의 진실한 관련성을 찾아볼 수 있기 때문이다. 악하고 부패한 정신을 갖고 있는 자(여자)는 부자연한 상태에 있으므로 그때에는 가끔 육체가 정신을 지배하는 것같이 보일 것이다.[11]

> 남성은 본래 여성보다 지배하는 데 적합하다. 마치 연
> 장자나 장년이 연소자나 미숙한 자보다 우월한 것과 같
> 다.[12]

스파르타는 좀 특이하다. 스파르타의 사회·정치 제도를 기초한 리쿠르고스는 스파르타 여자들이 다른 나라의 여자들과 달라야 한다고 생각했다. 다른 나라에서는 소녀들이 제대로 먹지도 못하고 늘 앉아서 천이나 옷감을 짰다. 반면 리쿠르고스 덕분에 스파르타 여자들은 가사노동에서 해방되었고 좋은 음식을 먹었다.

그러나 리쿠르고스가 스파르타 여자들에게 좋은 대우를 했던 데는 다른 목적이 있었다. 그는 건강한 아이의 출산이 여자의 가장 중요한 일이라고 생각했다. 혼기가 찼는데도 결혼하지 않으면 법으로 처벌받았고, 결혼했어도 아이를 낳지 못하면 그 결혼은 제대로 인정받지 못했다. 만약 아내가 불임 여성이 아닌데도 자식을 못 낳으면, 남편은 아내를 다른 남자에게 빌려주어 임신하도록 해야 했다.

여자는 건강한 아이를 낳을 때만, 그것도 건강한 사내아이를 낳을 때만 인간 대접을 받았다. 리쿠르고스는 그 목적을 달성하기 위해 여자들도 운동하고 훈련받도록 했다. 스

파르타 여자들은 창던지기, 씨름, 경주 등으로 몸을 단련했고 국가의 제전에도 참가했다. 그래서 스파르타 여자들은 '넓적다리의 처녀'라는 별명을 얻었다. 그들이 운동경기나 제전에 발가벗고 참가하여 넓적다리를 훤히 내보였기 때문이다.

로마 여자의 삶도 비참하기 짝이 없었다. 로마의 아버지들이 가진 가부장권은 모든 가족 성원에 대한 절대적인 권한을 의미했다. 다음 자료는 로마의 건국자 로물루스가 부여한 가부장권이 얼마나 막대했는지를 보여준다.

> 로물루스는 로마의 아버지들에게 그들의 아들에 대한 절대 권력을 주었다. 아버지는 자기가 죽을 때까지 아들을 때릴 수도 있고, 죄인으로 가둬놓을 수도 있고, 농장에서 일을 시킬 수도 있고, 심지어 죽일 수도 있었다.[13] 아버지는 또한 아들을 노예로 팔 수도 있었다. 그리고 로물루스는 처가 간통과 음주의 잘못을 범한 경우 죽음으로 벌을 주도록 남편들에게 허용했다.[14]

이 자료에는 아들만 언급되어 있는데, 딸은 이렇게 규정할 필요도 없을 만큼 지위가 낮았다. 로마 여성은 어릴 때 아버지의 통제를 받다가 결혼해서는 남편에게 구속되었다. 운 좋게 남편이 일찍 죽더라도 여자는 독립적인 주체로서 인정받지 못했다. 로마법은 여성이 스스로 판단할 능력이 없으므로 어릴 때뿐 아니라 성인이 된 뒤에도 후견인이 필요하다고 규정했기 때문이다.

대개 후견인은 부계친족 남자가 지명되었다. 여자들은 후견인의 동의 없이는 계약을 맺을 수 없었고, 유언, 노예의 공식적 해방, 재산의 법률적 보호 등을 하려면 반드시 후견인의 동의를 얻어야 했다.[15] 그런데도 로마 여성은 결혼할 때 막대한 지참금을 가져가야 했다. 예컨대 기원전 2세기 스키피오 아이밀리아누스가 딸 테렌티아에게 준 지참금은 로마의 보통 규모의 농장이 10년 동안 벌어들일 수 있는 금액이었다.[16]

문명의 발달, 여성의 속박을 강화하다

중세는 사료가 풍부해서 여자들이 처했던 상황을 더 자세히 알 수 있다. 서양 중세에서 여성은 지위가 격하되고 더욱 고통스러워졌는데, 그 원인은 기독교와 가부장권의 강화였다.

"고통이 뭔지 알고 싶어?
그럼 코르셋을 입어봐!"

- 영화 〈캐리비안의 해적 1〉에서
  엘리자베스 스완이 하는 말

기독교는 4세기 이후 서양 세계의 중심 종교가 되었다. 일부 학자들은 기독교가 남녀평등에 기여했다고 주장하지만, 그러한 해석은 특수한 사례들을 과대평가한 데 불과하다. 기독교의 여성관은 중세 신학을 완성한 토마스 아퀴나스의 말을 보면 금세 알 수 있다. "여자는 태어날 때부터 주인인 남편의 속박 아래 영원히 놓이도록 되어 있으며, 하느님은 남자에게 우월성을 부여하여 모든 방면에서 그녀를 지배하도록 했다.""여자는 남자를 돕기 위해 창조되었는데, 그것도 오직 출산을 통해 그렇게 할 수 있을 뿐이다." 중세 신학과 르네상스의 가교 역할을 했던 에라스뮈스도 "여자들 가운데 더러는 남자들로부터 사리분별이 있다고 평가받고 싶어 하는 자들이 있지만, 결국 그녀는 이중으로 바보일 따름이다"라고 말했다. 이런 믿음에 따라 교회는 남편에 대한 아내의 무조건적인 복종을 강조했다.

가부장제는 12세기 이후 더 강화되었다. 남자 혈연 중심으로 상속되는 제도가 확립되고, 장자상속제가 정착되면서 여자들의 지위가 더 낮아졌다. 신석기시대부터 가정의 주인은 남자였지만, 여자들도 나름대로 권리를 향유하고 있었다. 혈연관계는 남자 쪽 친족과 여자 쪽 친족을 함께 따졌으며, 여자도 남자와 같이 부모의 재산을 물려받을 수 있었다.

그리고 '순결' 이데올로기가 발달하지 않았기 때문에 정조에 대한 압박이 상대적으로 덜했다. 그러나 서양에서는 가부장제와 기독교가 함께 발달하면서, 동양에서는 유교가 생활 속에 침투하면서 여자의 삶이 더욱더 고통스러워졌다. 남자들은 바람을 피우고 사창가를 들락거려도 별 문제가 되지 않았지만, 여자는 강간을 당해도 사회적인 멸시를 면할 수 없었다.[17]

더구나 중세 유럽의 귀족 남자들은 대부분 괴팍한 난봉꾼이었다. 그들은 매일 인사불성이 되도록 술을 퍼마셨고, 갖가지 잔인한 오락거리를 즐겼다. 예컨대 영국의 존 왕은 식탐을 충족하고 나서 오락 삼아 죄인을 교수형 시켰다. 다른 귀족들도 마찬가지였다. 이들은 장기를 두다가 자기가 질 것 같으면 장기 말로 상대방의 머리통을 후려갈겼고, 하인들이 음식을 조금만 늦게 가져오면 창을 던져 위협하거나 바로 죽였다.[18] 그들은 사람을 죽이거나 불구로 만드는 것을 일상의 즐거움으로 삼았고, 그런 짓을 했다는 이야기를 자랑삼아 늘어놓곤 했다.

그런 남자들 밑에서 살았으니 중세 여자들의 삶이 어떠했겠는가. 남편은 아내를 자신의 아기처럼 생각했고, 그 아기를 마음대로 때릴 수 있다고 믿었다. 교회는 남편의 폭력에서 여자들을 지켜주기 위해 자선(?)을 베풀었다. 남편이 아내를 구타할 때 쓰는 몽둥이의 크기를 제한해서, 아내가 맞아 죽거나 불구가 되는 사태를 막아주려고 한 것이다. 그것도 자선이라고…….

교회는 여자가 모든 악의 근원이라고 가르쳤다. 하와의 죄로 인해 남자마저 에덴동산에서 쫓겨났으니, 여자의 본질은 남자를 꼬드겨 죄에 빠지게 하는 악마라는 것이다. 여자를 비이성적이고, 사악하고, 불완전하며, 심지어 악마로까지 생각했던 남자들은 여자들의 정신뿐 아니라 육체도 자기들 구미에 맞게 바꾸도록 요구했다. 그로 인해 여자들은 신체도 정상적으로 성장하지 못했다. 전족과 코르셋 착용이 대표적인 예다.

중국에서는 전족이 성행했다. 전족은 주나라 시대부터 시행되었다는 전설이 있지만, 실제로는 송나라 시대에 성행했다. 전족한 발이 얼마나 작은지는 양귀비가 잘 보여준다. 양귀비의 발은 3척(9센티미터)밖에 되지 않았다. 발의 성장을 막기 위해 얼마나 큰 고통이 따랐을까. 전족은 아주 어린 시절부터 시작된다. 처음으로 전족을 한 어린아이는 아픔을 참지 못해 밤낮으로 울었다. 종종 살갗이 벗겨지고, 고름이 생기고, 피가 나기까지 했다. 고통 속에 신음하며 여자아이

들은 잠도 제대로 못 자고 음식도 잘 먹지 못했다.[19]

　전족을 한 채 성인이 되면 여자들의 발은 기형이 되었고, 지팡이가 없으면 제대로 걷지도 못했다. 전족을 왜 했을까? 두 가지 목적이 있었다. 하나는 여성의 바깥출입을 제한하기 위해서였다. 제대로 걸을 수 없으니 불편해서 외출하기가 힘들었다. 여성의 외출을 제한하는 것은 남편의 지배력을 극대화했다. 두 번째는 성적 목적이었다. 중국인들은 전족을 하면 엉덩이가 커지고 성적 매력이 배가되어, 성행위시 남자를 즐겁게 해줄 수 있다고 믿었다고 한다. 어찌 됐든 중국 남자들은 전족을 강요하여 여자들을 불구로 만들어버렸다.

　서양 근대에는 코르셋이 유행했다. 코르셋은 여자들이 배와 허리를 날씬하게 하려고 입는 속옷이다. 영화나 그림을 보면 여자들이 개미허리에 원뿔 모양의 치마를 입은 장면이 자주 등장한다. 그 여자들의 허리둘레는 얼마나 될까? 요즘 미인은 허리둘레가 24인치라고 하는데, 그 여자들의 허리는 20인치도 채 되지 않았다. 코르셋이 얼마나 허리를 꽉 조였던지 갈비뼈들이 교차하여 반대편 가슴으로 파고드는 경우도 많았다. 왜 그렇게까지 몸을 조여야 했을까? 남자들이 가느다란 허리를 여자들에게 강요했기 때문이다.

근대에도 자행된 여성 차별

마녀사냥은 르네상스기 여성의 수난을 가장 잘 보여주는 사건이다. 1400년에서 1700년 사이에 서양에서는 10만 명에서 많게는 50만 명에 이르는 여자들이 마녀 판결을 받고 처형당했다. 무지한 몇몇 사람이 광기에 사로잡혀 여자들을 죽인 게 아니라, 전 사회적으로 마녀사냥이 행해졌다는 점이 중요하다. 하느님의 사랑을 설파하는 교회와 공공의 질서를 책임지는 국가가 적극 개입하여 멀쩡한 여자들을 잡아다가 갖은 고문을 통해 죄를 실토하게 하고는 죽였다. 마녀로 판결받은 사람들 중 95퍼센트 이상이 여자였다는 사실은, 당시에 여자가 악마와 가깝거나 심지어 악마 그 자체라는 관념이 있지 않고는 불가능했을 것이다.

죄 없는 여자 수십만 명이 정식으로 고소를 당하고, 공공법정에서 재판을 받았다. 마녀 판결은 실로 어처구니없는 방법으로 진행되었다. 용의자의 무게를 달아 예상대로면 무죄, 가벼우면 유죄를 선고하기도 하고, 물에 집어넣어 가라앉으면 무죄, 떠오르면 유죄를 선고하기도 했다.

근대 세계가 완전히 확립되고도 시간이 한참 흐를 때까지 여성 차별은 여전했다. 영국에서는 부인을 팔아먹는 관습이 성행했고,[20] 여자가 악마라는 중세의 관념도 결코 없어지지 않았다. 러시아의 대문호 톨스토이는 이렇게 말했다.

> 이제 나는 다음을 나의 규칙으로 삼겠다. 여성과 함께 있는 것은 불가피한 사회악이므로 가능한 한 그들을 멀리해야 한다. 우리 내부에 있는 육감성, 방종, 경박성의 원인이 여성이 아니라면 누구겠는가? 용기, 견실성, 합리성, 공평성 등등의 자연적인 성질을 잃을 것에 대한 책임을 여성이 아니면 누가 지겠는가?

여자의 삶에 대해 최초로 진지하게 고민했던 사람은 18세기 사상가 메리 울스턴크래프트였다. 그는 《여성 권리의 옹호》라는 저서에서 여자가 불평등한 대우를 받는 이유가 신체가 열등해서가 아니라 이성적 존재로 인정받지 못했기 때문이라고 주장했다.

그 후 존 스튜어트 밀이 1869년 《여성의 종속》이라는 책을 쓰고 본격적으로 여권의 신장을 부르짖었다. 그는 인간은 누구나 재능을 발휘하고 가장 유리한 기회를 선택할 자유가 있는데, 여자들은 그 권리를 누리지 못하고 있다고 생각했다. 여자도 남자와 동등한 이성과 능력을 가지고 있는

데, 단지 기회가 주어지지 않았고 교육을 받지 못했기 때문에 불평등을 당하고 있다는 것이다. 밀은 여성에 대한 법적 불평등을 제거하고, 모든 직업을 개방하고, 그 직업을 잘 수행할 수 있도록 교육해야 한다고 주장했다. 밀의 말대로 완전한 남녀평등이야말로 완벽한 인간 사회를 향한 진보의 마지막 일보가 아닐까?[21]

한번 상상해보자. 옛날에 여자로 태어났다면 어떤 인생을 살았을까. 여자들은 자기 운명을 스스로 개척하지 못했고, 남자들에게 잘 보이기 위해 갖은 애를 써야 했다. 여자는 남자의 노리개이자, 아이를 낳는 기계로 살면서 고된 노동까지 했다. 하느님은 〈창세기〉에서 분명 노동의 고통을 여자들에게 주지 않았는데, 실제로는 그렇지 않았다. 농사일, 길쌈 등을 하느라 쉴 틈이 없었고 가사 노동은 100퍼센트 아내의 책임이었다. "다시는 여자로 태어나고 싶지 않다"며 한탄하는 여성이 얼마나 많았던가.

앞으로는 남녀가 평등하고 상생하는 세상이 되어야 한다. 그러자면 오랜 역사 과정에서 우리 머릿속에 각인된 편견을 뿌리 뽑아야 한다. 그런 편견 몇 가지를 살펴보자.[22]

여성은 '제1의 성'이다

1949년 보부아르는 《제2의 성》에서 "여자는 태어나는 것이 아니라 만들어지는 것이다"라고 주장했다. 차별과 학대를 받아온 여성의 삶을 생각할 때 그녀의 말은 의미심장하다. 인간이 아니라 어머니, 아내로서의 희생을 강요하는 이데올로기는 분명 조작된 것이다. 이 점에서 보부아르의 '제2의 성'은 여성의 평등에 대해 고민하는 사람들에게 좋은 지침이 되었다.

현대의 여러 연구가 보부아르의 생각이 옳다는 것을 입증해주고 있다. 특히 생물학은 고대인들의 통념과는 달리 남성이 아니라 여성이 제1의 성임을 밝혔다. 정자와 난자가 결합하여 발생이 시작된 후 8주가 될 때까지는 남녀의 성이 분리되지 않는다. 8주가 되었을 때 태아가 Y 염색체의 유전자를 가지고 있다면 그 Y 염색체는 생식선 돌기들에게 고환이 되라고 지시하고, 그 후 남성의 성기를 만들기 위한 호르몬이 분비된다. 이 남성 호르몬이 작용하지 않으면 태아는 여자가 된다. 즉 모든 태아는 남성 호르몬이 분비되면 남자로 발현되고 그렇지 않으면 여자가 된다. 이 이야기는 모든 태아가 원래 여성적 성질을 가지고 있고, 그 여성에서 남성이 분화되었음을 의미한다.

여성은 제1의 성이므로 생물학적으로 남성보다 안정적이고 우월하다. 이는 남성으로 태어났지만 여성이 되고 싶어 성전환을 하는 사람이, 여성으로 태어나 성전환을 하는 사람보다 훨씬 많다는 사실에서 단적으로 입증된다.[23] 여성은 여러 가지 면에서 남성보다 뛰어난데 대표적인 예로 언어 능력을 들 수 있다. 6세기 프로방스의 대주교였던 아를레스 Arles의 카이사리우스가 이런 설교를 했다.

> 교회 안에서는 이웃들과 쓸데없는 잡담을 삼가십시오. 불행하게도 너무 떠들어서 자신뿐 아니라 다른 사람들조차 하느님의 말씀을 듣지 못하게 하는 사람들이 있습니다. 남자들보다는 특히 여자들이 그렇습니다.[24]

고대·중세에 교회에서 신자들이 잡담하고 떠드는 일은 매우 흔했다. 중세의 일반 신자들은 미사를 볼 때 자기들끼리 떠들다가 신부의 설교가 끝나자마자 선술집으로 달려가는 경우가 많았다.[25] 그렇지만 남자들보다 여자들이 더 수다스러웠다는 카이사리우스의 주장은 예전에도 여자들이 말을 즐겨하고 잘했을 거라고 짐작하게 한다.

여성은 왜 그렇게 말을 잘하게 되었을까? 여성의 뛰어난 언어 능력은 수백만 년 동안 진행된 진화의 산물이다. 오스트랄로피테쿠스 시절부터 남자들은 사냥을 주업으로 삼았다. 사냥하기 위해 남자들은 엄격한 위계 서열을 갖춰야 했고 때로는 사냥감의 눈에 띄지 않도록 몇 시간씩 매복해야 했다. 조그만 소리에도 놀라 사냥감들이 도망가 버리는 상황에서 남자들은 잡담도 마음대로 못 했을 것이다. 이런 상황이 오랫동안 계속되면서 남자들은 명령을 받고 내리는 데는 익숙해졌지만 대화하는 기술에는 취약해졌다.

　남자들이 사냥하는 동안 여자들은 집 근처에서 열매를 채집하거나 집안일을 하고 아이들을 돌보았다. 이런 작업은 평화로운 분위기 속에서 어떤 위계 서열도 없이 이루어졌다. 따라서 여자들은 많은 대화를 주고받을 수 있었다. 특히 육아가 여성의 언어 능력을 발달시켰다. 예나 지금이나 아이들을 키우려면 미묘한 표정이나 몸짓의 뜻을 읽어내야 한다. 이 과정이 반복되면서 여성은 다른 사람들의 몸짓이나 표정에 민감해졌을 것이다. 또 아이들에게 말을 가르치다 보니 언어 사용 빈도가 늘어났다. 그 결과 여성은 뛰어난 언어 능력을 갖게 되었다.

　뇌구조를 살펴보면, 언어를 담당하는 뇌영역에서 여성은

남성보다 신경세포(뉴런)가 약 11퍼센트나 많다. 그리고 대화할 때 남성은 주로 좌뇌를 사용하는 데 반해 여성은 좌뇌와 우뇌 모두를 사용한다. 가장 중요한 여성 호르몬인 에스트로겐도 여성이 언어를 잘 구사하도록 도와준다. 에스트로겐은 뇌에 존재하는 10조 개의 신경세포에 덩굴손 같은 돌기를 부착하여, 신경세포 간의 연결 고리를 증가시킨다. 이때문에 여성의 뇌가 남성의 뇌보다 훨씬 효율적으로 작동하며, 여성들은 에스트로겐 수치가 가장 높아지는 생리 기간에 언어를 더 잘 기억하고 능숙하게 구사할 수 있다.

사고가 유연한 여자, 단순한 남자

여성은 다중 사고력도 뛰어나다. 프랑스의 철학자이자 수학자인 파스칼은《팡세》에서 "인간은 자연 가운데 가장 약한 하나의 갈대에 불과하다. 그러나 그것은 생각하는 갈대다"라고 말했다. 여기서 갈대는 힘없고 나약한 존재다. 갈대는 바람에 흔들리며 이쪽저쪽으로 방향을 바꾸지 않는가. 이는 상황의 변화에 따라 다양하게 생각하며 자신의 생명을 지켜나간다는 것을 의미한다. 그런데 남자들은 단선적이고, 융통성 있는 사고를 잘 못하는 반면 여자들은 복합적인 사고에 익숙하다. 이 점에서 파스칼의 "인간은 생각하는 갈대다"는 "여자는 생각하는 갈대다"로 바꾸었으면 좋겠다.

대개 남자들은 한 가지 일에 집중하는 반면, 여자들은 두세 가지 일을 동시에 하는 데 익숙하다. 예컨대 장난감 블록 50개를 쌓고 책을 한 권 읽으라는 과업을 남성과 여성에게 준다면, 대부분의 남자들은 한 과업을 완전히 끝내고 나서야 다른 과업을 수행하지만 상당수의 여자들은 한 과업을 조금 하다가 다른 과업을 하는 방식을 택한다.

또한 남자들은 단순하게 생각한다. 남자들이 얼마나 단순한 사고를 하는지 실험해보면 재미있을 것이다. 여러 문항의 똑같은 질문을 남자와 여자에게 던져보면, 남자들은 예, 아니요 하고 답하는 빈도가 높은 반면 여자들은 단선적인 대답을 피하는 경우가 많다. 이는 여성의 사고가 유연함을 말해준다. 여자들은 주위 상황을 논리적으로 분석하여 명확하게 구분 짓고 대립 관계를 밝혀내어 사태를 해결하려 들지 않는다. 여성의 유연한 사고는 직관적 사고와 연관되어 있다. '여자의 직감은 못 속인다'는 말은 사실이다. 여자들은 다른 사람의 목소리나 몸짓, 표정을 보고 그 사람의 감정이나 그 사람이 원하는 것을 남성보다 훨씬 잘 읽어낸다. 여성의 이런 직관력은 아직 말을 못 하는 아이들을 기르는 동안 아이들의 표정 속에서 그들이 원하는 것을 읽으면서 발달했을 것이다.

여성은 유연한 성향 때문에 얼핏 보기에 변덕쟁이처럼 느껴지지만, 실은 남성이 융통성이 없어서 현실 변화에 매우 민감하게 반응하며 오히려 변덕쟁이가 되기 쉽다. 그러나 남성과 여성의 사고방식은 다를 뿐이지 어느 것이 더 우월하다고 말할 수는 없다.

뇌구조를 비교해보면 남녀의 사고방식 차이가 설명된다. 인간의 사고 과정에서 중요한 역할을 하는 곳이 전두엽 앞쪽 피질이다. 여기서 자료를 수집, 분류하여 판단하는 작용이 이루어진다. 이 전두엽 앞쪽 피질을 형성하는 데 영향을 끼치는 염색체가 있다. 이 염색체는 남성에서는 발견되지 않고 여성의 50퍼센트에서만 발견된다. 이 염색체가 발현된 여성은 유연하고 종합적인 사고를 할 수 있다. 그렇지 않은 여성도 전두엽 앞쪽 피질 가운데 한 부위 이상이 남성의 것보다 커서 남성보다는 사고방식이 유연하다.

남녀는 좌뇌와 우뇌를 연결하는 조직 케이블cable도 다르다. 좌뇌와 우뇌를 연결하는 2억 개 정도의 신경섬유들로 구성된 뇌량이 있는데 여성의 뇌량이 남성의 것보다 조금 더 굵다. 그리고 좌뇌와 우뇌를 연결하는 교련anterior commissure

이 있는데, 여성의 교련이 남성의 것보다 12퍼센트 더 크다. 이 결과 남성의 좌뇌와 우뇌는 연결의 긴밀도가 떨어지는 반면, 여성은 유연하고 복합적인 사고를 할 수 있다.

이처럼 현대 과학의 연구 결과는 남녀 불평등을 합리화했던 이데올로기가 억지에 불과함을 보여준다. 남녀가 함께 행복한 세상을 만들려면 여성에 대한 오랜 편견을 끊임없이 깨부숴야 한다. 무엇보다 각 분야에서 여성의 비율이 높아지도록 제도화할 필요가 있다. 국회, 법원 등 공직에는 한 성이 60퍼센트 이상을 차지하지 못하도록 법으로 규정하면 어떨까?

3
아이를 땅이 낳으라,
그리고 죽여도 좋다

타의 추종을 불허한 유대인의 인구 증가

기원전 17세기 언젠가 유대인의 조상 야곱과 그의 일족이 곡식을 찾아 이집트로 갔다. 그들은 그곳에 먼저 가 있던 요셉의 도움으로 정착에 성공했다. 처음에 이집트인들은 그들을 후대했지만 세월이 흐르자 홀대하기 시작했고, 결국 노예로 삼았다. 《구약성경》의 두 번째 권인 〈출애굽기〉가 전하는 이 이야기는 역사적 사실을 반영하고 있다. 기원전 1750년경까지 이집트인은 외세의 침입을 받아본 적이 없었는데, 그때 남쪽에서 힉소스인이 들어와 이집트를 정복했다. 힉소스인은 기원전 17세기에 권력을 장악했고, 100년 이상 정복자로서 이집트인을 지배했다. 힉소스인이 원래 서남아시아에 있던 셈족이었으므로 당연히 유대인도 그들의 일부였다. 따라서 유대인인 요셉이 이집트 정부의 고위직에 올랐다는 성경의 이야기는 역사적 사실을 충분히 반영한 것이다.

이 이야기에는 흥미로운 부분이 있다. 〈출애굽기〉에 따르면 유대인은 노예가 되고 나서도 인구가 계속 늘어났다. 어느 사회에서든 인구가 증가할 수는 있지만 유대인의 인구 증가 속도는 너무나 빨랐다. 이에 당황한 이집트 왕은 "보아라, 이스라엘 백성이 이렇듯 무섭게 불어나니 큰일이다. 그들이 더 불어나지 못하게 기회를 보아 손을 써야겠다"라고 말하면서 이스라엘 사람들에게 더욱 호되게 일을 시켜 인구 증가를 막으려 했다. 음식을 못 먹으면서 고되게 일하면 영양이 부족해서 인구가 증가하기 힘든 게 당연지사다. 그러나 유대인의 인구 증가는 멈출 줄 몰랐고, 결국 이집트 왕은 새로 태어난 유대인 아이들을 죽이라고 명령했다. 물론 그 명령은 잘 지켜지지 않았고, 유대인 인구는 계속 불어만 갔다. 유대인의 인구가 너무나 빨리 늘어났다는 이 신화같은 이야기도 역사적 사실을 반영한 걸까? 그렇다면 그 원인은 무엇일까?

먼저 역사적 사실의 반영 여부에 대해서는 그렇다고 대답하고 싶다. 훗날 로마가 세계를 정복했을 때 로마 세계의 전체 인구는 6000만 명가량이었고, 그중 유대인은 600만 명 이상이었다. 로마제국 인구 열 명 가운데 한 명이 유대인이었던 셈이다. 이는 참으로 놀라운 것이다. 유대인이 외적의 침입을 받기 쉬운 팔레스타인 지역에 살면서 수없이 많은 전쟁을 겪었고, 나라도 없는 상황에서 몇백 년을 보냈기 때문이다. 다른 민족이나 종족이라면 흔적도 없이 사라졌을 상황에서 유대인은 종족의 정체성을 유지하면서 로마제국의 최대 종족을 일궈냈다.

유대인이 인구 증가에 남다른 재주가 있지 않고서야 이런 일을 어떻게 이루어낼 수 있겠는가? 로마가 멸망한 후에도 유대인은 세계 어디를 가든 박해를 받았고, 멸종의 위기와 시련을 숱하게 겪었다. 그럼에도 그들은 지금도 건재하다. 결국 그들에게 무언가 특별한 게 있음을 인정해야 한다. 과연 그 비법은 무엇일까? 남자와 여자가 성적으로 결합해야 아기가 태어나므로 그 특별한 것은 그들의 결혼이나 성생활의 특이한 면일 것이다.

후손을 얻기 위해 권장된 결혼

유대인은 결혼을 '닫집huppa' 밑으로 들어간다고 표현한다. 닫집은 일종의 차일과 같은 것으로 네 개의 장대 기둥이 떠받치고 있다. 신랑과 신부는 각각 자신의 부모를 따라 닫집 밑에 들어가 결혼을 서약한다.

그렇지만 이렇게 결혼에 특별한 의미를 부여한다고 해서 다산이 되지는 않는다. 다산을 통해 인구를 증가시키려면 무엇보다 결혼 기간이 길어야 하고 그러자면 일찍 결혼해야 할 것이다. 과연 유대인에게 조혼이 보편적이었을까? 유대인이 성인의 문턱을 무척 낮춰 잡기는 했던 것 같다. 중세와 근대 유대인이 남긴 기록에 따르면, 남자든 여자든 10세가 아동기와 성인기의 결정적인 분기점이었다. 예컨대 1575년 크레모나의 북이탈리아 유대인 공동체는 일련의 '건강 규정'을 만들기로 결정했는데, 10세 이상의 공동체 성원들에게 운에 맡기는 모든 게임을 금지했다. 비슷하게 1613년 베로나 공동체는 사치 규제의 일환으로 밤에 게토에서 마스크 착용하는 것을 금했지만 10세 이하의 사람들에게는 허용했다. 18세기 후반 이 공동체의 비쿠르 홀림 결사Bikkur Holim confraternity는 지역 유대인 병자를 돌보았는데, 10

세 혹은 그 이상의 환자들 침상에만 구성원들을 (추첨으로) 배치하여 머물게 하겠다고 규정했다. 밤에 10~13세의 환자들에게는 두 명의 구성원이 배치되고, 13세 이상의 환자들은 공동체의 다른 성인들처럼 네 명의 시중을 받을 권한이 주어졌다. 이 경우 10~13세는 인생에서 중간 단계를 구성하는 기간으로 여겨졌다.

유대인이 아이들을 일찍 결혼시켰다는 보고도 있다. 전근대 유럽인은 일반적으로 남자는 20대 중후반에, 여자는 10대 후반에 결혼하곤 했다.[1] 유대인의 평균 결혼 연령을 보여주는 정확한 통계는 드물다. 하지만 그들이 결혼을 유난히 소중히 여겼고 가능한 한 일찍 자식들을 결혼시키려 했음을 보여주는 자료는 많다. 예컨대 근대 초 프랑스인 여행가 미송Misson은 이탈리아를 여행했는데, "이탈리아의 유대인들이, 특히 로마의 유대인들이 늦어도 20세에는 결혼해야 한다는 율법을 지켰으며, 그러지 않으면 치욕의 고통을 당하고 죄 속에서 사는 것으로 취급되었다"고 전한다. 유럽 각지에 흩어져 있던 많은 유대인 공동체도 결혼하지 않는 사람에게는 공직을 맡기지 않았으며, 미혼 상태를 일종의 범죄 상태로 보았다. 이렇게 결혼을 이상적인 상태로 여기고, 모든 사람을 결혼시키려고 했던 것이 보편적인 것은 아니다. 유대교에서 나온 기독교의 경우 오히려 결혼하지 않은 상태를 이상적인 상태로 보고, 결혼을 일종의 범죄로 보려는 경향이 있었다. 이처럼 결혼하는 것, 그것도 일찍 결혼하는 것을 이상적인 상태로 보았던 유대인의 결혼관이 유대인 인구 증가에 기여했을 것이다.[2]

유대인은 부부 사이의 성관계 또한 필수적이고 이상적인 것으로 보았다. 고대 유대교의 현자들이 부부 사이의 성생활에 대해 토론했는데, 다음 사료는 그들이 얼마나 성생활을 긍정적으로 생각했는지를 보여준다.

> 누군가 맹세코 부부관계를 하지 않으려고 한다면 얼마나 오래 가능한가? 샴마이파는 2주라고 답했고, 힐레파는 오직 1주라고 답했다. 율법에 규정된 의무적인 횟수는 다음과 같다. 생계가 넉넉한 사람은 매일, 노동자는 일주일에 두 번, 당나귀를 모는 사람은 일주일에 한 번, 나귀를 모는 사람은 30일에 한 번, 선원은 6개월에 한 번이다.[3]

이 자료는 유대인이 결혼한 후 의무적으로 성관계를 맺어야 한다고 생각했음을 보여준다. 물론 이런 관습은 결혼을 인구 증가의 수단으로 여겼기 때문이다. 그런데 일찍 결혼하고 자주 성관계를 가져도 후손을 얻지 못하면 어떻게 될 것인가? 유대 법률은 이런 상황을 예견하고 결혼 후 10년이 지나도 자식이 없을 경우 남성은 아내와 이혼하거나 후처를 들여야 한다고 규정했다.[4] 다시 말해 결혼한 후 아이를 낳지 못하면 여성은 이혼을 당할 수 있었다. 이렇게 철저하게 인구 증가를 목적으로 가족제도와 성관계를 운영했기에 유대인이 다른 종족보다 후손이 많았던 것이다.

유대인 남성에게 할례는 필수!

유대인의 할례(성기 끝 살가죽을 잘라 벗겨내는 일)도 주목할 만하다. 유대인이 조상으로 숭배하는 아브라함이 99세 때 하느님이 그에게 나타나셨다. 하느님은 아브라함에게 대대손손 자손이 번창하게 하고, 후손들을 보살펴서 그들이 가나안의 온 땅을 차지하게 해주겠다고 약속했다. 그리고 자신과 이스라엘 백성이 계약을 맺었다는 증표로 모든 남자의 할례를 요구했다. 이후 모든 유대인은 생후 8일 만에 할례를 받아야 했다.

물론 할례는 고대 이집트와 소아시아 일대의 셈족에게

널리 퍼져 있던 관습이었다. 그렇지만 유대인은 할례를 철저하게 지키면서 민족의 상징으로 여겼다. 이 때문에 유대 문화를 금지하려는 이방인은 반드시 할례를 금지하려고 했다. 예컨대 알렉산드로스 사후 아시아 일대를 지배했던 셀레우코스 왕조의 안티오코스 4세가 유대인을 박해할 때 안식일 준수 및 할례를 금지하고 돼지고기를 강제로 먹게 했다. 로마 시대에도 하드리아누스 황제가 유대인의 할례를 금지하려고 시도했다.

도대체 왜 유대인은 할례를 그토록 소중하게 여길까? 신학자들이나 신자들은 분명 종교적으로 해석할 것이다. 성기는 남성에게 힘의 원천이자 가장 소중한 신체 부위다. 성기의 일부를 잘라 바치는 것은 하느님의 종, 하느님의 사람이 되었음을 보여주는 것이다. 다시 말해 하느님에게 절대 복종을 맹세하는 징표다.

그러나 모든 것을 종교로 설명할 수는 없다. 그토록 전지전능하시고, 인간을 사랑하시는 하느님이 할례가 무언가 인간에게 이롭다고 생각하셨기에 할례를 요구했지, 설마 단지 고통을 주고 인간의 연약함을 되새기게 하기 위해 할례를 요구하지는 않았을 것이다. 그리고 이집트인이나 다른 셈족도 할례를 하는 경우가 많았다. 콜럼버스가 아메리카에 도착했을 때 아메리카 원주민 가운데도 할례를 한 사람들이 많았다. 그들이 포경을 했던 것은 하느님의 명령과 아무런 관련이 없다. 그들은 할례가 무언가 유용하다고 생각했음에 틀림없다.

그 할례의 유용함이란 무엇일까? 의학이 발달하지 않았던 시대에 살았던 고대인이 할례를 하면서 상당한 대가를 치러야 했던 것을 고려해보면 과연 그 유용성이 무엇인지 더욱 궁금해진다. 고대인이 마취제도 사용하지 않고, 소독되지 않은 칼로 수술하면 엄청난 고통이 뒤따랐을 테고, 때때로 세균 감염이 일어날 경우 항생제를 사용하지 못했으므로 심각한 부작용을 겪어야 했을 것이다. 무언가 대가가 있었기 때문에 그런 일을 했을 텐데 도대체 그 대가는 무엇일까?

할례가 워낙 잘 알려진 관습이라 많은 사람이, 특히 의학의 측면에서 할례의 유용성을 논구했지만 아직까지 별다른 성과를 내지는 못했다. 고작해야 귀두의 감염을 줄여주고, 귀두 주변을 청결하게 유지함으로써 성관계 상대자의 자궁암 발생을 줄여준다고 주장할 뿐이다. 그러나 그런 주장의 근거는 아직 미약하다. 자연 세계의 모든 영장류 수컷은 할례를 하지 않고도 잘 살고 있으니 할례는 자연을 거스르는 것이기도 하다.

이 문제에 대해 최근 레너드 쉴레인이 흥미로운 주장을 내놓았다. 그의 주장에 따르면 할례는 전적으로 여성에게 유익하며, 여성들의 요구에 의해 제도화된 것이다. 남성의 성기에서 표피를 제거하면 귀두가 노출되어 거친 옷감과 끊임없이 마찰하게 된다. 그 결과 연약한 신경세포들이 둔해져서 귀두는 더 건조해지고 더 질겨지며 더 단단해진다. 그 결과 성행위 시 절정에 도달하는 데 많은 마찰과 긴 시간이 필요하다. 이렇게 남성의 절정이 늦춰지는 것은 여성에게 이롭다. 여성이 남성보다 상당히 뒤늦게 오르가즘에 이르기 때문이다.

남성이 할례를 한 결과 성행위 시 만족도가 높아지면 부부는 성행위를 더 많이 하고 싶어질 테고, 그러면 더 많은 아기들이 세상에 태어날 것이다. 또한 '연장된' 성행위는 임신의 가능성을 높인다. 휴면 중인 여성의 질은 산성도가 상당히 높은데, 성행위가 길어지면 산성도 수치가 낮아져 질 내부가 점차 알칼리성으로 변한다. 이는 남성 정자의 생존 확률을 높여 임신 가능성을 높인다.[5]

만족스러운 성행위가 임신 가능성을 높인다는 주장은 예전부터 있어왔다. 성행위를 마치고 여성의 질 속으로 들어간 정자가 중력을 이기고 자궁 깊숙이 들어가기 위해서는 여성이 가만히 누워 있는 것이 좋고, 그러자면 여성이 오르가즘 후 행복한 피로감을 느껴야 한다고 주장되어왔다. 성행위 시에 여성이 남성보다 훨씬 더 만족감을 느낀다는 이야기는 이미 오래전부터 회자되었다. 고대 그리스에 테이레시아스라는 평범한 남자가 있었는데, 그는 운명의 장난으로 완벽하게 여자로 변해서 결혼도 하고 아이까지 낳으며 7년을 살았다. 나중에 제우스와 헤라가 그에게, 사랑할 때 남자와 여자 중 누가 더 행복하냐고 물었다. 그는 여자가 남자보다 아홉 배 더 행복하다고 대답했다고 한다. 테이레시아스의 주장을 계량적으로 확인하는 것은 불가능하지만 여성의 오르가즘이 남성의 오르가즘보다 훨씬 요란스럽고 격렬한 것은 사실이다.[6] 신이 여성에게 이런 성적 만족감을 준 이유는 아마도 여성이 출산할 때 생명을 거는 고통과 위험을 겪어야 하기 때문일 것이다. 하여튼 할례가 성관계 시 만족도를 높여 출산을 장려할 수 있다는 쉴레인의 주장은 경청할 만하다. 결국 그 기원은 명확하지 않더라도 유대인의 할례가 인구 증가에 기여했다고 생각할 수 있을 것이다.

이렇게 설명하면 이의를 제기하는 사람도 있을 것이다. 할례가 유대인만의 관습은 아니었기 때문이다. 헤로도토스는 《역사》에서 이집트인, 에티오피아인, 콜키스인이 할례를 행한다고 전하고 있다. 그의 진술대로 이집트에서 할례가 광범위하게 행해졌던 것 같다. 할례 장면을 묘사하는 벽화나 자료에서 이 사실이 확인된다. 인류학자들의 연구에 따르면 원시 부족 중에도 할례를 하는 종족이 많았다. 이안 호그빈Ian Hogbin은 뉴기니 어느 마을의 성인식을 조사했는데, 그 과정에 할례식이 있었다.[7]

그러나 할례가 유대인의 인구 증가에 기여했다는 설명이 전혀 근거 없다고 단정할 수는 없다. 유대인만큼 할례를 신성한 의식으로 설정하고 오랫동안 그 관습을 유지하면서 모든 남성에게 강요한 사례는 발견되지 않기 때문이다.

고대에 흔히 벌어진 유아 살해

유대인이 끌려와 살던 시절 이집트는 람세스 2세가 다스리고 있었다. 유대인은 비돔Pithom과 람세스 성을 짓는 등 강제 노역에 동원되었지만, 억압을 받을수록 유대인의 인구는 더욱 불어났다. 그럴수록 이집트인들은 유대인들을 더 혹독하게 부렸고,[8] 유대인 아이들을 무참히 학살하기까지 했다. 이때 유대인의 영웅 모세가 태어났는데, 모세의 어머니는 모세를 살리기 위해 그를 광주리에 담아 몰래 강물에 띄워 보냈다.

이 이야기에서 어떤 사실을 알 수 있을까? 기독교 신자들은 하느님이 하느님의 백성을 도와 인구를 늘리고 모세를 구해주었다고 생각할 테지만, 역사적으로 보았을 때 다르게 볼 수 있는 요인이 있다. 유아를 죽이는 것에 대해 이집트인은 쉬운 일, 당연한 일로 여겼던 데 반해 유대인은 범죄라고 생각했던 것이 아닐까?

고대에 유대인을 만났던 여러 사람이 그렇게 생각했다. 1세기의 로마 역사가 타키투스(56년경~120년경)는 유대인의 풍습에 대해 다음과 같이 말했다.

> 유대인들은 할례를 다른 종족과 자신들을 구별하는 표지로 삼는다. 유대교로 개종한 사람들은 유대의 관습을 행하는데 그들은 모든 다른 신들을 무시하고 고국을 버리고 부모, 자녀와 형제들을 경멸하도록 배운다. 그럼에도 불구하고 그들은 자신들의 숫자를 증가시킨다. 그들은 여분의 아이를 죽이는 것을 범죄로 여긴다.[9]

여기서 타키투스는 유아를 살해하지 않는 것이 유대인들

의 독특한 습관이라고 언급했다. 유아 살해는 고대 세계에서 매우 광범위하게 행해졌다. 로마가 세계를 장악하기 전 동방 지역에서는 '첫째 살해' 관습이 있었는데, 그것은 동방인들의 종교적 인식 때문이었다. 고대 동방인들의 생각에 따르면 첫째 아이는 신들이 여자에게 에너지를 불어넣은 결과 생긴다. 따라서 첫째 아이는 신의 소생이며 그 아이를 신에게 바침으로써 신이 써버린 에너지를 보충해주어야 한다. 그러지 않으면 신은 힘이 없어져 인간을 돌볼 수 없게 된다.[10] 유대인들이 이집트에서 탈출할 때 하느님이 이집트인들의 첫째를 죽였다는 이야기나, 하느님이 아브라함에게 이삭을 바치라고 명령했다는 이야기는 이런 고대 동방인들의 의식이 있었기에 가능했을 것이다.[11]

로마가 세계를 지배한 후에도 유아 살해는 계속되었다. 다음 편지는 로마 세계에서 유아 살해가 일반적이었음을 보여준다.

힐라리온이 누이 알리스에게 간절하게 안부를 전하오. 또한 어머니 베로우스와 아폴로나리온에게도 안부 전하오. 우리는 아직 알렉산드리아에 있소. 그들 모두 돌아가고 나만 알렉산드리아에 남더라도 염려하지 마오.

당신은 오직 아이만 생각하기를 당부하오. 내가 조만간
삯을 받으면 당신께 보내리다. 당신이 만일 사내아이를
낳으면 살려두고, 만일 여자아이라면 내다 버리시오. 당
신은 "나를 잊지 마오"라는 말을 아프로디시아스 편에
전했지만, 내가 어찌 당신을 잊겠소? 그러니 부디 염려
하지 마오.[12]

알렉산드리아의 노동자 힐라리온은 누이이자 아내인 알
리스에게 기원전 1년 6월 18일에 이 편지를 썼다. 그는 돈
을 벌기 위해 고향 옥시린쿠스를 떠나 대도시 알렉산드리
아로 갔다. 그에게서 소식이 없자 알리스가 아프로디시아스
편에 편지를 보냈다. 이 글은 그 편지에 대한 답장으로, 부
부 간의 애틋한 사랑이 묻어난다. 그런데 힐라리온은 서슴
지 않고 딸을 낳으면 갖다 버리라고 했다. 그가 '미안하다,
어쩔 수 없다'는 변명 한마디 하지 않은 것을 보면 당시 유
아 살해는 너무나 당연한 일이었다.[13]

이집트에서 유대인의 인구가 급증했던 것은 바로 이 때
문이었다. 즉 로마제국의 부를 그러모아 비싼 옷을 입고 호
화로운 식사를 즐겼던 로마인들조차 유아를 살해했지만, 유
대인들은 아무리 살림이 어려워도 유아를 죽이지 않았던

것이다. 이 점에서 유대인은 고대 세계에서 참으로 독특한
존재였고 현대인의 관점에서 보면 도덕적 우위를 가진 집
단이었다.

왜 다산을 권유했을까?

유대인을 제외한 다른 종족들은 왜 유아를 살해했을까?
그 답은 뻔한데, 아이들이 너무 많이 태어났기 때문이다. 여
성은 평생 몇 명의 아이를 낳을 수 있을까? 초경이 15세에
시작되고 폐경이 45세에 이루어진다면 여성의 가임 기간은
약 30년이다. 이 기간 동안 여자들은 보통 30개월에 한 명
씩 아이를 낳는다. 피임하지 않더라도 터울이 30개월이 되
는 이유는 모유를 줄 경우 산모의 몸속 지방 함유량이 난자
형성에 필요한 20~25퍼센트에 이르지 못하기 때문이다. 그
렇다면 여자들은 평생 열두 명의 아이를 낳을 수 있다. 실제
로는 이보다 많을 수도 적을 수도 있지만 피임법이 없던 전
근대 시대에 여자들이 열두 명의 아이를 낳는 것은 흔한 일
이었다.

태어난 아이들이 모두 생존한다면 인구는 얼마나 증가할
까? 한 부부의 자손들은 두 세대면 72명이 되고 몇 세대만

더 지나면 수천 명에 이른다. 물론 태어난 아이들이 모두 생존하지는 못할 테니 2.5명만 살아남는다고 가정해보자. 이경우에도 인구는 70년이 지나면 두 배로 늘어난다.[14] 이렇게 기하급수적인 인구 증가를 감당할 수 있는 사회는 어디에도 없다. 따라서 전근대의 모든 사회는 자체적인 인구 조절 시스템을 갖춰야 했고 이 시스템에서 많이 이용된 방법이 유아 살해, 특히 여아 살해였다. 이렇듯 고대인들이 유아를 살해했던 것은 인구 조절을 위한 불가피한 선택이었다. 현대인의 관점으로 그들을 잔인하거나 무지한 사람들로 매도해서는 안 된다.

그런데 유아 살해를 당연하게 생각하면서도 고대인들은 결혼할 때면 아이를 많이 낳기를 빌었고 고대의 통치자들은 끊임없이 아이를 많이 낳으라고 장려했다. 빌렌도르프의 비너스부터 에페소스의 아르테미스 신상에 이르기까지 다산과 풍요를 상징하는 여자들의 모습이 얼마나 많은가. 또 스파르타의 리쿠르고스부터 로마의 아우구스투스 황제에 이르기까지 얼마나 많은 지도자들이 다산을 장려했던가. 이런 모순적인 일이 왜 일어났을까?

고대인들이 인구 과잉에 시달리는 한편으로 인구 부족에 대한 우려를 씻어낼 수 없었기 때문이다. 고대사회는 현대의 가장 미개하고 못사는 나라보다도 죽음 앞에 무기력하게 노출되어 있었다. 학자들마다 다르지만 로마제국이 가장 번성하고 있을 때, 즉 팍스 로마나 Pax Romana 시기에 로마인의 평균 수명은 25~30세밖에 되지 않았다. 유아사망률은 상상을 초월할 만큼 높았고 출생하는 아이들의 3분의 1이 여섯 살이 되기 전에 죽었으며, 60퍼센트 이상이 열여섯 살이 되기 전에 죽었다. 75퍼센트가 스물여섯 살이 되기 전에 죽었으며, 90퍼센트가 마흔 살이 되기 전에 죽었다.[15] 쉰 살 이상 사는 사람은 백 명 중에 네 명도 되지 않았다. 그나마 이만큼의 평균 수명을 유지할 수 있었던 것은 튼튼하지 못한 유아를 살해했기 때문에 가능했다. 따라서 끊임없이 후손을 생산하지 않는다면 고대사회는 심각한 인구 부족에 시달릴 수밖에 없었다. 결국 고대인들은 다른 동물들과 마찬가지로 수많은 자손을 낳고 그중 가장 튼튼한 놈이 살아남는 자연의 법칙을 수행했던 것이다.

물론 고대인들이 아이를 많이 낳고 싶어 했던 것이 단순히 생물학적 욕구와 필요 때문만은 아니었다. 고등 종교와 부활 개념을 갖고 있지 않던 동양인들은 후손에게서 자신이 계속 이어진다고 믿었다. 즉 후손은 또 다른 자신이고 대를 잇는 것은 자신이 소멸하지 않고 영원히 사는 것이었다.

기독교가 보편화되기 전에는 서양인들도 이런 생각을 가지고 있었다.[16]

5세기 지금의 터키 지방에 살았던 한 성직자가 남긴 글에 다음과 같은 구절이 있다.

(진정한 부활은) 인간의 육체 그 자체로 이루어지고 이는 인간의 방법으로 매일 이루어진다. …… 우리가 낳은 후손들이 계속 이어지고 이를 통해 아이를 낳은 자들의 모습이 그들의 후손에서 새롭게 태어난다. 그렇게 해서 오래전에 죽은 자들이 마치 죽은 자 가운데 살아난 것처럼 산 자들 가운데서 다시 움직이게 된다.[17]

많은 사람들이 영원히 살고 싶어 하지만 자기 스스로는 그럴 방법이 없다. 자기를 닮은, 자신의 DNA를 가진 후손들을 보면서 사람들은 그 후손이 자기라고 생각했고 후손을 통해 자신이 계속 산다고 생각했다. 그렇게 생각한다면 대가 끊어지는 것은 자신과 조상이 소멸됨을 의미한다. 이 때문에 사람들이 대를 잇는 것을 그토록 중시했던 것이다.

4
'악의 꽃'이라 불린 청소년기

덩치는 커도 지혜롭지 못한 청소년?

고대 유대인은 인생을 일곱 단계에 비유했다. 한 살 때는 임금과 같다. 모든 사람이 좋은 낯으로 그를 껴안고 입을 맞춘다. 두세 살 때는 돼지와 같다. 흙탕물에도 손을 넣고 아무렇게나 뛰어논다. 열 살은 염소와 같다. 늘 웃고 떠들고 장난치며 뛰논다. 열여덟 살은 말과 같다. 덩치는 큰데 지혜는 익지 않아 덮어놓고 힘자랑을 하려 들고, 우는 말처럼 치장하고 이성을 그리워한다. 혼인하면 당나귀와 같다. 아내를 위해 온갖 일을 마다하지 않는 짐꾼이 된다. 자식을 낳으면 개와 같다. 자식들을 먹이고 입히기 위해 얼굴이 개처럼 사나워져 돈을 번다. 늙은이는 원숭이와 같다. 지능이 떨어지고 몸놀림이 느려져 주변 사람들의 놀림감이나 구경거리가 된다.[1]

이 가운데 자식을 둔 부모를 개에 비유한 것이 단연 돋보인다. 자식을 키우기 위해서라면 개가 되는 것도 마다하지 않아야 하는 게 부모다. 열여덟 살의 청년을 말에 빗댄 것도 그 못지않게 재미있다. 말은 덩치가 커서 위풍당당하고 소보다 힘이 세 배나 크지만 개나 원숭이보다 지혜롭지는 못하다. 그래서 동양 사람들도 마이동풍馬耳東風이라는 사자성어를 만들었는데, 이는 우이독경牛耳讀經과 같은 뜻으로, 말에게 아무리 의미 깊은 소리를 해봐야 말은 바람 소리로만 안다는 뜻이다. 성적 에너지와 열정이 넘쳐 사랑에 목숨을 걸고, 또 힘이 넘쳐 때로는 정의를 위해 목숨이라도 바칠 것처럼 허세를 부리는 청년을 잘 비유한 것 같다.

조금 이상하게 느껴질지 모르지만 청소년기에 대해서는 아우구스티누스 이야기에서 시작해보자. 기독교의 형성과 발전에 기여한 세 명의 신학자로는 바오로, 아우구스티누스, 마르틴 루터가 꼽힌다. 이 중에 아우구스티누스는 일반인들에게 상대적으로 덜 알려져 있지만, 기독교의 발전에서 절대로 빠뜨릴 수 없는 인물이다. 그가 살았던 4세기 말에 기독교는 여전히 수많은 분파로 나뉘어 있었고, 주요 교리가 정립되지 않았다. 그는 마니교, 도나투스파, 펠라기우스파를 차례로 격파하여 교회의 통일에 기여했고, 교회론, 예정론, 원죄론과 같은 주요 교리를 확립하여 가톨릭교회의 토대를 형성했다.

그러나 아우구스티누스는 인간적으로는 그리 존경스럽지 않은 인물이다. 그는 열일곱 살에 카르타고 유학길에 올랐고, 그곳에서 한 여인을 만나 사랑에 빠져 동거에 들어갔다. 그 동거는 장장 15년간이나 계속되었다. 아우구스티누스를 사랑했던 그녀는 아들 아데오다투스를 낳았다. 아우구스티누스는 이 아들을 끔찍이 사랑했고, 그가 뛰어난 지식인이 되기를 바랐다. 그럼에도 불구하고 아우구스티누스는 이 여인과 결혼하지 않았는데, 그 이유는 이 여인의 사회적 지위가 낮았기 때문이었다. 그러던 중 32세에 아우구스티누스의 어머니 모니카가 아들의 출세를 위해 부잣집 딸과의 결혼을 추진했다. 이때 아우구스티누스는 조금도 주저하지 않고 어머니의 요청을 받아들였다. 15년간 동거하던 여자를 내보내고 부잣집 딸과 약혼했다. 시쳇말로 하면 출세를 위해 조강지처를 뒤돌아보지도 않고 버린 것이다.

물론 아우구스티누스가 양심의 가책을 느끼지 않았던 것은 아니다. 그는 43세에 《고백록》이라는 대작을 썼는데, 이 책은 과거의 죄를 고백하고 용서받기 위한 회개의 기록이었다. 아우구스티누스는 자신이 저지른 죄들을 가능한 한 상세하게 고백하고 하느님께 용서를 구했다. 그는 "이것이 나의 마음을 갈기갈기 찢어놓았다. 나는 끔찍이 그녀를 사랑했다"라고 적으며,[2] 출세를 위해 여인을 버린 것을 너무나 안타깝게 반성했다.

　아우구스티누스는 이 밖에도 많은 죄를 고백하고 있다. "우리 포도밭 근처의 토지에 배나무가 있었다. …… 우리는, 우리의 심술궂은 습관대로, 밤이 깊어질 때까지 들판에서 놀았다. 우리는 나무를 흔들어 배를 떨어뜨려서는 배를 가지고 도망쳤다. 우리는 많은 배를 먹기 위해서가 아니라 단지 돼지에게 던지기 위해서 훔쳤다."[3]

　여기서 흥미로운 점은 먹고 싶어서 배를 훔친 게 아니라는 대목이다. 그와 친구들은 단지 돼지에게 주려고 배를 훔쳤는데, 만약 주인에게 들켰다면 흠씬 두들겨 맞았을 것이다. 그런 위험을 무릅쓰고 모험을 감행했던 이유는 무엇이었을까?

'건강한 육체에 건강한 정신이 깃든다'는 말이 있는데, 이 말은 원래 육체가 건강한 사람이 정신도 건강했으면 좋겠다는 말이 와전된 것이다. 로마의 풍자문학가 유베날리스가 육체와 외모를 중시하는 당대의 문화를 그렇게 풍자한 것이다. 그런데 이 말은 청소년기를 잘 표현하는 경구로 볼 수도 있다. 청소년기는 육체적으로 가장 아름답고 활력이 넘치는 시기이기 때문이다.

사소한 범죄는 유대감을 확인하는 수단이었다

어린 시절의 절도는 아우구스티누스만의 독특한 경험이 아니었다. 그것은 청소년기 문화의 한 단면이었다. 스위스의 졸로투른이라는 도시 공동체는 1557년에 다음과 같은 칙령을 내렸다.

> 다른 자의 정원, 과수원, 혹은 목초지에 …… 들어가서 허락 없이 울타리를 넘거나, 울타리나 담장을 훼손하거나 발로 차서 넘어뜨리고, 나무를 가져가 버리거나, 혹은 단순히 체리, 사과, 배, 그리고 다른 종류의 과일을 가져가거나, 밤이든 낮이든 가벼운 혹은 심각한 피해를 야기하는 자는 누구든, 비록 그가 자신의 주군을 위해 그렇게 했다고 해도, 절도범으로 공개적으로 처리되어야 한다.[4]

이 칙령에서 절도하는 자가 누구인지 명시되어 있지 않지만, 당대의 재판 기록을 보면 이런 문제를 일으키는 자들은 대개 청소년들이었다. 청소년들이 특히 즐겨 훔친 과일은 체리였는데, 그들은 훔친 체리를 먹지 않고 소녀들에게 주었다. 즉 그들은 배가 고파서 절도한 게 아니었다. 그렇다면 그들은 왜 체리를 훔쳤을까?

배나 체리를 훔쳤던 청소년들은 또래 집단이었고, 그런 '사소한' 범죄 행위는 집단의 유대감을 공고히 하는 수단이었다. 그들은 같이 어울려서 사회가 금지하는 행위를 함으로써, 즉 범죄나 일탈 행위를 함으로써 자신들이 공동 운명체이며, 다른 누구보다도 친한 존재임을 확인한다. 청소년들은 간절히 친구를 원하고, 혹시나 친구에게 따돌림을 당하지 않을까 염려하며, 친구의 관심을 얻기 위해 그리고 서로의 우정을 확인하기 위해 노력한다. 하지만 어른들은 청소년기에 친구가 갖는 의미를 인정하지 않거나 과소평가하곤 한다. 그들이 청소년을 어른들이 정한 지식과 규범을 배워야 하는 피동적인 존재로만 보기 때문이다. 즉 어른의 입장에서 청소년을 보는 것이다. 아우구스티누스는 청소년기의 친구를 '또 다른 자신alter ego'이라고 생각했다. 그는 친구가 죽었을 때 이렇게 썼다.

그러나 이와 정반대되는 신비스러운 감정이 나를 사로잡았다. 사는 것에 대한 내 관심의 상실은 죽음에 대한 숨 막히는 두려움의 형태를 띠었다. 나는 친구를 사랑하면 할수록 그를 낚아채 가버린 죽음을 잔혹한 적으로 더 미워하고 두려워했다. 나는 죽음이 사랑하는 친구를 데려가 버렸기 때문에 모든 사람을 갑자기 삼켜버릴 수 있다고 믿었다. 내가 기억하는 느낌은 그러했다. …… 나는 친구의 영혼과 내 영혼이 두 몸속에 있는 한 영혼이라고 느꼈고 따라서 반쪽이 된 모습으로 사는 것을 원하지 않았기 때문에 공포를 느끼며 삶을 바라보았다. 그리고 나는 내가 죽음으로써 그렇게 사랑했던 사람이 완전히 소멸되는 일이 없도록 하기 위해서, 죽지 않기로 했다.[5]

이 글에는 아우구스티누스의 지독한 친구 사랑이 담겨 있다. 그는 친구가 죽자 자신의 반쪽이 없는 세상이 너무나 슬퍼 같이 죽으려고 생각하다가, 자신이 그 친구의 반쪽인데 자신이 죽으면 그 친구도 사라지는 것임을 깨닫고 죽지 않았다. 어른들은 이런 청소년의 심성을 전혀 이해하지 못하며, 이해하려고 하지도 않는다. 그들은 대개 가족이라는 이름으로 친구보다 자신들이 소중한 존재임을 강조하려고 한다. 그러나 가족의 정과 친구의 정은 다르다. 결국 아우구스티누스를 비롯한 청소년들이 배나 체리를 훔쳤던 것

은 친구들 사이의 유대를 확인하고 긴밀히 하기 위해서였
을 것이다.

청소년기의 크고 작은 일탈

　배나 체리를 훔치는 정도는 어떻게 보면 '귀여운' 범죄다.
감옥에 보내기에는 가벼운 범죄고, 그렇다고 묵인하기에는
다소 심각한 일탈 행위다. 그 정도의 범죄는 대개 현장에서
잡히더라도 따끔한 충고나 약간의 매질로 종결되지 재판정
으로 끌려가는 일은 드물었다. 그러나 때로는 청소년 집단
의 일탈 행위가 심각한 범죄인 경우도 있었다.

　근대 초 프랑스 중부의 디종이라는 시의 청소년들에게는
기이한 관습이 있었다. 청소년들이 밤에 떼를 지어 만났고,
한 달에 한두 번 집단 강간을 일삼았다. 법정 기록에 따르면
강간범의 85퍼센트가 미혼이고, 나이는 18~24세가 절반이
었다.[6] 이 도시의 청소년 두 명 가운데 한 명이 가담했으며,
이들은 집단 강간에 참가한 것을 기준으로 무리를 구분했
다. 집단 강간이 일종의 입회식이자, 무리의 일원임을 확인
하는 수단이었던 것이다.

　이런 관습이 이 지역에만 있었던 것은 아니다. 근대 초 유

럽의 여러 지역에서 젊은이들이 모임을 결성하고, 그 모임의 정체성을 확립하기 위해 폭력 행위나 일탈 행위를 했음이 확인된다. 물론 그들은 나중에 커서는 '정상적인' 어른 노릇을 하고 살았는데, 대부분 지역에서 강간에 대한 처벌이 미약했기 때문이다. 베네치아에서 강간범에 대한 처벌은 86퍼센트가 단기 구금형이나 벌금형이었다.[7] 그렇다고 모든 지역에서 이렇게 처벌이 가벼웠던 것은 아니다. 중세 독일에서 가장 오래된 법률인 《작센슈피겔》은 강간범을 사형에 처하라고 규정했다.[8] 이 법률은 여성에 대한 범죄를 매우 엄중하게 처벌한 것으로 유명한데, 남성이 여성의 가슴을 만지면 6실링의 벌금으로 처벌했다. 당시 1실링은 소 한 마리 값이었으므로 남자들은 여성의 가슴을 한 번 만졌다가 파산할 수도 있었다.

그런데 현대인은 기이하게 생각하겠지만, 중세 유럽 남자는 강간한 여자의 운명을 결정할 수 있었다. 9세기 말~10세기 초에 작성된 중세 교회의 규정에 따르면, "미혼 남자가 처녀의 몸을 더럽혔을 경우 그 여자를 부인으로 삼든지 아니면 버릴 것인지는 전적으로 남자의 결정에 달려" 있었다.[9] 여성의 감성을 전혀 배려하지 않은, 지극히 남성 중심적인 교리다. 또한 대상에 따라 강간의 처벌 수준이 달랐다.

남성이 남성을 강간했을 경우, 청소년의 남성성을 심각하게 훼손했다는 이유로 사형을 당할 수도 있었다.[10]

그런데 청소년이 성인보다 범죄를 저지를 가능성이 훨씬 높다고 이야기할 수 있을까? 불행하게도 필자는 그렇다고 생각한다. 건강한 육체에 건강한 정신이 깃든다는 말이 있는데, 이 말은 원래 육체가 건강한 사람이 정신도 건강했으면 좋겠다는 말이 와전된 것이다. 로마의 풍자문학가 유베날리스가 육체와 외모를 중시하는 당대의 문화를 그렇게 풍자한 것이다. 그런데 이 말은 청소년기를 한마디로 표현하기에 가장 적절한 경구로 볼 수도 있다. 청소년기는 육체적으로는 가장 아름답고 활력이 넘치는 시기다. 조숙한 이는 이미 중학생 때 성인 못지않게 건장한 몸집을 갖기도 하고, 늦어도 대학생이 되면 완전한 성인의 육체를 갖게 된다. 육체의 신진대사도 가장 활발하여, 성인보다 훨씬 큰 욕구를 느낀다. 청소년들은 커다란 양푼에 가득 밥을 비벼 먹어도 돌아서면 배고프고, 온몸에 에너지가 넘쳐서 때때로 좁은 교실을 뛰쳐나가 마음껏 달리고 싶어 하고, 넘치는 성욕을 자제할 수 없어서 몽정을 한다.

생물학적인 면에서 청소년기의 이런 과도한 리비도는 남성이 더 심하다. 사춘기가 시작되기 전 소년의 남성 호르몬,

즉 테스토스테론 수치는 매우 낮다. 사춘기가 시작되면 이 호르몬이 갑자기 20~40배 증가하여, 사춘기의 남성은 격렬한 감성, 성적 욕망에 사로잡힌다. 여성은 사춘기에도 성적 리비도가 상당히 낮다. 여성의 성적 리비도가 가장 강렬해지는 시기는 30대 후반에서 40대 초반이다. 따라서 청소년기의 여성은 남성만큼 강렬하고 주체할 수 없는 욕구에 사로잡히지 않는다.[11]

그러나 안타깝게도 사회는 청소년에게 권한이나 욕구 충족 수단을 제공하는 데 매우 인색하다. 살찌면 안 된다고 못 먹게 하고(옛날에는 식량이 없어서 그랬겠지만), 도덕이라는 이름으로 성욕의 배출구를 주지 않는다. 어른들은 청소년의 욕구를 부정한 것으로 정죄하고 그들에게 오로지 공부만을 강요한다. 결국 청소년기는 강한 욕구를 느끼면서도 욕구 충족은 가장 적게 이루어지는 시기다. 따라서 청소년은 강한 스트레스를 받게 되고, 불만이 쌓인 상태에서 쉽게 범죄에 빠질 수 있다.

청소년기의 범죄나 일탈 행위는 계급이나 경제 수준에 상관없이 일어난다. 다시 말해 상류층에 속하고 지성이 뛰어난 청소년들도 범죄나 일탈 행위를 저지른다. 이는 영국의 유명한 사립학교에 대한 보고서에서 확인할 수 있다. 이

튼과 해로는 중등학교로서 영국의 최고 사립학교다. 이튼은 매우 귀족적이었고, 해로에는 신흥 부자의 자제들이 많았다. 이 두 학교에서도 청소년기의 '악마성'은 유감없이 발휘되었다. 두 학교 모두 교사가 많지 않아서 감독의 손길이 미치지 않는 시간과 장소가 너무나 많았고, 그런 음지에서 소년들은 천박하고, 야비하며, 잔인하고 폭력적인 행위를 서슴지 않았다. 19세기 말에 해로 학교를 다녔던 시먼즈John A. Symonds는 자신의 경험을 이렇게 전한다.

> 여기저기서 수음, 오나니즘onanism, 자위, 발가벗은 소년들의 뒹구는 모습을 볼 수 있었다. 동물적 욕망 외에는 아무것도 없었다.[12]

이러한 성적 문란과 함께 폭력이 난무했다. 일상적으로 교사들은 학생들을, 고학년 학생들은 저학년 학생들을 구타했고, 소년들은 심심찮게 난동을 부렸다. 그들은 난동을 일종의 여흥으로 여겼으며, 때로는 폭력의 정도가 너무 심해서 군대를 투입해서 진압해야 했다. 학생들은 학교를 지옥으로 여겼다. 1899년에서 1902년 사이에 영국의 사립학교 어핑엄에 다녔던 네빈슨은 다음과 같이 전한다.

기숙사에서 벌어지는 야만성과 잔인함은 내 삶을 이승의 지옥으로 만들었다. …… 나는 아무것도 배우지 못했다. 나는 아침, 점심, 저녁 어느 때나 발길질을 당하고, 쫓겨 다니고, 제지당하고, 매질당하고, 머리카락을 쥐어뜯겼다.[13]

    이렇게 청소년기는 폭력에 노출되곤 하는데, 가장 심한 폭력은 어른들이 가하는 것이었다. 영국이 낳은 위대한 정치가이자 노벨 문학상 수상자인 처칠은 일곱 살 때부터 기숙학교를 다녔는데, 훗날 노년이 되어 학창 시절을 "학교는 학생들을 매로 다스려 정신 상태를 조각조각 해체한 뒤 완전히 다른 사람으로 조립하는 것을 목표로 삼는 매질의 지옥"이라고 회고했다. 어른들은 신체적으로 에너지가 넘쳐서 자유롭게 활동하고 싶어 하는 청소년들을 특정한 공간에 가두어놓고, 멋대로 두들겨 패고는 교육을 했다고 말하곤 한다. 이러한 억압 속에서 학생들은 일탈이나 범죄를 저지르기 쉽다. 처칠도 여러 번 끔찍한 매질을 당하다 못해 어느 날 교장의 밀짚모자를 발로 짓밟았고, 결국 학교를 자퇴했다.[14]

    이와는 전혀 다른 면에서 청소년은 일탈이나 범죄를 저

지를 가능성이 성인보다 높다. 인간은 익숙한 것과 결별하기를 싫어하므로, 성인들은 잘못된 것이라고 해도 참고 살아가곤 한다. 청소년은 종교 기관이나 교육 기관을 통해 원칙을 배울 뿐 부조리한 세상에 대해서는 잘 모른다. 그러다가 어떤 계기로 세상이 부조리하다고 느끼면 청소년들은 강렬한 개선 욕구를 느끼게 된다. 1532년 스위스 북부 지방의 도시인 샤프하우젠Schaffhausen의 청소년들은 신교도 목사들에게 일종의 테러를 감행했다. 신교도 목사들은 그들의 '악행'을 이렇게 기록했다.

> 우리 형제들이 그런 일을 처벌하려고 했을 때, (한 곳에서 최근 발생했듯이) 그들은 거리에서든 그들의 집에서든 자신들의 생명에 대해서 확신하지 못했다. ······ 그 사악한 자들은 어둠 속에서 북을 치고, 인간의 배설물로 설교자들의 자물쇠를 칠했다. 또한 설교자들이 많은 비용과 수고를 들여서 심고 키운 나무를 잘라버렸다. 간략하게 말해, 이런 나쁜 행동이 너무나 만연해서, 터키에서도 이보다 나쁜 상황이 있을 수 없었다.[15]

왜 청소년들은 신교도 목사들에게 테러를 감행했을까?

이 사건이 일어난 1532년경 스위스에서 종교개혁이 일어났다. 스위스 곳곳에서 가톨릭 교회당을 부수고 가톨릭 사제를 추방했다. 그 후 개신교 목사들이 신앙을 지도하게 되었는데, 이들이 가톨릭 신부 못지않게 못된 행동을 했다. 특히 몇몇 목사들은 축첩을 일삼았다. 이런 상황에서 어른들은 성직자들의 권력이 두려워 이들에게 공개적으로 맞서기를 꺼렸다. 대신 어른들은 청소년들로 하여금 신교도 목사들에게 대항하라고 부추겼다. 따라서 이곳 청소년들의 일탈 행위는 범죄라기보다는 일종의 정의로운 항의였다.

청소년기는 악마의 시기인가?

청소년 일탈 행위의 복잡성을 깊이 고민하지 않았던 중세 성직자들은 청소년기를 '악의 꽃'이라고 부르곤 했다. 그들은 청소년이 항상 범죄에 빠지기 쉬우므로 힘과 감시를 통해 그들을 제어해야 한다고 생각했다. 15세기 이탈리아의 성직자 베르나르디노는 청소년기를 '야비하고, 제어되지 않는 시기'라고 불렀다.

17세기 후반 가난한 가정에서 태어나 여러 도시, 여러 집을 떠돌며 청소년기를 보낸 동유럽의 한 유대인은 자신의 청소년기에 대해 이렇게 적었다.

불행히도 아무도 나를 돌봐주지 않았고, 나는 나쁜 친구를 사귀었다. 그들은 끊임없이 나에게 여자에 대해 이야기했으며, 나를 사악한 길로 이끌었다. 그들은 나이는 달랐지만 길을 잘못 든 젊은이들의 무리였다. 나는 그들과 어울려 그들의 습관대로, 쓸모없는 일에 그리고 소녀들을 희롱하는 데 시간을 허비했다. 이때 계속 가슴이 원하는 대로 하는 것 외에 아무것도 말하지 않았기 때문에 결국 그것이 내 인생의 목표 전부라고 생각하게 되었다. 나는 날마다 하루의 대부분을 부도덕한 삶을 사는 친구들과 어울리며 보냈다. 그 가운데는 나이가 23세가 넘고, 나보다《탈무드》지식이 많고 예절이 바른 사람들도 몇 있었다. 따라서 나는 아버지의 동의를 받고 그들과 어울렸으며, 그들이 하는 대로 따라 했다. …… 단순하게도 좋은 예절의 목표는 여자들의 호의를 받기 위한 것이고, 그것이 젊은 날에 인간의 행복이라고 생각하면서.[16]

이 이야기를 통해 청소년이 방치되었을 때 얼마나 무모하고도 헛되게 세월을 보낼 수 있는지를 알 수 있다. 청소년기에는 강렬하게 친구를 찾기 마련이다. 흔히 부모들이 우리 아이는 착한데, 혹은 똑똑한데 친구를 잘못 만나 공부를 안 한다든가 나쁜 버릇이 들었다고 이야기한다. 그들의 이야기는 결코 잘못된 것이 아니다. 아직 경험이 부족하고, 사회로부터 인정받지 못한 청소년은 누군가에게 인정받고 싶어 하고, 그 대상이 친구일 경우가 많다. 사회와 성인들은 청소년들이 좋은 친구를 사귀고, 건전한 또래 문화를 형성하도록 적극적으로 도와주어야 할 것이다.

직설적으로 말하자면 우리나라의 어른들은 청소년을 삶의 주체, 존중받아야 할 대상이 아니라 어른들의 가치관, 지식을 받아들여야 하는 피동적인 존재로 보고 있다. 청소년이 나름대로 갖고 있는 관심, 고민, 경험은 아무런 가치가 없는 것이 되고 만다. 청소년은 '착하게' 어른 말을 들으면서 오로지 공부만 해야 한다.

이렇게 일방적이고 차가운 생각이 언제까지 유지될 것인가? 지금도 많은 청소년이 질식해가고 있지만, 어른들은 사회의 미래와 나라의 발전을 생각한다는 미명하에 청소년에게 너무나 많은 것, 그들이 도저히 감당할 수 없는 것을 강요하고 있다.

일상의 예를 하나 들면, 인문학을 전공한 필자는 고등학교 시절 수학이 상당히 어려워서 약간의 콤플렉스를 갖게 되었다. 그런데 언젠가 서울대학교를 나온 여러 교수와 식사할 기회가 있었다. 그들은 모두 이공계를 전공했기에 수학이나 물리학을 잘할 것 같았다. 이런저런 이야기를 하다가 필자가 고등학교 때 수학을 잘하지 못했다고 말하자, 놀랍게도 그분들은 모두 자신도 고등학교 때 수학이 어려웠으며, 학창 시절을 떠올려보면 고등학교 수학을 제대로 파악하는 학생은 1퍼센트도 되지 않는다고 이야기했다. 교육을 담당하고 있는 사람에게 직접 들은 이야기인데, 고등학교 수학 교사들도 대학수학능력시험을 모두 맞추기가 어렵다고 한다. 이렇게 어른들은 1퍼센트의 학생도 제대로 알기 어려운 것을 청소년들에게 배우라고 강요한다. 그러한 가운데 99퍼센트의 청소년들이 시들어가고 낙담하고 있다.

이제는 어른들이 청소년이 어떤 존재인지를 고민해봐야 한다. 청소년이 어떤 문제를 힘들어하고, 무엇을 바라며, 어떤 사람이 되고자 하는지를 파악해야 한다. 그래야만 청소년과 어른이 서로 이해하고 존중하는 관계를 맺을 수 있을 것이다.

주

'재미난 이야기'로서의 역사를 꿈꾸며

1 주경철, 《문화로 읽는 세계사》, 사계절, 2005, 5쪽.

2 마빈 해리스, 김찬호 옮김, 《작은 인간》, 민음사, 1995, 179~180쪽.

3 레너드 쉴레인, 강수아 옮김, 《자연의 선택, 지나 사피엔스》, 들녘, 2005, 59~60쪽.

4 철이 우리 몸속에서 수행하는 중요한 역할을 생각하다 보면 철에 대한 경이감이 새삼 느껴진다. 철은 어떻게 생겨났을까? 철은 우리가 일상생활에서도 쉽게 보고 만질 수 있는 물질이지만, 아주 먼 옛날 다른 별에서 생겨나 우리 지구로 '이사' 왔다.

  태초에 우주는 거대한 물질이었고 약 120억 년 전에 거대한 대폭발, 즉 빅뱅이 일어났다. 이후의 변화를 이해하려면 아인슈타인의 상대성 원리를 알아야 한다. 원자폭탄을 생각해보면 이 원리를 쉽게 알 수 있다. 원자폭탄은 우라늄이라는 작은 물질을 폭발시켜 거대한 에너지를 얻는 것이다. 여기서 우라늄이라는 물질이 에너지로 바뀌었다. 그런데 그 역, 즉 에너지가 물질로 바뀌는 것도 가능하다. 이 과정이 태초의 빅뱅에서 이루어졌다. 빅뱅에 의해 태초의 거대한 물질이 폭발하면서 에너지로 바뀌었고, 그 에너지는 우주의 사방으로 흩어지면서 다시 물질로 바뀌기 시작했다. 그 결과 생겨난 최초의 물질은 원자보다 작은 입자들인 쿼크이고, 쿼크 몇 개가 결합하여 중성자와 양성자를 구성했다. 다시 이 입자들이 결합하여 가장 가벼운 원소인 수소와 그다음 가벼운 원소인 헬륨을 만들어냈다. 그 후 수소와 헬륨을 비롯한 수많은 입자들은 거대한 구름을 형성하여 우주를 떠돈다. 그 구름 가운데 수소와 헬륨이 많이 모이면 거대한 압력의 수축 현상이 발생하여 별이 탄생한다. 따라서 최초의 별은 수소와 헬륨만으로 구성되었다. 그때까지 수소와 헬륨 외 다른 원소는 우주에 존재하지 않았던 것이다. 오랜 시간이 지나면 최초의 별은 생명을 다하는데, 그 과정에서 새로운 원소들이 만들어진다. 철은 질량이 태양의 열 배 이상인 거대한 별에서 생겨난다. 이런 별은 처음 탄생했을 때 수소를 헬륨으로 융합시키고 거기에서 발생한 에너지를 이용하여 별을 운동시킨다. 내부의 수소가 소진되면 그다음은 헬륨을 융합시켜 탄소를 만들어 그 과정에서 발생한 에너지를 이용한다. 탄소가 소진되면 다시 탄소를 융합하여 더 무거운 원소를 만들어낸다. 이 과정은 원자 번호 26번인 철 융합이 이루어질 때까지 진행된다. 그런데 철 융합은 에너지를 소모하므로, 죽어가는 별은 철 융합을 계속하지 못하고 거대한 폭발을 통해 생을 마감한다.

이 폭발에 의해 1세대 별이 만들어낸 새로운 원소들이 우주 속으로 날아가고, 그 원소들은 다시 구름을 이루어 회전하다가 새로운 별을 만들어낸다. 이렇게 탄생한 별이 2세대 별이다. 이런 2세대 별이 만들어지려면 수십억 년이 필요하다. 우리 지구에는 철이 매우 풍부하다. 지구에 존재하는 원소 가운데 가장 많은 것이 철이다. 바로 이 철이 우리 지구가 2세대 혹은 3세대 별임을 입증하는 증거물이다. 커크 헤리엇, 정기문 옮김, 《교양, 다시 읽기》, 이마고, 2006, 661~664쪽.

5 이종호, 《세계를 속인 거짓말》, 뜨인돌, 2002, 133~134쪽.

6 스기야마 마사아키, 이진복 옮김, 《유목민이 본 세계사》, 학민사, 1999,

111~128쪽.

7 발렌틴 그뢰브너, 김희상 옮김, 《너는 누구냐?》, 청년사, 2005, 50~51쪽.

8 필립 T. 호프먼, 이재만 옮김, 《정복의 조건: 유럽은 어떻게 세계 패권을 손에 넣었는가》, 책과함께, 2016, 35쪽.

9 게르하르트 프라우제, 엄양선 옮김, 《천재들의 학창 시절》, 황소자리, 2012, 230~231쪽.

10 와타히키 히로시 외, 김현영 옮김, 《편지로 읽는 세계사》, 디오네, 2007, 259쪽.

11 천형균, 《나는 반항한다, 고로 존재한다》, 정보와사람, 2009, 137쪽.

진짜와 가짜의 대결

1 Y. Hen, *Culture and Religion in Merovingian Gaul*, Leiden: Brill, 1995, p. 127.

2 샤리바리는 유럽의 오래된 민속 관행이다. 누군가가 마을의 도덕이나 관습을 어기면 마을 사람들이 그를 찾아가 여러 가지 수단으로 소란을 피우며 조롱하고 처벌했다. 샤리바리는 마을 사람들이 위반자를 공동체에서 쫓아내기보다는 가벼운 처벌을 통해 그의 비행을 용서하고 다시 문제 삼지 않겠다는 의사를 표현하는 경우가 많았다.

3 나탈리 제먼 데이비스, 양희영 옮김, 《마르탱 게르의 귀향》, 지식의풍경, 2000.

4 이경의, 〈마르탱 게르 사건과 앙피트리옹 신화의 비교연구〉, 《한국프랑스학논집》 73권, 2011, 154쪽. 코라스는 칼뱅계 신교를 신봉했다는 이

유로 1572년 10월 그가 재직했던 고등법원 건물 앞에서 교수형에 처해진다. 마르탱 게르 사건에서 종교개혁과 신교가 차지하는 위상에 대해서는 차용구, 《로마제국 사라지고 마르탱 게르 귀향하다》, 푸른역사, 2003, 245~254쪽 참조.

5 이경의, 앞의 글, 2011, 156~159쪽.

6 역사 연구자로서 데이비스의 족적과 작품에 대해서는 양해룡, 〈나탈리 데이비스 역사서술의 방법론적 의의〉, 한국교원대학교 석사학위논문, 2004 참조.

7 김현수, 《이야기 영국사》, 청아출판사, 2006, 227쪽.

8 나탈리 제먼 데이비스, 양희영 옮김, 앞의 책, 2000, 65~66쪽.

9 프랑스는 1832년 이전에 범죄자의 신원을 확인하기 위해 찍던 낙인을 금지하는 법을 제정했는데 이후 개인의 육체를 조사하여 신원을 확인하려는 연구들이 활발하게 진행되었다. 이에 대해서는 발렌틴 그리브너, 김희상 옮김, 《너는 누구냐?》, 청년사, 2005, 330쪽 참조. 그러나 선진적인 지역에서는 센서스와 이름의 등재가 일찍부터 발달했다. 고대 그리스와 로마는 시민의 명단을 체계적으로 관리했고, 15세기 이후 이탈리아의 도시 국가들은 모든 주민을 조사하여 등기하기 시작했다. 발렌틴 그뢰브너, 김희상 옮김, 같은 책, 2005, 106~109쪽 참조.

10 필립 아리에스 외, 전수연 옮김, 《사생활의 역사 4》, 새물결, 2002, 598쪽. 골격 측정법이나 지문 인식법과 같은 방법이 개발된 후에야 사람들은 신분을 속이려는 자들에 대한 공포에서 해방될 수 있었다. 골격 측정법은 19세기 말에 발견되었다. 지문법은 오래전부터 중국인들이 사용하고 있었는데, 영국인들이 이를 벵골 지역에 도입했다. 유럽에서는 20세기 초에 지문법이 사용되기 시작했다. 그런데 요즘 아이러니한 일이 진행되고 있다. 신원 확인 절차를 돕는 것으로만 여겨졌던 근대

기술의 발전이 신원 확인을 더 어렵게 할 수도 있기 때문이다. 〈페이스 오프〉라는 영화는 이런 사실을 여실히 보여준다. 이 영화에서 주인공 은 가공할 성형술을 이용하여 범죄자로 변장하여 문제를 해결하려고 한다. 그러나 범죄자가 이를 눈치 채고 주인공으로 변장함으로써 역할 이 바뀌는 상황에 처하고 만다. 아마 앞으로 가짜 지문이나 가짜 홍채 를 만들어내는 기술이 나오고, 더 정교하게 신분을 속이는 기술이 발 전할 수도 있을 것이다.

11 서정남, 〈영화 '마르탱 게르의 귀향', 주제 구현을 위한 서사전략 연구〉, 《프랑스 문화 연구》 제20집, 2010, 30쪽.

12 여기서 '후진성'이라는 개념은 상대적인 것이다. 시각은 인간의 오감 중에서 비중이 가장 클 수밖에 없지만, 전근대에는 시각의 비중이 근 대보다 훨씬 작았다. 사람들은 대부분 문맹이었고, 영상 매체가 발달 하지 않았기 때문이다. 그래서 고대인은 때때로 시각을 경시하면서 시 각을 잃은 것을 곧 신비한 능력을 갖는 것으로 생각하기도 했다. 예언 자나 주술사 가운데 시각 장애인이 많았다는 사실을 떠올리면 이를 잘 이해할 수 있을 것이다. 대신 전근대에는 근대보다 청각이 훨씬 더 중요한 역할을 했다. 계약을 예로 들면 근대에는 문서를 주고받았지만, 중세 초기에는 구매자가 판매자의 손바닥을 쳐서 소리를 냄으로써 계 약이 이루어졌다. 또한 근대인은 책을 읽었지만 전근대인은 시장이나 마을 공터에서 떠돌이 이야기꾼들이 해주는 이야기를 들었다. 이에 대 해서는 마크 스미스, 김상훈 옮김, 《감각의 역사》, SUBOOK(성균관대 학교출판부), 2010 참조.

13 아론 구레비치, 이현주 옮김, 《개인주의의 등장》, 새물결, 2002, 416쪽.

14 사빈 멜쉬오르 보네, 윤진 옮김, 《거울의 역사》, 에코리브르, 2001, 25 쪽, 33~34쪽.

15 〈고린도전서〉 13:12.

16 필립 아리에스 외, 전수연 옮김, 앞의 책, 2002, 588쪽.

17 마이클 쉘던, 김기애 옮김, 《조지 오웰》, 성훈출판사, 1992, 490쪽은 조지 오웰의 부인 소냐가 수녀원 학교에서 그런 경험을 했다고 전한다.

18 발렌틴 그뢰브너, 김희상 옮김, 앞의 책, 2005, 50쪽.

19 프란츠 요제프 브뤽게마이어 외, 이동준 옮김, 《서기 1000년의 세계》, 이마고, 2004, 182쪽.

20 아론 구레비치, 이현주 옮김, 앞의 책, 2002, 19~20쪽.

21 피터 브라운, 정기문 옮김, 《성인숭배》, 새물결, 2002, 93~94쪽.

22 발렌틴 그뢰브너, 김희상 옮김, 앞의 책, 2005, 26~28쪽.

23 엘리자베스 로프터스·캐서린 케첨, 정준형 옮김, 《우리 기억은 진짜 기억일까?》, 도솔, 2008은 사람들의 기억이 왜곡된 사례, 심지어 창작된 사례를 여러 가지 제공하고 있다.

24 정기문, 《역사란 무엇인가》, 민음인, 2010, 34~35쪽.

25 J. Crossan, *The Birth of Christianity*, New York: HarperSanFrancisco, 1998, pp. 52~65.

말똥 줍는 사람들

1 자크 르 고프, 유희수 옮김, 《서양 중세 문명》, 문학과지성사, 1992, 252쪽.

2 Del Sweeny ed., *Agriculture in the Middle Ages: Technology, Practice, and Representation*, University of Pennsylvania Press, 1995.

3 마빈 해리스, 정도영 옮김, 《식인과 제왕》, 한길사, 2000, 212쪽.

4 물론 중세의 가축이 야생 가축과 같지는 않았다. 인류가 가축 사육을 시작한 순간부터 인류는 이미 가축의 품종 개량을 하고 있었다. 야생 양은 털이 없고, 야생 소는 새끼에게 필요한 만큼만 우유를 만들어내며, 야생의 닭은 여분의 알을 낳지 않는다. 이에 대해서는 브라이언 페이건, 이희준 옮김, 《인류의 선사문화》, 사회평론, 2000, 172쪽 참조.

5 데즈먼드 모리스, 김석희 옮김, 《털 없는 원숭이》, 정신세계사, 1999, 35쪽.

6 브라이언 타이어니·시드니 페인터, 이연규 옮김, 《서양중세사》, 집문당, 1986, 159쪽.

7 줄리 L. 호란, 남경태 옮김, 《1.5평의 문명사》, 푸른숲, 1996, 40~42쪽.

8 엠마뉘엘 르루아 라뒤리, 유희수 옮김, 《몽타이유》, 길, 2006, 245쪽. 그러나 유럽은 많은 국가와 민족으로 이루어져 있다. 로마의 전통이 강하게 남아 있던 이탈리아에서는 중세에도 공중목욕탕이 있었고 사람들이 목욕을 했다. 이에 대해서는 자크 르 고프·니콜라스 트뤼옹, 채계병 옮김, 《중세 몸의 역사》, 이카루스미디어, 2009, 190쪽 참조.

9 피터 콜릿, 이윤식 옮김, 《습관의 역사》, 추수밭, 2006, 206~207쪽.

10 게오르크 오스트로고르스키, 김경연·한정숙 옮김, 《비잔티움 제국사 324-1453》, 까치, 1999, 95쪽.

11 페르낭 브로델, 주경철 옮김, 《물질문명과 자본주의 I-2》, 까치, 1995, 550쪽.

12 버나드 로 몽고메리, 승영조 옮김, 《전쟁의 역사 1》, 책세상, 1995, 280쪽.

13 박한제 외, 《유라시아 천년을 가다》, 사계절, 2002, 221쪽.

14 페르낭 브로델, 주경철 옮김, 앞의 책, 1995, 557쪽.

15 버나드 로 몽고메리, 승영조 옮김, 《전쟁의 역사 2》, 1997, 책세상, 644 쪽.

16 프랭크 매클린, 조행복 옮김, 《나폴레옹》, 교양인, 2016, 41~42쪽.

17 마르크 블로크, 한정숙 옮김, 《봉건사회 Ⅰ》, 한길사, 1986, 250쪽.

'황금 알을 낳는 거위'를 잡은 유럽인들

1 자크 르 고프, 《연옥의 탄생》, 문학과지성사, 1995, 581쪽.

2 구형건·송수영, 〈역사적 관점에서 본 이탈리아 도시국가, Venezia, Genova, Firenze의 금융: 창조적 파괴 혹은 파괴적 창조〉, 《한국금융 공학회 학술발표회》, 2012-2, 82쪽.

3 배영수 엮음, 《서양사 강의》, 한울, 1992, 192쪽.

4 페르낭 브로델, 주경철 옮김, 《물질문명과 자본주의 Ⅱ-2》, 까치, 1996, 813~816쪽.

5 자크 르 고프, 유희수 옮김, 《서양 중세 문명》, 문학과지성사, 1992, 107 쪽.

6 페르낭 브로델, 주경철 옮김, 《물질문명과 자본주의 Ⅱ-1》, 까치, 1996, 215쪽.

7 Norman Cantor, *The Civilization of the Middle Ages*, HarperPerrenial, 1993, pp. 364~365.

8 제프리 리처즈, 유희수·조명동 옮김, 《중세의 소외집단》, 느티나무, 1999, 140~141쪽에서 재인용.

9 Norman Cantor, 앞의 책, 1993, p. 367.

10 Norman Cantor, 같은 책, 1993, p. 512.

11 카를로스 푸엔테스, 서성철 옮김, 《라틴 아메리카의 역사》, 까치, 1996, 99~108쪽.

12 영국과 영국 식민지에 수입되는 상품은 영국 배 혹은 그 상품을 생산한 국가의 배로만 수송할 수 있다는 것이 주요 내용이다.

13 막스 디몬트, 김용운 옮김, 《유태의 역사》, 대원사, 1990, 114~119쪽.

14 민석홍, 《서양사개론》, 삼영사, 1984, 423쪽.

15 데지마 유로 외, 이하연 편역, 《유대인을 알면 돈이 보인다》, 한글, 1998, 232쪽.

16 데이비드 보더니스, 김민희 옮김, 《E=MC ^{2}》, 생각의나무, 2001.

구원과 죄악을 넘나든 가난에 대한 생각들

1 필립 아리에스 외, 이영림 옮김, 《사생활의 역사 3》, 새물결, 2002, 135쪽.

2 마빈 해리스, 박종렬 옮김, 《문화의 수수께끼》, 108~109쪽.

3 원시 부족들이 식량을 공동 관리함으로써 공동체의 분화를 막으려고 했다는 것에 대해서는 재레드 다이아몬드, 강주헌 옮김, 《어제까지의 세계》, 김영사, 2013, 409~468쪽 참조.

4 P. Brown, *The Making of Late Antiquity*, Harvard University Press, 1978, pp. 35~37.

5 P. Veyne, *Bread and Circuses*, Penguin, 1992, p. 222.

6 G. W. Bowersock, et al., ed., *Late Antiquity*, Belknap, 1999, p. 287.

7 Ammianus Marcellinus, 28, 4, 32.

8 조철수, 《유대교와 예수》, 길, 2002, 129쪽.

9 〈마태복음〉 9:2.

10 〈마가복음〉 19:1-7.

11 〈마가복음〉 2:17.

12 레온하르트 고펠트, 원광연 옮김, 《예수, 바울 그리고 유대교》, 크리스
천다이제스트, 1998, 67~71쪽.

13 H. Kee et al., *Christianity: A Social and Cultural History*, Prentice
Hall, 1998, pp. 220~221.

14 G. W. Bowersock, 앞의 책, 1999, p. 288.

15 "그대가 손을 든다고 해서 그대의 기도에 응답이 오는 것은 아니다. 하
늘보다는 가난한 사람을 향해서 손을 뻗도록 하라." 아우구스티누스
와 비슷한 시기에 활동했고 콘스탄티노폴리스의 대주교였던 요한네스
크리소스토모스의 말이다.

16 S. Benko et al., ed., *The Catacombs and the Colosseum*, Judson
Press, 1971, p. 113.

17 Peter Brown, *The Cult of Saints*, Chicago Univ. Press, 1981, pp.
45~49.

18 〈고린도후서〉 8:9.

19 이성재, 〈근대적 빈민부조정책의 탄생〉, 서울대학교 석사학위논문,
1999, 12쪽.

20 〈마태복음〉 25장.

21 R. H. 토니, 김종철 옮김, 《종교와 자본주의의 발흥》, 한길사, 1983,
48~68쪽.

22 이성재, 앞의 글, 1999, 16쪽.

23 B. Geremek, *Poverty*, Blackwel, 1994, p. 23.

24 자크 르 고프, 김정희 옮김,《돈과 구원》, 이학사, 1998, 63~64쪽.

25 〈창세기〉 3:17.

26 〈데살로니카〉 2. 3. 10.

27 D. Sweeney ed., *Agriculture in the Middle Ages: Technology, Practice, and Representation*, 1995.

28 B. Geremek, 앞의 책, 1994, pp. 29~32.

29 페르낭 브로델, 주경철 옮김,《물질문명과 자본주의 II-2》, 까치, 1996, 727쪽.

30 이성재, 앞의 글, 1999, 33쪽.

31 이성재, 같은 글, 1999, 43쪽.

32 R. H. 토니, 김종철 옮김, 앞의 책, 1983, 131쪽.

33 주경철,《네덜란드》, 산처럼, 2003, 233~235쪽.

네 남자의 마지막 사랑

1 클라우디우스가 육체의 결함을 이기고 황제가 되어 훌륭하게 통치했다는 사실에 주목한 역사가들은 그가 지닌 육체의 약점이 과장되었을 거라고 해석한다. 이는 로마 역사가 수에토니우스의 설명이다. 이에 대해서는 벤슨 보브릭, 이상근 옮김,《점성술로 되짚어보는 세계사》, 까치, 2006, 56~57쪽 참조.

2 Suetonius, *Claudius* 34, 1.

3 이바르 리스너, 김지영·안미라 옮김,《로마 황제의 발견》, 살림, 2007, 174쪽.

4 엘리노어 허먼, 박아람 옮김,《왕의 정부》, 생각의나무, 2004, 74쪽.

5 클라우스 라이홀트·베른하르트 그라프, 임미오 옮김, 《세계를 움직인 그림들》, 중앙M&B, 2003, 114쪽.

6 어떤 것에 매료되어 자신을 잊어버리는 것은 매력적인 일이다. 여자가 아니라 자연의 아름다움에 매료되면 어떨까? 명나라 말기였던 1600년경에 소주가 고향인 황면지(黃勉之)라는 사람이 과거를 보러 북경으로 가는 길에 서호(西湖)라는 호수가 매우 아름답다는 말을 듣고 서호를 찾아갔다. 그는 서호의 아름다움에 매료되어 과거 시험을 보는 것을 잊어버리고 여러 달 서호 근처에서 머물렀다. 참으로 낭만적인 사람이었지만 그의 가족은 참 힘들었을 것 같다.

7 엘리노어 허먼 지음, 박아람 옮김, 앞의 책, 2004, 54쪽, 81쪽.

8 루링, 이은미 옮김, 《중국 여성》, 시그마북스, 2008, 279쪽.

9 이바르 리스너, 김동수 옮김, 《서양: 위대한 창조자들의 역사》, 살림, 2005, 533쪽.

10 슈테판 츠바이크, 원당희 옮김, 《천재 광기 열정 1》, 세창미디어, 2009, 178쪽.

11 미하엘 코르트, 권세훈 옮김, 《광기에 관한 잡학사전》, 을유문화사, 2009, 42쪽.

12 요아힘 페르나우, 신교춘 옮김, 《괴테의 마지막 사랑》, 오늘, 1998, 140쪽.

13 아일린 파워, 김우영 옮김, 《중세의 사람들》, 이산, 2007, 132쪽.

14 《1984》가 에스파냐 내전의 기억만을 담고 있는 것은 아니다. 오웰은 2차 세계대전 때 BBC에서 선전 방송을 담당했는데 이때 전시 방송국이 관료의 엄격한 통제 아래 기계처럼 움직이는 모습을 목격했다. 이 방송국의 관료제 또한 《1984》의 집필에 중요한 제재가 되었다. 이에 대해서는 윌리엄 L. 랭어 엮음, 박상익 옮김, 《뉴턴에서 조지 오웰까지》,

푸른역사, 2004, 753~754쪽 참조.

15 기 베슈텔, 전혜정 옮김, 《신의 네 여자》, 여성신문사, 2004, 32~33쪽.

16 Peter Brown, *Augustine ob Hippo*, faber and faber, 2000.

보름달이 뜨면 나타나는 늑대 인간

1 대니얼 J. 부어스틴, 이성범 옮김, 《발견자들 1》, 범양사, 1987, 20쪽.

2 미타 마사히로, 이원두 옮김, 《성서의 수수께끼를 푼다》, 동방미디어, 1998, 46쪽.

3 주원준, 《구약성경과 신들》, 한님성서연구소, 2012, 65쪽.

4 조철수, 《메소포타미아와 히브리 신화》, 길, 2000, 37쪽, 52쪽.

5 주원준, 앞의 책, 2012, 64쪽.

6 최현 엮음, 《이집트 신화》, 범우사, 1993, 28쪽.

7 에이미 크루즈, 배경화 편역, 《이야기 세계의 신화》, 푸른숲, 1998, 185~191쪽.

8 태양신 헬리오스와 대양의 여신 페르세이스의 딸이라고도 한다. 그런데 페르세이스는 때때로 헤카테와 동일시되었다.

9 안진태, 《신화학 강의》, 열린책들, 2001, 457쪽.

10 파울 프리샤우어, 이윤기 옮김, 《세계풍속사 상》, 까치, 1991, 22쪽.

11 조지프 캠벨, 정영목 옮김, 《신의 가면 3: 서양 신화》, 까치, 1999.

12 한국종교연구회, 《종교 다시 읽기》, 청년사, 1999, 405~406쪽.

13 세계의 주요 종교는 모두 고대에 만들어졌고, 고대인의 남성 중심적 사고방식을 담고 있다. 창시자, 계승자, 사제는 모두 남성이고, 여성을 종교 생활에서 종속적인 존재로 규정하고 있다. 주요 종교의 이러한 남

성 중심성은 오늘날까지 유지되고 있다. 예컨대 소아시아의 한 무슬림 종파는 지금도 여성은 영혼이 없어서 부활하지 못한다고 가르친다(Ray Pritz, *Nazarene Jewish Christianity*, Hebrew University Magnes, 1988, p. 17). 그런데 여성들은 이런 사실을 제대로 모르고 있다. 교회, 성당, 절에 가면 신자들 대부분이 여성이다. 여성들이 스스로 주요 종교를 찾아 자신을 비하하는 설교를 반복해서 듣고 있는 모습은 아이러니하다.

14 자크 르 고프, 유희수 옮김, 《서양 중세 문명》, 문학과지성사, 1992, 215쪽.

15 〈모든 양서류 보름달밤에 짝짓기〉, 《연합뉴스》 2009. 7. 14.

16 고릴라 암컷이 가임 기간을 통일함으로써 수컷에 경쟁을 일으키는 방식은 이상희·윤신영, 《인류의 기원》, 사이언스북스, 2015, 38~39쪽에 설명되어 있다. 여성이 생리 주기를 일치시키는 것은 이와 유사한 것이라고 할 수 있다.

17 레너드 쉴레인, 강수아 옮김, 《자연의 선택, 지나 사피엔스》, 들녘, 2005, 271쪽, 273쪽.

18 필립 아리에스 외, 주명철 외 옮김, 《사생활의 역사 1》, 670쪽. 이와 관련해서 재미있는 이야기가 있다. 중세 여성 신학자이자 철학자인 빙엔의 힐데가르트는 보름달이 뜰 때 인간의 몸도 피가 가득해지므로 그때 임신한 아이가 건강하다고 생각했다. 이에 대해서는 양태자, 《중세의 뒷골목 사랑》, 이랑, 2012, 176쪽 참조.

19 크리스 캐턴 외, 장인권 옮김, 《성의 세계》, 아카데미서적, 1994, 233~235쪽.

20 다른 버전의 신화들은 피에르 그리말, 최애리 외 옮김, 《그리스 로마 신화 사전》, 열린책들, 2003, 132~133쪽에 소개되어 있다.

21 헤로도토스, 천병희 옮김, 《역사》, 숲, 2005, 4쪽, 105쪽. 헤로도토스의 《역사》에는 너무나 전설적이고 기이한 이야기들이 많아서 후대 사람들은 헤로도토스가 과도한 상상으로 많은 이야기를 만들어냈다고 생각하기 쉽다. 그러나 헤로도토스가 전하는 여러 민족의 기이한 풍습 가운데 많은 것이 사실로 밝혀졌다. 예컨대 그는 스키타이족의 일파인 게리엔족에 대해 그 나라에서는 왕이 죽으면 무덤을 녹색 초목으로 단장하고, 왕을 모시던 부인, 하인, 요리사 등을 목 졸라 죽여 함께 묻는다고 기록했다. 920년경 아랍인 이븐 파질란이 이 지역을 방문했는데, 헤로도토스가 묘사한 대로 장례식이 치러지고 있었다. 그의 증언에 따라 헤로도토스 진술의 신빙성이 입증되었다. 이에 대해서는 앙드레 보나르, 양영란 옮김, 《그리스인 이야기 2》, 책과함께, 2011, 273쪽 참조.

22 카를로 긴즈부르그, 조한욱 옮김, 《마녀와 베난단티의 밤의 전투》, 길, 2004, 100~101쪽.

23 자크 르 고프, 유희수 옮김, 앞의 책, 1992, 216쪽.

24 Michael Gough, *The Early Christians*, Thames and Hudson, 1961, p. 78. 이렇게 이교 풍습의 기독교화가 진행되는 한편 그 역, 즉 기독교 의례의 이교화도 진행되었다. 중세 민중은 성직자들이 성찬식의 빵을 소중히 하라고 가르치자 성찬식의 빵을 질병의 치료에 사용했으며, 유아세례가 구원받는 데 필수적이라고 가르치자 유아세례가 아기를 건강하게 하고 질병을 막아준다고 생각했다. 또한 중세 대중은 견진례가 귀신을 막고, 결혼식과 관련된 많은 의식이 당사자들의 운명에 영향을 끼치며, 교회의 종이나 성수와 같은 성물에 질병을 치료하는 효과가 있다고 믿었다. 이에 대해서는 Keith Thomas, *Religion and the Decline of Magic: Studies in popular beliefs in sixteenth*

and seventeenth century England, Oxford University Press, 1997 참조.

25 하마모토 다카시, 박재현 옮김, 《문장으로 보는 유럽사》, 달과소, 2004, 200~201쪽에서 재인용.

다산의 여신과 신을 낳은 여인

1 E. Yamauchi, *New Testament Cities in Western Asia Minor*, Wipf and Stock, 1980, p. 79.

2 이원희, 《바이블시티 700》, 바이블시티, 2012, 528쪽.

3 장문석, 《근대정신은 어떻게 탄생했을까?》, 민음인, 2011, 18쪽에서 재인용.

4 앙드레 보나르, 김희균 옮김, 《그리스인 이야기 1》, 책과함께, 2011, 245쪽.

5 John B. Polhill, *Paul & His Letters*, Broad&Halman, 1999, p. 224.

6 Antipater, *Pal.* 9. 58.

7 〈사도행전〉 19:25-27.

8 이희철, 《터키》, 리수, 2001, 38~40쪽.

9 윌리암 플래처, 이은선·이경섭 옮김, 《신학의 역사》, 기독교문서선교회, 1996, 105쪽.

10 이상준, 〈네스토리우스와 알렉산드리아의 시릴의 基督論 論爭 硏究〉, 칼빈대학교 박사학위논문, 2014, 48쪽.

하늘에서 내려온 편지

1 앤드류 로빈슨, 박재욱 옮김, 《문자 이야기》, 사계절, 2003, 107쪽.

2 앤드류 로빈슨, 박재욱 옮김, 같은 책, 2003, 8~9쪽.

3 바트 어만, 민경식 옮김, 《성경 왜곡의 역사》, 청림출판, 2006, 109쪽에서 재인용.

4 바트 어만, 민경식 옮김, 같은 책, 2006, 180~181쪽.

5 앤드류 로빈슨, 박재욱 옮김, 앞의 책, 2003, 107쪽은 파피루스라는 단어의 유래에 대해 다른 견해를 전하고 있다. 이에 따르면 파피루스라는 단어는 고대 이집트에서 '왕에게 속한'이라는 뜻을 가진 '파-엔-페르-아'에서 유래했다. 이는 지식이 지배층의 것이었다는 관념을 잘 반영하고 있다.

6 비블로스는 갈대속의 명칭이고, 여기서 바이블이라는 단어가 나왔다는 주장도 있다. 이에 대해서는 장동수, 《신약성서 사본과 정경》, 침례신학대학교출판부, 2005, 14쪽 참조.

7 Bruce Metzger & Bart Ehrman, *The Text of the New Testament*, Oxford Univ. Press, 2005, p. 8.

8 소피 카사뉴-브루케, 최애리 옮김, 《세상은 한 권의 책이었다》, 마티, 2006, 16~17쪽.

9 Rose Barling et al., *The Renaissance*, John Murray, 1995, p. 22.

10 소피 카사뉴-브루케, 최애리 옮김, 앞의 책, 2006, 170~171쪽.

11 소피 카사뉴-브루케, 최애리 옮김, 같은 책, 2006, 51쪽.

12 이렇게 값비싼 재료로 책을 치장하면서 책의 내용에 대해서는 신경 쓰지 않은 현상을 성 히에로니무스는 이렇게 지적했다. "양피지는 자줏빛으로 염색되고, 글자는 금으로 새겨졌으며, 필사본은 보석으로 치

장되었다. 그러는 동안 그리스도는 문 밖에서 벌거벗은 채로 죽어가고
있다."

13 자크 르 고프, 유희수 옮김, 《서양 중세 문명》, 문학과지성사, 2008, 147쪽.

14 존 볼드윈, 박은구·이영재 옮김, 《중세문화이야기》, 혜안, 2002,
99~101쪽.

15 자크 르 고프, 최애리 옮김, 《중세의 지식인들》, 동문선, 1999, 40쪽.

16 호르스트 푸어만, 안인희 옮김, 《중세로의 초대》, 이마고, 2003,
310~312쪽.

17 Rosanne Hebing, "The Textual Tradition Of Heavenly Letter
Charms in Anglo-Saxon Manuscripts", *Secular Learning in Anglo-
Saxon England*, ed. Chardonnens and CarellaAmsterdamer
Beiträge zur älteren Germanistik 69, 2012, p. 208.

18 호르스트 푸어만, 안인희 옮김, 앞의 책, 2003, 320~321쪽.

19 김응종, 《서양사 개념어 사전》, 살림, 2008, 152~154쪽.

신의 뜻을 알아내는 방법

1 이은봉 편저, 《신판》, 신서원, 2000, 157~159쪽.

2 E. M. 번즈 외, 박상익 옮김, 《서양 문명의 역사 1》, 소나무, 1994.

3 Keith Thomas, *Religion and the Decline of the Magic*, Charles
Scribner's Sons, 1971.

4 브라이언 타이어니·시드니 페인터, 이연규 옮김, 《서양중세사》, 집문당,
1986.

5 임승휘, 〈결투를 사랑한 어느 귀족의 낭만 블루스〉, 《서양문화사 깊이

읽기》, 푸른역사, 2008, 196쪽, 206~207쪽.

6　이 글은 필자의 《역사를 알면 세상이 달라 보인다》, (아름드리미디어, 1999)에 실렸던 글을 보완한 것이다.

천사에 대한 착각과 진실

1　대니얼 B. 클린데닌, 주승민 옮김, 《동방 정교회 신학》, 은성, 1997, 111~112쪽은 중세 동방 정교회에서 천사가 영적인 존재라고 가르쳤다고 주장하고 있다.

2　고대부터 중세까지는 천사를 물질적인 존재로 보는 전통이 강했다. 16세기에 메노키오라는 이탈리아 사람은 "치즈에서 구더기가 만들어진 것과 마찬가지로 천사들은 자연에 의해 세상의 가장 완벽한 물질로 창조되었습니다"라고 말했다. 이에 대해서는 카를로 진즈부르그, 김정하·유제분 옮김, 《치즈와 구더기》, 문학과지성사, 2001, 193쪽 참조.

3　〈창세기〉 18:1-11.

4　이동진 편역, 《제2의 성서 아포크리파: 구약시대》, 해누리, 2001, 653쪽.

5　〈창세기〉에는 하느님의 아들들과 인간의 딸들이 성관계를 맺어 느빌림이라는 거인족이 탄생했다는 이야기가 전한다(창세기 6:1-4). 여기서 하느님의 아들들이라고 묘사된 존재들은 아마 하느님을 보좌하는 천사들이었을 것이다.

6　자크 르 고프, 최애리 옮김, 《중세의 지식인들》, 동문선, 1999, 97쪽.

7　제프리 리처즈, 유희수·조명동 옮김, 《중세의 소외집단》, 느티나무, 1999, 115쪽.

8 헤르베르트 네테, 이은희 옮김,《잔 다르크》, 한길사, 1998, 43쪽, 105쪽.

9 〈고린도전서〉 11:9-11.

10 J. Beduhn, "'Because of the Angels': Unveiling Paul's Anthropology in 1 Corinthians 11", *Journal of Biblical Literature*, 118-2, 1999, p. 306.

11 James Dunn, "The Thought World of Jesus", *Early Christianity*, 1-3, 2010, pp. 328~329.

12 〈요한복음〉 5:3-4. 필사본 연구에 따르면 이 구절은 〈요한복음〉의 원문에는 없었다. 2세기 언젠가 어떤 필사자가 앞뒤 문맥이 맞지 않는 것을 이상하게 여겨 이 문장을 고의로 첨가했다. 이에 대해서는 민경식,《신약성서, 우리에게 오기까지》, 대한기독교서회, 2008, 33쪽 참조.

13 신학자들은 이 이야기가 고도의 함의를 가지고 있는 창작물이라고 생각한다. 〈요한복음〉의 묘사에 따르면 이 환자는 38년 동안 병을 앓았다. 38이라는 숫자는 이집트에서 탈출한 이스라엘 민족이 광야에서 고생한 연도를 의미한다. 또한 이 연못에 있었던 다섯 개의 행각은 모세의 오경을 의미한다. 이에 대해서는 김득중,《요한의 신학》, 컨콜디아사, 1994, 90~91쪽 참조.

14 김성,《성서고고학 이야기》, 엘맨, 2012, 180~181쪽.

15 그러나 필사본 연구에 따르면 천사들이 내려와 물장난을 쳤다는 구절은 오래된 필사본에는 없었다. 이 이야기는 2세기에 첨가된 것으로 판단된다. 이에 대해서는 R. S. Stewart ed., *The Reliability of the New Testament*, Fortress, 2011. p. 164 참조. 한글 번역본 성경들에서도 개역본같이 오래된 번역본에는 반영되어 있지 않지만, 현재 천주교 주교회의에서 감수한 성경에는 이 사실이 명기되어 있다.

16 P. Payne, *Man and Woman, One in Christ: An Exegetical and Theological Study of Paul's Letters*, Grand Rapids: Zondervan, 2009, p. 185는 바오로가 언급한 천사가 사악한 천사라는 해석에 반대하고 있다.

17 〈유다서〉 1:6.

18 송창현, 〈에녹 1서 해제〉, 《가톨릭신학》 10, 2007, 64쪽.

19 J. Vandercam & W. Adler, *The Jewish Apocalyptic Heritage in Early Christianity*, Fortress Press, 1996, p. 34, pp. 62~64.

20 Géza Vermes, *The Nativity: History and Legend*, Doubleday, 2006, pp. 44~45.

21 바오로 시절 유대인은 확실히 천사의 역할을 강조하는 경향을 보였다. 예컨대 《구약성경》에 따르면 모세는 시나이산에서 직접 하느님으로부터 십계명을 비롯한 율법을 받았다. 그런데 바오로는 모세가 천사를 통해 율법을 받았다고 믿었고, 유대인들은 예수가 재림할 때 천사들을 대동하고 올 것이라고 믿었다. 유대인 사이에 이런 전설이 유행했다는 것에 대해서는 Calvin Roetzel, *The Letters of Paul*, Westminster John Knox Press, 1998, p. 41 참조.

22 제프리 버튼 러셀, 김영범 옮김, 《사탄》, 르네상스, 2006, 94쪽, 114쪽.

23 VanderKam and Adler ed., *The Jewish Apocalyptic Heritage in Early Christianity*, Van Gorcum, 1996, pp. 68~69.

24 제프리 리처즈, 유희수·조명동 옮김, 앞의 책, 1999, 114쪽.

25 크레이그 할라인, 이영효 옮김, 《마가렛 수녀는 왜 모두의 적이 되었는가》, 책과함께, 2012, 45쪽.

26 고대인 가운데는 우리가 영혼이라고 부르는 것도 궁극적으로 물질로 이루어졌을 거라고 생각하는 사람들이 많았다. 예컨대 1세기에 활동

했던 알렉산드리아의 필로는 영혼은 완벽한 물체이므로 별과 같은 물질로 이루어졌을 거라고 생각했다.

27 제프리 버튼 러셀, 김영범 옮김, 앞의 책, 2006, 78쪽, 94쪽.

28 J. E. Barnhart and L. T. Kraeger, *In Search of First-Century Christianity*, Ashgate, 2000, pp. 176~177. 바오로를 포함한 초기 기독교 신자들은 악마들이 이 땅에 가득 차 있으며 악마들로 인해 온갖 질병과 신들린 자들이 나타난다고 생각했다.

29 마르크 블로크, 한정숙 옮김, 《봉건사회 I》, 한길사, 1986, 144쪽.

30 Peter Brown, *Augustine of Hippo*, faber and faber, 2000, pp. 95~107.

31 우리가 이런 착각에 빠질 수 있는 것은 사탄의 기원을 제대로 모르기 때문이다. 사탄은 원래 천사였고, 하느님의 아들들이라고 불렸으며, 하느님의 심부름꾼으로 사방을 돌아다니면서 인간 세상에서 하느님의 뜻을 전하는 존재였다. 기원전 6세기까지는 사탄이라는 말이 천사와 같은 의미 혹은 천사 가운데 특별한 사명을 띤 존재를 가리키는 말로 많이 사용되었지만, 기원전 6세기경부터 오늘날처럼 악한 영들의 왕이라고 불리기 시작했다. 이에 대해서는 일레인 페이절스, 권영주 옮김, 《사탄의 탄생》, 루비박스, 2006, 60~63쪽 참조.

부르주아들이 유모를 둔 이유는?

1 Augutinus, *Confessions*, 1, 6.

2 필립 아리에스 외, 이영림 옮김, 《사생활의 역사 3》, 새물결, 2002, 410쪽.

3 이영석, 《근대의 풍경》, 푸른역사, 2003, 78~79쪽.

4 에두아르트 푹스, 이기웅·박종만 옮김, 《풍속의 역사 1》, 까치, 2001, 59~61쪽.

5 제프리 리처즈, 유희수·조명동 옮김, 《중세의 소외집단》, 느티나무, 1999, 38쪽.

6 〈고린도전서〉 7:9.

7 기 베슈텔, 진혜정 옮김, 《신의 네 여자》, 여성신문사, 2004, 32~33쪽.

8 민희식, 《성서의 뿌리: 오리엔트 문명과 구약성서》, 블루리본, 2013, 51쪽.

9 양태자, 《중세의 뒷골목 사랑》, 이랑, 2012, 76쪽.

10 B. Lategan, "Some Remarks on the Origin and Function of Galatians 3:28", *Paul, John, And Apocalyptic Eschatology*, Brill, 2013, pp. 19~20.

11 P. Brown, *The Body and Society: Men, Women and Sexual Renunciation in Early Christianity*, Columbia University Press, 1988, pp. 9~10.

12 플로랑스 타마뉴, 이상빈 옮김, 《동성애의 역사》, 이마고, 2007, 24쪽.

13 정현백·김정안, 《처음 읽는 여성의 역사》, 동녘, 2011, 185쪽.

14 R. Barling et al., ed., *The Renaissance*, John Murray, 1995, p. 41.
15세기 지식인들이 의사를 믿지 않았다는 유명한 일화가 또 있다. 당시 피렌체의 주교가 병에 걸렸는데, 의사들이 약을 보냈다. 주교는 의사들이 보낸 약을 먹지 않고 요강에 바로 버렸다. 다음 날 아침 주교를 방문한 의사들은 주교의 병이 호전된 것을 보고는 약을 잘 지었기 때문이라고 위세를 부렸다. 그러자 주교는 이렇게 말했다. "당신들의 약은 참으로 경이롭습니다. 그 약을 내 침대 밑에 두기만 했는데 제 병이

나았으니까요. 정말 그 약을 먹었다면 저는 불사의 존재가 되었을 것
같군요."

15 아론 바브로우 스트레인, 김선아 옮김, 《흰 빵의 사회학: 빵의 내밀한
    역사와 권력》, 비즈앤비즈, 2014, 100쪽.

16 이영석, 《사회사의 유혹 I: 나를 사로잡은 역사가들》, 푸른역사, 2006.

17 한국여성연구소, 《새 여성학 강의》, 동녘, 1999, 226~227쪽.

18 피터 게이, 고유경 옮김, 《부르주아전》, 서해문집, 2005, 75~76쪽.

문명 속 여성의 잔혹사

1   조철수, 《유대교와 예수》, 길, 2002, 75쪽.

2   〈창세기〉 3:16.

3   K. Randsborg, *The First Millenium AD in Europe and the
    Mediterranean*, Cambridge University, 1991.

4   헨드릭 윌렘 반룬, 곽복록 옮김, 《세계 예술의 역사》, 문화문고, 1999,
    41쪽.

5   헤로도토스, 김봉철 옮김, 《역사》, 길, 2016, 189쪽.

6   〈신명기〉 24:1-3.

7   P. Payne, *Man and Woman, One in Christ: An Exegetical and
    Theological Study of Paul's Letters*, Grand Rapids: Zondervan,
    2009, p. 39.

8   일레인 페이걸스, 류점석·장혜경 옮김, 《아담, 이브, 뱀: 기독교 탄생의
    비밀》, 아우라, 2009, 48~49쪽.

9   에우리피데스, 천병희 옮김, 《에우리피데스 비극》, 단국대학교출판부,

1999, 22쪽. 본문은 천병희 선생의 번역본을 참조하여 다시 각색한 것이다.

10 플라톤, 박종현·김영균 옮김, 《티마이오스》, 서광사, 2000, 114~115쪽.

11 아리스토텔레스, 《정치학》, 1254 b13.

12 아리스토텔레스, 같은 책, 1259 b2.

13 Riccibono, *Fontes Iuris Romani Anteiustiniani*, 1.

14 *Dionysius of Halicarnassus* 2. 25. 6.

15 김양수, 〈로마공화정 후기, 제정초의 가부장권〉, 서울대학교 석사학위 논문, 1995.

16 지참금이 반드시 여성의 열등함을 증명하는 것은 아니다. 대개 지참금은 상속의 개념이었다. 즉 딸이 시집갈 때 딸에게 줄 상속 몫을 미리 떼어주는 방식이었다.

17 브라이언 타이어니·시드니 페인터, 이연규 옮김, 《서양중세사》, 집문당, 1986.

18 자크 르 고프, 유희수 옮김, 《서양 중세 문명》, 문학과지성사, 1992.

19 이재정, 《중국 사람들은 어떻게 살았을까》, 지영사, 1999.

20 E. P. Thompson, *Customs in Common*, 1993.

21 정현백, 〈페미니즘〉, 《서양의 지적 운동 1》, 지식산업사, 1994.

22 여성을 지배해온 남성에 대한 내용은 필자의 《역사를 알면 세상이 달라 보인다》(아름드리미디어, 1999)에 실렸던 글을 보완한 것이다.

23 한겨레신문, 《한겨레21》 625~640호, 2006 참조. 626호 3쪽 〈시련은 중학교부터 시작된다〉는 1994년 미국 정신과학회의 조사 결과를 소개하고 있는데, 남성에서 여성으로 트랜스젠더가 3만 명 중 한 명, 여성에서 남성으로 트랜스젠더가 10만 명 중 한 명이었다.

24 Caesarius, *Sermo*, 50:3.

25 A. Gurevich, *Medieval Popular Culture*, Cambridge University
     Press, 1988.

아이를 많이 낳으라, 그리고 죽어도 좋다

1 이영림 외, 《근대 유럽의 형성 16-18세기》, 까치, 2011, 42쪽. 16세기
    여성의 평균 결혼 연령은 19~20세였다.

2 유대인이 결혼을 정상적인 것, 권장할 만한 것으로 보았기에 성년기
    거의 모든 유대인이 결혼하는 것이 정상이었다. 이 때문에 일부 역사
    가들은 예수도 결혼했을 것이라고 판단하고 있다. 그렇지만 어느 사
    회든 규범을 지키지 않는 특이한 사람이 있기 마련이다. 예컨대 2세
    기 초 유대교 지도자였던 랍비 시몬 벤 아자이(Simon Ben Azzai)
    는 결혼하지 않았다. 사람들이 이상하게 여겨 "당신은 왜 결혼하지 않
    습니까?"라고 질문하자, 아자이는 "왜 꼭 결혼해야 합니까? 나의 영
    혼은 오로지 토라만을 찾고 있습니다. 속된 이 세상을 유지하는 것
    은 다른 사람들에게 맡겨도 되지 않습니까?"라고 대답했다. 여기서 토
    라는 신앙을 의미할 수도 있지만, 토라에 대한 연구라는 뜻이기에 학
    문 활동을 의미한다고 파악하는 것이 더 정확하다. 학문에 대한 그
    의 열정이 대단했음을 알 수 있다. 이에 대해서는 Gerd Lüdemann,
    (tr.) John Bowden, *Heretics: The Other Side of Early Christianity*,
    Westminster John Knox Press, 1996, p. 67 참조. 그리고 모든 유대
    인이 다른 나라 사람에 비해 일찍 결혼했던 것은 아니다. 15세기 중
    엽에서 16세기 중엽 사이에 이탈리아 유대인들의 경우 평균 결혼 연
    령은 남자는 24~25세, 여자는 20~21세였다는 주장도 있다. 이에 대

해서는 A. Toaff, *Il vino e la carne: Una communità ebraica nel Medioevo*, Il Mulino, 1989, p. 33 참조.

3 Hiller Newman, *Proximity to Power and Jewish Sectarian Groups of the Ancient Period*, Brill, 2006, p. 178.

4 일레인 페이걸스, 류점석·장혜경 옮김, 《아담, 이브, 뱀: 기독교 탄생의 비밀》, 아우라, 2009, 45쪽.

5 레너드 쉴레인, 강수아 옮김, 《지나 사피엔스: 자연의 선택》, 들녘, 2005, 149~150쪽.

6 데즈먼드 모리스, 김석희 옮김, 《털 없는 원숭이》, 정신세계사, 1999, 63~70쪽.

7 W. 리처드 콤스톡, 윤원철 옮김, 《종교학》, 전망사, 1986, 74~75쪽.

8 〈출애굽기〉 1장.

9 Tacitus, *Historiae*, 5. 5.

10 Karen Armstrong, *A History of God*, Ballantine Books, 1993, p. 18.

11 마빈 해리스, 김찬호 옮김, 《작은 인간》, 민음사, 1995, 204쪽은 유아 살해에 대해 흥미로운 사실을 전한다. 이 설명에 따르면 여러 지역에서 부모들은 못나 보이는 자식을 방치하여 죽음에 이르게 한다. 그러면서 부모들은 자식을 죽였다고 생각하지 않고, 아이가 살 의지가 없었기 때문이라고 말한다.

12 A. Hunt and C. Edgar, trans., *Select Papyri*, Vol. 1, Harvard University Press, 1932, p. 295.

13 고대에도 때로는 자식을 버리지 못하게 하려는 노력이 이루어졌다. 그리스의 개혁가 솔론은 국가에 출생 신고를 한 자식을 버리지 못하게 했는데, 이 말은 출생 신고를 하지 않은 자식은 버릴 수 있음을 의미

한다. 이에 대해서는 앙드레 보나르, 김희균 옮김,《그리스인 이야기 1》, 책과함께, 2011, 198쪽 참조.

14　카리 우트리오, 안미현 옮김,《이브의 역사》, 자작, 2000, 112~115쪽.

15　존 도미닉 크로산, 김준우 옮김,《역사적 예수》, 한국기독교연구소, 2000, 60쪽.

16　P. Brown, *The Body and Society: Men, Women and Sexual Renunciation in Early Christianity*, Columbia University Press, 1988, pp. 6~7.

17　*Vita Theclae*, 5.

'악의 꽃'이라 불린 청소년기

1　조철수,《예수 평전》, 김영사, 2010, 413~414쪽.

2　Augustinus, *Conf.* 6, 15, 25.

3　Augustinus, 같은 책 2, 4, 9.

4　Charles Studer, *Die Rechtsquellen des Kantons Solothurn*, vol. 2, p. 374.

5　Augustinus, 앞의 책 4, 6, 2.

6　제프리 리처즈, 유희수·조명동 옮김,《중세의 소외집단》, 느티나무, 1999, 59쪽.

7　엠마뉘엘 르루아 라뒤리, 유희수 옮김,《몽타이유》, 길, 2006, 256~257 쪽은 중세 프랑스의 몽타이유 마을에서 강간 사건이 빈번했으며, 강간 자들이 온건하게 처벌된 사례들을 제시하고 있다.

8　양태자,《중세의 뒷골목 사랑》, 이랑, 2012, 163쪽.

9　차용구,《중세유럽 여성의 발견》, 한길사, 2011, 106쪽.

10　플로랑스 타마뉴, 이상빈 옮김,《동성애의 역사》, 이마고, 2007, 23쪽.

11　레너드 쉴레인, 강수아 옮김,《지나 사피엔스: 자연의 선택》, 들녘, 2005, 512쪽, 532쪽.

12　박지향,《영국적인, 너무나 영국적인》, 기파랑, 2006, 191쪽에서 재인용.

13　박지향, 같은 책, 2006, 199쪽에서 재인용.

14　게르하르트 프라우제, 엄양선 옮김,《천재들의 학창시절》, 황소자리, 2012, 64쪽, 68쪽.

15　H. Lieb and K. Schieb, eds., "Beschwerden und Sorgen der Schaffhauser Geistlichkeit um 1540," *Schaffhauser Beiträge zurr vaterlänische Geschichte* 48, 1971, 146ff.

16　조반니 레니 외 엮음, 정기문 옮김,《청소년의 역사 1》, 새물결, 2007, 169~170쪽.

역사는 재미난 이야기라고
믿는 사람들을 위한 역사책

1판 1쇄 2018년 9월 21일
1판 4쇄 2019년 5월 27일

지은이 | 정기문

펴낸이 | 류종필
편집 | 이정우, 최형욱
마케팅 | 김연일, 김유리
표지 · 본문 디자인 | 박미정
교정교열 | 정헌경

펴낸곳 | (주)도서출판 책과함께
　　　　주소 (04022) 서울시 마포구 동교로 70 소와소빌딩 2층
　　　　전화 (02) 335-1982
　　　　팩스 (02) 335-1316
　　　　전자우편 prpub@hanmail.net
　　　　블로그 blog.naver.com/prpub
　　　　등록 2003년 4월 3일 제25100-2003-392호

ISBN 979-11-88990-07-8 04900

이 도서의 국립중앙도서관 출판시도서목록(CIP)은
서지정보유통지원시스템 홈페이지(http://seoji.nl.go.kr)와 국가자료종합목록
시스템(http://www.nl.go.kr/kolisnet)에서 이용하실 수 있습니다.
(CIP제어번호 : CIP2018028549)